光明社科文库
·教育与语言书系·

先秦儒家道德教育思想研究

李永华　李燕燕 ｜ 主　编
刘志山　张革华 ｜ 副主编

光明日报出版社

图书在版编目（CIP）数据

先秦儒家道德教育思想研究 / 李永华，李燕燕主编；刘志山，张革华副主编 . -- 北京：光明日报出版社，2025.1. -- ISBN 978-7-5194-8385-2

Ⅰ. B222.05；G40-092.2

中国国家版本馆 CIP 数据核字第 2025HS0474 号

先秦儒家道德教育思想研究

XIANQIN RUJIA DAODE JIAOYU SIXIANG YANJIU

主　　编：李永华　李燕燕	副 主 编：刘志山　张革华
责任编辑：王　娟	责任校对：许　怡　乔宇佳
封面设计：中联华文	责任印制：曹　净

出版发行：光明日报出版社

地　　址：北京市西城区永安路 106 号，100050

电　　话：010-63169890（咨询），010-63131930（邮购）

传　　真：010-63131930

网　　址：http://book.gmw.cn

E-mail：gmrbcbs@gmw.cn

法律顾问：北京市兰台律师事务所龚柳方律师

印　　刷：三河市华东印刷有限公司

装　　订：三河市华东印刷有限公司

本书如有破损、缺页、装订错误，请与本社联系调换，电话：010-63131930

开　　本：170mm×240mm	
字　　数：213 千字	印　　张：16.5
版　　次：2025 年 1 月第 1 版	印　　次：2025 年 1 月第 1 次印刷
书　　号：ISBN 978-7-5194-8385-2	

定　　价：95.00 元

版权所有　　翻印必究

前　言

党的十八大以来，习近平总书记多次强调，中国传统道德教育思想蕴含着丰富的"哲学思想、人文精神、教化思想、道德理念"，"可以为人们认识和改造世界提供有益启迪，可以为治国理政提供有益启示，也可以为道德建设提供有益启发"，具有"永不褪色的时代价值"，也是一剂具有奇效的药方。这就是中国传统道德教育思想的魅力所在，也是研究先秦儒家道德教育思想的意义所在。

先秦儒家道德教育思想是中国传统道德教育思想的重要内容，也是新时代道德教育思想的重要源流。它蕴含着丰富的道德教育资源，经过历史的洗礼和沉淀，其道德教育理念及其在道德教育实践中形成的许多道德规范和价值观念，已内化为一种民族精神品格，几千年来深深地影响着人们的思维方式和行为方式。时至今日，先秦儒家道德教育思想依然闪烁着耀眼的光芒，对于新时代道德教育具有重要的借鉴价值。

在新的历史起点上，新时代道德教育面临许多新问题、新挑战，如错误社会思潮的冲击，道德虚无主义的蔓延、道德观念的多元化等，必须扎根于自己的思想文脉，走在自己的发展道路上，探索适合自己的解决方案。从这个意义上来讲，新时代道德教育发展可以借鉴先秦儒家道德教育思想，但由于时代变迁和社会差异，先秦儒家道德教育具有一定的落后性和狭隘性。因此，我们需要采用扬弃的态度，深入探究先秦儒家道德教育思想，挖掘其中符合时代精神的优秀元素，进行"创造性转化、创新性发展"，使之适应新时代道德教育发展的要求。

本书以先秦儒家道德教育思想为对象，从孔子、孟子和荀子道德教育思想切入，在综合审视与比较分析中，全面揭示先秦儒家道德教育思想的形成背景、理论基础、内容体系、发展脉络和历史地位，形成对先秦儒家道德教育思想的系统认识，进而深入挖掘其符合时代精神的道德教育理念、道德教育目标、道德教育内容、道德教育方法等元素，进行"创造性转化、创新性发展"，使之适应新时代道德教育发展要求，为新时代道德教育发展提供有益的参考和借鉴。本书主要包括四个部分，具体分析了孔子、孟子和荀子的道德教育思想。

第一部分，孔子道德教育思想。从春秋时期的政治、经济和文化环境，夏商时期"文德"观念、西周道德教化思想以及春秋诸子百家思想等思想渊源，及其从学、从政、从教的经历等方面，阐明孔子道德教育思想形成的基础。指出孔子道德教育思想具有丰富的内涵，其以"归仁"为核心，分层次探讨孔子道德教育思想的目标；以"仁"为核心，探讨孔子道德教育思想中仁、义、礼三位一体的内容；以仁的践行为落脚点，分主体探讨孔子道德教育思想的方法。在此基础上，综合评价孔子道德教育思想，提出其在筑牢道德教育的重要性、尊重道德教育的主体性、强化道德教育的实践性等方面给予当代道德教育的启示。

第二部分，孟子道德教育思想。从战国中期独特的社会环境，齐鲁文化、儒家先贤思想和古史传说等理论渊源，以及家风、家教、学养等条件，深入分析孟子道德教育思想产生的根源。阐明孟子道德教育思想建立在天人论、心性论、义利论等理论基础之上，以培育大丈夫人格、君子人格和圣人人格为其道德教育目标，以"仁义""孝悌""人伦""恭俭"等为其道德教育内容，以"坚守内心，求其放心""以民为本，德得相通""善教乐学，润育相长"为其道德教育原则，以尽心知性、扩充四端、尚志养气、推己及人和反求诸己为其道德教育方法。基于上述内容，综合实际分析孟子道德教育思想的优劣之处，从中寻求有益经验，为新时代家庭道德教育、学校道德教育和个人道德修养提供借鉴。

第三部分，荀子道德教育思想。从战国末期礼乐崩坏的社会现状、百家争鸣的思想环境、个人游学经历和从政感悟，以及儒家、墨家、道家、法家等思想渊源，剖析荀子道德教育思想的成因；从人之性、人之欲、人之群、人之心等理论，阐明荀子道德教育的依据；从"士""君子""圣人"，解析荀子道德教育的三级目标；从"礼""义""孝""诚"的教育，阐清荀子道德教育的主要内容；从内、外两重维度，分析荀子道德教育的方法；从历史贡献与局限性分析中，明确荀子道德教育思想对丰富当代道德教育目标，完善当代道德教育内容，优化当代道德教育方法有着极高的参考价值。

第四部分，先秦儒家道德教育思想比较，指出先秦孔孟荀道德教育思想在道德教育的价值性、道德教育目标的层次性、道德教育内容的一致性、道德教育方法的多维性等方面存在共性特征，同时，也在道德教育理论基础、道德教育目标、道德教育内容、道德教育方法的差异比较中分析其异质性特征，呈现出先秦儒家道德教育思想的丰富内容。

当然，先秦儒家道德教育思想非常丰富，本书虽然试图从批判发展视角对其进行全面探索，但依然还有许多值得深入探索的内容。最后，希冀本书的出版，能够启发更多的后续研究，引起更多的分析与探讨。

编者
2023 年 7 月

目 录
CONTENTS

第一章　孔子道德教育思想 …………………………………… 1
  第一节　孔子道德教育思想的形成 …………………………… 2
  第二节　孔子道德教育思想的体系 …………………………… 24
  第三节　孔子道德教育思想的评价与启示 …………………… 54
  小结 …………………………………………………………… 74

第二章　孟子道德教育思想 …………………………………… 76
  第一节　孟子道德教育思想的形成 …………………………… 77
  第二节　孟子道德教育思想的理论基础 ……………………… 91
  第三节　孟子道德教育思想的体系 …………………………… 105
  第四节　孟子道德教育思想的评价与启示 …………………… 126
  小结 …………………………………………………………… 147

第三章　荀子道德教育思想 …………………………………… 150
  第一节　荀子道德教育思想的形成 …………………………… 151
  第二节　荀子道德教育思想的体系 …………………………… 161

第三节　荀子道德教育思想的评价与启示 …………………… 196
　　小结 ……………………………………………………………… 220

第四章　先秦孔孟荀道德教育思想比较研究 ……………………… 222
　　第一节　先秦孔孟荀道德教育思想的共性 …………………… 222
　　第二节　先秦孔孟荀道德教育思想的异质性 ………………… 229

参考文献 …………………………………………………………………… 236

后记 ………………………………………………………………………… 253

第一章

孔子道德教育思想

孔子，名丘，字仲尼，春秋末期鲁国人，是中国伟大的思想家、教育家、政治家，也是中华文化中极具代表性的人物。孔子在一生的学习和实践中，构建了中国历史上第一个完整的道德规范体系，在道德教育发展史上有着不可替代的重要地位。孔子道德教育思想意蕴丰富、意义深远，是中华民族"最深层次的精神追求"的典型代表之一，在当代中国依然闪烁着耀眼光芒，其道德教育思想独具特色且影响深远，为中华民族传统道德教育思想的形成与发展打下了坚实的基础；其思想和主张也深刻融入中华民族的血脉中，塑造着中华民族的性格，称得上中华文化的源头活水。

新时代道德教育不能割断与孔子的联系。考察中国道德教育思想产生的进程和发展的方向，是无法绕过孔子及其思想的。穿越时空去了解孔子道德教育思想，也就了解了中国古代道德教育的历史走向，便为怎样推进新时代道德教育的创新发展提供了一面镜子。党的二十大报告指出，要"把马克思主义基本原理同中国具体实际相结合、同中华优秀传统文化相结合"[1]。从优秀传统文化的道德价值来看，孔子道德教育思想在一定意义上具有"根"的地位。虽历经千年沧桑，但其中蕴含丰富的道德教育理念，与当前的道德教育核心理念一脉相通。

---

[1] 习近平. 高举中国特色社会主义伟大旗帜　为全面建设社会主义现代化国家而团结奋斗——在中国共产党第二十次全国代表大会上的报告[M]. 北京：人民出版社，2022：17.

第一节　孔子道德教育思想的形成

春秋战国时期，社会处于大变革时期。经济、政治、文化上出现的变革对人们的思想观念产生了较大的冲击。孔子历经奴隶制度瓦解和封建制度萌发的社会阶段，其道德教育思想不是凭空产生的，有其深刻的社会背景和历史必然性。除了是特定时代条件的产物，孔子道德教育思想也是中国古代道德教育思想不断发展的必然结果，同时也与个体生活实践紧密相关。

一、孔子道德教育思想形成的社会背景

历史规律表明，一定时期思想文化的形成与发展是一定时期社会经济、政治发展的反映，是对社会现实的折射。要了解孔子道德教育思想的形成，需从春秋时期尤其是春秋末期的时代背景出发，来了解其产生的社会根源。

（一）经济背景

首先，春秋时期生产力水平的提高，物质财富的增加，经济的发展使更多的人开始拥有接受教育的机会，这些为孔子创办私学，并把道德教育的对象转向"有教无类"这一更广的层面奠定了物质基础。孔子生活的时代，铁器农具和牛耕技术开始广泛投入生产活动中。相比于坚硬且锋利的铁器，西周时期主要使用的是木制、石制的劳动工具，春秋才出现铜制劳动工具。采用硬度不足且易损的木、石、铜等材料作为生产工具，难以满足繁重的生产要求，社会呈现"千耦其耘"的现象，奴隶和庶民被牢牢束缚在"井田"中，完全没有人身自由和个人财产，

更遑论接受教育和提升自我。铁器牛耕的推广则使人们的劳动效率得到了极大的提升，促使社会生产力发生变革，社会生产力水平迅速提高，个体农耕成为可能。不仅是农业，手工业和商业也往"私有"的方向发展。私营手工业、私营商业的出现冲击着商周政府垄断工商业的"工商食官"制度①，商人成为独立的社会阶层，大大推动了商品经济的发展，为教育条件的改善提供了可能性，在一定程度上也创造出了更多的受教育机会，使孔子的道德教育推广具有可行性，进而推动了道德进步的齿轮。

其次，在社会生产力变革的推动下，传统经济制度井田制正在瓦解，封建土地所有制逐渐走向历史舞台，井田制的瓦解催生了新的道德要求，孔子的道德教育思想有了产生的土壤。在旧的奴隶制生产关系中，占统治地位的是井田制。西周时期，土地归周王所有，如《诗经·小雅·北山》中所说，"普天之下，莫非王土；率土之滨，莫非王臣"②。周王对全国土地拥有予夺支配大权。诸侯、贵族受封土地，他们只享有土地的使用权而非所有权，不能对土地进行转让或买卖。奴隶和庶民的人身完全依附于奴隶主，只能在贵族的土地上辛勤劳作，没有属于自己的财产。到了春秋战国时期，铁犁牛耕技术在社会生产活动中的普及在一定程度上释放了部分社会生产力，"私田"不断增加，"民不肯尽力于公田"③，奴隶主独占的"公田"的生产效率甚至低于"私田"。井田制度的逐步瓦解、土地私有制及私营工商业的出现彻底动摇了奴隶制的经济基础，封建制的经济基础随之萌芽发展。社会生产力变革带来经济基础的变革，标志着社会关系和阶级结构正逐渐发生变化，奴隶制社会的阶级关系开始向封建社会的阶级关系转变。旧的道德体系

---

① 史延庭. 国语 [M]. 长春：吉林人民出版社，1996：199.
② 张兆裕. 诗经 [M]. 北京：中国友谊出版公司，1997：245.
③ 公羊高. 春秋公羊传 [M]. 沈阳：辽宁教育出版社，1997：78.

无法调和社会转型出现的新矛盾，因此呼唤一种新的道德体系出现。这种新的道德体系作为社会意识形态之一，产生于一定的经济基础之上，并且能动地作用于一定的经济基础。不同学派的代表人物在顺应时代发展的同时，力图以道德作为突破口来推广自己的学说，以求被统治阶级所采纳，进而实现自己的政治目的。恩格斯在《反杜林论》中对此做了阐述："人们自觉地或不自觉地，归根到底总是从他们阶级地位所依据的实际关系中——从他们进行生产和交换的实际关系中，吸取自己的道德观念。"[①] 这便是道德与经济之间的关系的经典论述。作为儒家道德教育思想的代表人物，孔子试图在传承旧的道德体系的基础上，兼收并蓄，融会贯通，推崇一种能够解决当时社会矛盾、恢复社会稳定的道德体系，于是提出以"仁"为核心的道德教育思想。

此外，经济基础决定上层建筑，逐步成形于国家最高所有权支配下的小农经济仰仗于"天"，农业生产对天时、自然环境，尤其是土地具有很强的依赖性，人们的交往活动范围局限于此，交往、交流多限于宗族、亲情之间，不敢有过分的举措和非分的想法。孔子道德教育中的尚"和"、重"仁"、强调"中庸"之道、倡导君子"务实"等思想正是繁衍、植根于这一经济土壤之上的。

(二) 政治背景

经济基础决定上层建筑。作为经济基础的井田制崩塌，上层建筑中的政治结构以及意识形态结构必然随之坍塌。春秋末期，宗法制随井田制的瓦解而逐步瓦解，新兴封建地主阶级不断发展壮大，与奴隶主贵族阶级之间的矛盾斗争日益激化，并逐渐成为社会的主要矛盾。社会呈现出礼崩乐坏的混乱无序局面。社会转型，制度更迭，战争频发，孕育着

---

① 中共中央马克思恩格斯列宁斯大林著作编译局．马克思恩格斯选集：第3卷［M］．北京：人民出版社，1972：133．

道德领域的新变化。面对"天下之无道也久矣"(《论语·八佾》)的乱世，为了回归"天下有道"的局势，孔子开始思索道德与政治的内在联系，倡导在位者"为政以德"以及对人民进行道德教化来加强对人们的道德教育。

1. 宗法分封制瓦解，诸侯争霸

西周时期的宗法制，是建立在祭祀祖先的传统上，以血缘关系为纽带，按血缘亲疏来进行政治权力分配的一种制度，也是一种以周礼为维系纽带的制度。宗法制以"立嫡以长不以贤，立子以贵不以长"[①]为主要内容。大宗即天子，由世袭继承王位的嫡长子担任，小宗即各国诸侯，则是其他同姓的庶子或次子。大宗与小宗之间既是君臣，又是亲人，二者享有不同的权力，承担不同的义务。社会按照天子、诸侯、卿大夫、士等这样的等级排列，西周成为一个"家国同构"、宗法关系环环相扣的朝代。分封制则是以宗法制为血缘纽带，把土地和特权分封给诸侯的制度。各诸侯国可在自己的领地上组织生产武装、收取赋税，同时服从周天子命令、镇守疆土、向周天子缴纳赋税、定期朝贡等。宗法分封制蕴含着家国天下、忠君效国等内涵，对维持社会秩序稳定具有重要作用。

随着生产力的不断发展，西周的基本经济制度井田制逐步瓦解，与之密切相关的政治制度，即宗法制，也难以适应新的时代发展要求，其维护等级秩序、维护周天子天下共主地位的作用被大大削弱。

春秋战国时期"废井田""立私田"，社会发生剧烈变革，各诸侯国日益富有和强大，分封制带来的利益已经满足不了诸侯王，为扩充国力，各诸侯国相互攻伐，群雄争霸，"周礼"的权威遭到严重的挑战。历史上有郑庄公率兵攻打周军并箭射当时的天子周桓王的故事。《史

---

① 公羊高.春秋公羊传[M].沈阳：辽宁教育出版社，1997：1.

记》记载，公元707年，郑庄公不朝拜周桓王，还出兵大败了前来讨伐的周桓王的军队，郑国的将军祝聃甚至一箭射中周桓王的手臂。① 庄公作为诸侯王，作为臣子，不仅公开讽刺周王室"天而既厌周德矣"（《左传·隐公十一年》）认为周德被上天所厌弃，而且以下犯上，视"周礼"为无物。由此可见，周天子虽然在名义上还保有天下共主的地位，实则名存实亡，诸侯们纷纷开始僭越宗法礼俗，周王室形同虚设，诸侯并列、王室独尊的局面被打破，由天子来决定制礼作乐和出兵打仗事宜的"有道"局面被由诸侯来决定制礼作乐和出兵打仗事宜的"无道"局面所取代（《论语·季氏》）。春秋五霸纵横，周天子失去号令天下的号召力，宗权和君权相分离，以血缘关系为纽带的宗法分封制丧失了其应有的经济基础，遭受严重的破坏。依靠宗法制的血缘关系来管辖各个社会阶层，已丧失了现实的根基，甚至出现了士大夫分割公室、陪臣执掌国家政权的局面，宗法分封制逐渐崩溃。社会呈现宗法分封制崩溃、诸侯争霸、礼崩乐坏的局面。

面对这种乱象，孔子不满于乱世，希望恢复以宗法制和分封制为核心的"周礼"，以恢复原有的社会政治制度。宗法制度下蕴含的长幼尊卑、孝悌、忠信等思想内涵同样在孔子道德教育思想中有所体现，如"君君，臣臣，父父，子子"（《论语·颜渊》），孔子要求社会成员明确自己在家庭、社会政治关系中的身份、地位，以此规范社会成员的行为。

2. 社会结构变化，社会矛盾凸显

西周末期，随着新兴地主阶级代表人物逐渐走向历史舞台，社会正处于奴隶制消亡与封建制初建交叠之际，社会政治结构发生变化，原有的奴隶主与奴隶之间的矛盾叠加新兴地主阶级与奴隶主之间的矛盾，各

---

① 司马迁. 史记［M］. 长沙：岳麓书社，1988：353.

种社会矛盾复杂且突出，社会呈现无序混乱的状态。

一方面，春秋时期政治结构的不稳定突出表现在国家权力包括教育权逐级旁落、下移到其他贵族手中。中央与地方的矛盾日益激化，中央丧失了"天下共主"的权威和公信力，周天子形同虚设，地方诸侯崛起，地方权力逐渐压过中央。各诸侯国逐渐建立自己的中央集权政体，为培养自己的人才和势力，争士、养士、用士的风气兴盛。士阶层的崛起是政权下移的一大突出表现。另一方面，地主阶级的兴起使春秋战国时期的社会结构发生了很大的变化，各种社会矛盾异常复杂。除了原有的奴隶主和奴隶之间的矛盾外，新兴地主阶级和没落奴隶主阶级之间的矛盾、新兴地主阶级和农民的矛盾以及新兴地主阶级内部不同集团的矛盾也日益凸显，社会矛盾错综复杂，社会混乱不堪。

面对社会政治状况的变化，持有不同政治态度、基于不同阶层的人们积极探讨解决社会问题的方法，并将其理论化，形成了儒家、道家、墨家、法家、阴阳家等思想流派。孔子的道德教育思想就是当时众多思想之一。置身于动荡复杂的社会大环境中，孔子迫切希望改变这种局面，他从统治阶级的需要出发，结合人们的道德要求，赋予君子以"道德"的含义来约束君子，提出有位者应有德、为政以德等观点，以求能够通过上行下效的方式对百姓进行道德教化，培养平民的君子人格，以达到维护社会长治久安和统治阶级地位的目的。其道德教育思想具有浓厚的政治色彩。

因此，孔子道德教育思想的形成与当时的社会政治背景是息息相关的，并在其中不断加以践行、深化。

（三）文化背景

西周宗法制瓦解的必然结果表现在文化层面，就是社会意识形态发生巨变、礼崩乐坏、社会道德败坏。礼乐制度的坍塌呼吁新的道德规范和新的道德秩序的产生。在这样的背景下，官学失落、私学兴起，社会展开了"百家争鸣"的思想交锋，成为中国道德教育发展的重要时期。孔子道德教育思想便在其中孕育、成熟。

1. 礼崩乐坏，克己复礼

西周时期，周公革殷商之礼，制礼作乐。"周礼"成为周朝一系列典章制度、礼仪规范的总和。"乐"则作为内在调节与作为外在秩序的"礼"相互配合，在维系宗法观念和分封制度中发挥着至关重要的纽带作用。这些礼仪规范包括用来规范日常生活的冠礼、聘礼、飨礼、燕礼，用来规范祭祀活动的丧礼、祭礼以及用来规范君臣等级上下之礼的觐礼、朝礼等。

礼乐制作为一种文化制度，是维护宗法制和分封制的工具。其利用"礼"教与"乐"教，形成一套完善的礼乐制度来表现和巩固周人之"德"，以求建设和谐稳定的社会，从而维护封建等级秩序，巩固王朝统治。《礼记·乐记》中精辟阐述了礼乐的独特作用。"礼"主要通过外在的言谈举止对人伦进行外在的规范，最终形成互敬的等级制度。"乐"则主要通过内在来调和民性、协调上下、互相亲近，进而缓和社会矛盾，是提高社会道德水平的工具。礼乐应尽的职能为"合情饰貌"，即让人在人际关系中能和谐情感、修饰外貌，达到内外和谐的状态。[1] 因此，孔子强调重建礼仪制度的重要性，并将其视为实现和谐社会的基础，认为缺乏正确的礼乐制度会导致人心涣散，社会道德滑坡。

伴随着周天子政权旁落，宗法制的逐渐瓦解，社会出现了"礼崩乐坏"的局面。周朝的礼乐制度并非突然崩坏的，而是经历了一个逐层坍塌的过程：西周末年，周朝内部矛盾尖锐，外部受敌，西周灭亡。继位的周平王东迁，周王朝开始由盛转衰，周天子开始失去威信，权力

---

[1] 戴圣. 礼记[M]. 西安：西安交通大学出版社，2013：155.

逐渐衰弱，诸侯争霸，礼乐制度遭到冲击。到孔子生活的时代，卿大夫专权、卿大夫控制诸侯国的现象开始出现。如鲁国政权便把持在季氏三家卿大夫下，某些卿大夫甚至弑君自立。这无不表明当时礼乐制度遭到严重破坏，社会道德日趋败坏，社会秩序混乱。

"'礼崩乐坏'的社会现实迫切需要一位能熔诸德于一炉，从而创立完整的道德体系来给人们的行为提供道德指南的大思想家。"① 因此，礼乐制的坍塌促使孔子创立了一套道德教育思想，旨在通过个人的修养和道德规范来提高社会道德水平，以应对当时社会风气的恶化。孔子的道德教育思想亦包含着"克己复礼"的思想观点，包含着孔子寄希望于恢复周公礼制，重塑礼乐制在维护社会和谐稳定上的功能和作用。

2. 私学兴起，百家争鸣

一个国家制定一项制度，为确保该制度的推广与传承，需要设置与之相应的教育体系。春秋战国时期，各种社会制度的瓦解，原有的教育体系已不适应时代的发展要求，逐渐被私学所取代。私学得以兴起，究其原因：其一，生产力的发展推动奴隶制逐渐解体，政治经济下移，文化也逐渐下移，"学在官府"被"天子失官，学在四夷"（《左传·昭公十七年》）所替代；其二，由于周王朝政权衰落，官学也逐渐衰弱，奴隶主丧失了在教育上的全面垄断地位，知识分子失去了原有的地位，社会呈现教育下移的状况。"礼不下庶人"（《礼记·曲礼》）不复存在，广大中下层贫民也有了学习的机会，对于教育的渴望远超以往；其三，礼乐制度崩坏，士阶层得以解开沉重的宗法制羁绊，从贵族的最底层中解放出来，取得了相对独立的身份地位，并为渴求人才的诸侯所看重，士阶层逐渐崛起。孔子作为当时士阶层的一员，在经历了周游列国、四处求学，却没有实现自己的理想时，放弃求仕之路，转而传道授

---

① 张岱年. 伦理中国：中华六家道德学说精要[M]. 北京：中国书籍出版社，2019：17.

业，在创办私学中产生了很大的影响。因此，私学的兴起，一方面打破了"学在官府"的藩篱，促进了教育下移和百家争鸣，庶人也能拥有礼乐教育的机会；另一方面使教育的内容开始突破"射、乐、礼、御、书、数"六艺，教育场所不再限定于官府中，教育向多元化方向发展，这为诸子百家推广自己的思想提供了客观可行的外部环境。

私学兴起的一大表现是百家争鸣。春秋末年，随着社会制度的崩坏，群雄割据，社会意识形态发生巨变，为各种思想文化的萌发和繁荣提供了客观条件。不同学派就如何解决社会问题展开了激烈的争论，形成了儒、墨、道、法、兵、阴阳家等思想流派，百家争鸣的思想繁荣局面逐渐成形。孔子道德教育思想便是在百家争鸣的文化背景下孕育、发展、完善和成熟的。他认为不管是天子还是平民百姓，"壹是皆以修身为本，其本乱而末治者，否矣"（《礼记·大学》），修身为本，治国、平天下为末，如果这个根本的东西被扰乱了，国家、天下等要被治理好是不可能的。孔子一方面强调从社会道德教育方面入手来教化民众，倡导以同样的道德教育标准来善化天下，上至君王下至百姓，道德教育同一而共享；另一方面倡导道德教化与修养这个根本，"本"固则治安，社会才能在安定和谐的轨道上发展。

综上所述，孔子道德教育思想的形成与当时社会的思想文化条件紧密相关。孔子道德教育思想在春秋时期经济、政治和文化之大背景中不断孕育、发展。

二、孔子道德教育思想形成的重要渊源

任何一种思想都不是凭空产生的，研究孔子道德教育思想，既要考察孔子所处时代的特点，又要紧密联系孔子所处时代之前道德观念的发展脉络。从"天下明德皆自虞帝始"（《史记·五帝本纪》），到夏商时期"文德"观念的成熟，再到西周道德教化思想的完善以及春秋时

期诸子百家的思想争鸣等，孔子道德教育思想的形成有其深厚的社会历史渊源和思想渊源，是对前人伦理道德观念的继承、深化与发展。

(一) 夏商时期的"文德"观念

夏朝是中国历史上第一个由原始社会跨越到奴隶社会的朝代。原始社会阶段，为维护集体利益，原始宗教、社会习俗、巫觋文化以及原始共产制的生产关系等都在制约着人们的行为，在这个过程中，人们逐渐形成了忠诚、勇敢、平等、团结互助、维护氏族利益等纯朴的道德观念，但这些道德观念还处于一种较为蒙昧的状态。进入夏商时期，由于生产力水平和认知水平相对低下以及社会更替存在的旧思想残余，人们对于"天""鬼神"具有盲目的崇拜和敬畏心理。表现在日常生活和生产中，就是无法抗拒强大的自然外部力量，如气候、自然灾害等，难以感知到人作为主体性力量的价值，由此自发出现了图腾崇拜、自然崇拜、祖先崇拜等社会心理，把敬奉鬼神当作最高的行为准则并将其自发扩散开来。据记载："殷人尊神，率民以事神。"(《礼记·表记》) 人们早期的道德观念便通过敬奉鬼神等行为表现出来。

与原始社会相比，夏商时期尤其是殷商时期的道德观念得到了进一步的发展，表现为"文德"观念。所谓"文德"观念，是相对于原始社会的"尚武"观念而言的，是强调修养人内在的道德并以内在修养来修饰外在武力，从而摆脱野蛮鲁莽本性的一种观念。具体而言，"德者，得也。""外得于人，内得于己也。"[1] "德"，古时候亦作"悳"，从其字形来看，其从"心"为意符，强调修德在于人的内心，在于自得。据已有史料考究，夏商时期的"文"亦具有道德的内涵，"商人的道德思想是通过'文'的概念来加以描述的"[2]。所谓"文"，与"武"

---

[1] 许慎. 说文解字 [M]. 北京：中国画报出版社, 2017：334.
[2] 冯时. 儒家道德思想渊源考 [J]. 中国文化研究, 2003 (3)：77-93.

相对，是人的修养中不同的两方面。"文"是人内在方面的修养，"武"则是人外力上的勇猛。《诗·大雅·江汉》有言："告于文人，锡山土田"，"矢其文德，洽此四国"。这里的"文人"便指有文德的先祖。禀告文德昭昭的先祖，把山川田地赐予你，广泛地施行文政德治，使四周之地合洽。"文"与"德"的概念相联系。文德具体通过礼乐教化来实现。不同于原始社会的尚武风气，进入文明时代的古人开始有偏向修养文德的趋向，把"文"看作对具有野蛮属性的"武"的一种修饰，认为人应修文德，而非以外力制人。

孔子在一定程度上受到了殷商时期"文德"观念的影响，其道德教育思想有着祖承殷商时期"文德"观念的痕迹。如《礼记·表记》记载，"子曰：'虞夏之质，殷周之文，至矣。'"孔子认为夏朝的质朴、殷商的文德，均到达了极高的高度。殷商时期的文德观念在一定程度上影响着孔子道德教育思想中关于"修己"，即注重向内修德，认为"故远人不服，则修文德以来之"（《论语·季氏》），倡导道德教化，反对武力征伐等思想观点的形成。

此外，殷商时期的"文德"观念也是在继承上古时代先王思想中逐步产生的。《礼记·中庸》记载，"仲尼祖述尧舜，宪章文武"。所谓"祖述""宪章"，均为效法、继承之意。孔子在继承尧舜之举、效法周文王周武王之制的过程中，对上古时代的尧舜禹三位明君均给予了高度评价："大哉尧之为君也！巍巍乎！唯天为大，唯尧则之"（《论语·泰伯》）"舜其大孝也与！德为圣人，尊为天子，富有四海之内"[1]，"禹，吾无间然矣。菲饮食，而致孝乎鬼神；恶衣服，而致美乎黻冕；卑宫室，而尽力乎沟洫。禹，吾无间然矣"（《论语·泰伯》）推崇尧舜禹时期的"文德"治理思想，向往当时的"大同"社会。孔子在

---

[1] 朱熹. 大学中庸章句 [M]. 北京: 中国社会出版社, 2013: 20.

"信而好古"(《论语·述而》)中努力向历史学习,多次赞扬尧舜禹节用爱民、重德守礼、克己爱人的品德,并对他们所开启的仁义价值加以继承。孔子道德教育思想中所提倡的一些观点,如"仁""为政以德"等观点,是从尧舜禹发端而来的。

因此,上古及夏商时期的先王崇拜和文德观念的产生和发展,奠定了中华民族倾向于以文德而非暴力来调和民族内外部矛盾的文化基础,对包括孔子道德教育思想在内的中国传统道德教育思想产生了深远的影响。

(二)西周时期的道德教化思想

随着历史发展,周国打败了殷商,殷商灭亡,历史进入西周时期,社会意识形态和思想观念发生了巨大变化。为统治和教化殷商遗民,使民顺从(本族和异族),周朝统治者总结夏商灭亡的教训,认为当初殷朝没有丧失民众,是因为其能"克配上帝",即能使自己的德行匹配上天之德(《诗经·大雅·文王》),而殷商的灭亡是因其不重视行德造成的。随后统治者对夏商时期原有的神权思想做了新的解读,认为仅靠神权已难以维系当朝统治,必须辅以"人事",单纯的重天命观念开始向"永言配命,自求多福"的重人事倾向转变(《诗经·大雅·文王》)。可见西周时期的统治者已经认识到,统治者是否有"德"决定着民心的向背,而以人心所向为根据的天命则进一步决定着王权的兴衰成败。因此,统治者在"受命于天"的基础上提出了"以德配天""修德配命"的思想,强调统治者要时时修德、敬德,以待接受天命的委托,同时要注重"以德化民"。

文王作为周王朝的奠基者,"上帝既命",因其德行得以受天命以使周朝昌盛、殷民"侯于周服",此乃天命所系。文王承天命以来,布施恩泽、施行仁义、培育人才、任用贤能,社会安定祥和,福泽遍及子孙百世。《诗》云："于乎不显，文王之德之纯。"① 孔子亦在后来对文王之道做了极高的评价："以此观之，文王之道，其不可加焉。不令而从，不教而听，至矣哉！"② 夸赞文王为"三代之英"。文王死后，周公继承先父遗志，号召君臣民众"仪刑文王"，即效法文王之德，"聿修厥德"修养自己的道德（《诗经·大雅·文王》）。基于"德"的观念，周公进一步制礼作乐，制定出了一套包含孝友、人伦、忠信、礼乐等内容的道德规范来统治和教化民众，以配合天命使"万邦作孚"。可以看出，西周的统治者开始意识到了道德教育的重要价值，在敬天的前提下提出了以"明德慎罚"为核心的道德教化内容，注重"怀保小民"，开始重视道德教育。为推广道德教育，西周设置了相对完备的、从中央到地方的、由小学到大学的教育体系，"学在官府"的教育体制逐渐成形。值得注意的是，这个时期的道德教育对象主要针对奴隶主贵族子弟，下层民众无书无器无学，难以接受道德教育，道德教育的对象还具有较强的阶级局限性。

周承殷制，在道德观念上承袭了夏商时期的"文德"思想，并加以创新，对道德内涵的理解更趋深入。孔子道德教育思想则秉承于周。孔子曾感慨"吾不复梦见周公矣"（《论语·述而》），他把文王、周公看作安定昌盛社会的代名词，更看作理想的道德楷模。一方面，孔子推崇周礼，把继承文王、周公之事业作为自己一生的重任，明确提出"周监于二代，郁郁乎文哉，吾从周"（《论语·八佾》）。强调恢复周朝礼乐制度，主张"道之以德，齐之以礼"（《论语·为政》）以恢复天下有道的局面。另一方面，孔子以周德为标准整理六经，并把六经作为其道德教育的教材，继承并发展了西周时期政德教化、统治者身教等思想，重视德教化成，把道德教育作为其基本的教育内容，教民向德，

---

① 诗经［M］. 张南峭，注译. 郑州：河南人民出版社，2020：317.
② 孔子家语［M］. 王国轩，王秀梅，译. 北京：中华书局，2014：82.

提出"为政以德""为仁由己"等观点，认为上行则下效。

综上所述，西周的道德教化思想基本构建了孔子的道德规范体系，为孔子的道德教育思想构筑了理论的基础，是孔子道德教育思想形成的直接来源。孔子道德教育思想源于并高于西周的道德教化思想，其中亦蕴含着夏商时期的道德基因。

（三）春秋时期诸子的思想

春秋时期二三百年，是思想领域异常活跃和自由的时期，"百家争鸣"的思想繁荣局面开始出现，这在中国历史上是罕见的。不同学派的主张和思想，或多或少地影响着孔子，是孔子道德教育思想体系的渊源之一。

随着社会的发展，历史进入春秋时期，奴隶社会正开始逐渐向封建社会过渡，社会秩序发生了巨大的变革，思想领域迎来了相应的解放，是道德文化发展史上的重要阶段。夏商周以来"修德配命"的神权思想逐渐失去了人们的信任，人们开始对此进行反思，代之而起的是春秋时期诸子争鸣。诸子基于各自的政治主张，以道德为重要命题，构筑他们所认同的关于道德与政治的关系、关于道德的价值等的理念，并在与其他学派的碰撞中兼收并蓄、迅速发展。在春秋诸子和不同学派的激烈的争辩和探索下，道德得以进一步宣扬，传统的道德观念被赋予了更多的深刻内涵和社会应用价值。其中管子、老子等的思想对孔子有着积极的影响。春秋纷乱之际，管子辅佐齐桓公，主张依法治国的同时应德法兼备，肯定道德教化的社会作用。管子还倡导礼义廉耻，认为"国有四维，……一曰礼，二曰义，三曰廉，四曰耻。"（《管子·牧民》）看重一国的道德风尚，并把礼放在治国的首要位置，认为"君子行于礼，则上尊而民顺。"（《管子·君臣下》）在管子的辅佐下，齐桓公"九合诸侯，一匡天下"（《史记·齐太公世家》），成为春秋第一个霸主。

齐鲁两国在地域和文化上相近，后孔子访齐，对百年前管子德法兼备、尊王攘夷的治国才能以及他重视道德教化、重视礼法的理念大加赞赏，认为"微管仲，吾披发左衽矣！"（《论语·宪问》）孔子通过这句话高度肯定了管子，认为如果没有管子，当时社会恐怕还处在野蛮未开化的状态中。孔子在对管子思想的关注和评价中不可避免地受其影响，在道德教育上的部分思想观点也与管子的相近，如孔子强调用道德而非刑罚来引导百姓，这个观点与管子的"政之所兴，在顺民心"（《管子·牧民》）意思是相近的，均强调统治者要以民为本、为政以德，勿用严峻的刑罚来残害百姓。可见，管子的理念对孔子是有所影响的。作为道家鼻祖的老子，其思想对诸子百家的兴起影响颇深，先秦儒家道德教育思想也受其影响。历史上曾有孔子向老聃求学的记载。老子专注于探讨"道"的问题，认为"道"是世界万物的来源和规则，"道生之，德畜之，物形之，势成之"[①]。人类应顺应天地之道，即顺应自然，无为而治，并以德来滋养道，道与德相互作用，"是以万物莫不尊道而贵德"[②]。老子的道德教育思想是以"自然"为根基的，其关于"道"与"德"的论述、关于道德教育的方法等的讨论，对孔子道德教育思想有着积极的指导借鉴意义。

基于儒家学说，孔子的道德教育思想并没有囿于儒家学说的观点，而是吸收借鉴诸子百家的理念，结合以前的道德规范，兼收并蓄，对道德教育的内容进行创新。孔子对诸子百家的思想或赞同或观点相异，或继承或批判，或发展或创新，在这个过程中不知不觉影响着其道德教育思想的形成。

[①] 李耳. 道德经[M]. 北京：金盾出版社，2009：147.
[②] 李耳. 道德经[M]. 北京：金盾出版社，2009：147.

三、孔子道德教育思想形成的个人条件

"时代是孔子思想产生的宏观背景，社会是孔子思想产生的中观背景，家庭是孔子思想产生的微观背景。"[①] 除了受时代和社会大背景以及古代道德教育体系的影响外，孔子道德教育思想的形成离不开家庭教育环境及个体生活实践的熏陶和影响，体现了宏观因素与微观因素兼具、实践影响和思想熏陶并举。这种影响是基础且深刻的。

（一）家庭环境

1. 家境

"每个人出生后就生活在家庭环境中，时刻受到家庭环境的熏陶和影响。"[②] 孔子的先祖微仲是宋国的后裔，也是商汤王室的贵胄。六世祖孔父嘉任大司马，后在宋国宫内乱被杀。五世祖木金父为躲避华氏之祸逃离宋国来到鲁国，此后孔氏世代在鲁国生活，近于平民。作为没落贵族的后代，虽家境已大不如前，但在重视身世等级的时代里，这一贵族之后的身份加上孔子自身修养的学问和道德，使孔子更得到了人们的关注和器重。史载鲁国司空孟懿子病危之际有言："礼，人之干也。无礼无以立。吾闻将有达者，曰孔丘，圣人之后也。"因此孟懿子把孔子当作老师来侍奉（《左传·昭公七年》）。作为圣人之后，孔子也很重视自己的贵族身份，对其祖上有德之人十分敬重，这对其道德教育思想的形成不无影响。

孔子三岁时，其父叔梁纥丧，家道逐渐衰落，其母颜徵在和孔子被迫离开家族，回到鲁国的都城曲阜自立，过着艰苦的生活。孔子少时贫困，因而苦学六艺，并以此谋生。他曾经说："吾少也贱，故多能鄙

[①] 陈科华. 孔子思想研究 [M]. 北京：人民日报出版社，2002：1.
[②] 陈万柏，张耀灿. 思想政治教育学原理 [M]. 北京：高等教育出版社，2015：110.

事。"(《论语·子罕》)少时生活的困顿、地位的卑贱、遭受的冷遇催生了孔子关于"仁者爱人""有教无类"等的思想观点,使孔子的道德教育思想带有一种平等的意味,对其形成产生了深远的影响。

2. 家教

家境贫寒的背后,母亲颜徵在和外祖父颜襄的谆谆教导指引着孔子成为一个知礼重孝、博学厚德的君子,促进了其道德教育思想的萌芽。

颜徵在和颜襄对孔子的教育主要体现在两个方面:一是传授知识,严格教导;二是通过自身的良好品行言传身教,以身作则。具体来看,首先,虽家境贫困,颜徵在仍非常重视孔子的学习。曲阜的典籍资料、文化名人多,教育资源相对丰富,颜徵在母家曲阜受过良好的教育,其父颜襄是当时富有学识的学者。在曲阜时颜徵在和颜襄对年幼的孔子进行了启蒙教育,教给他正确的学习方法,加以严格教导。在母亲和外祖父的悉心教导下,孔子从小习礼,据记载,"孔子为儿嬉戏,常陈俎豆,设礼容"(《史记·孔子世家》),苦学技艺与射、乐、礼、御、书、数,学到了诸如礼节、做人、节俭等多方面的知识。加之孔子勤奋好学,十五岁时就立志于学,渴望并致力于追求学问。外祖父颜襄曾从大处勉励孔子:"君子有三思,一是年少不勤学,年长一无所能;二是年老不讲学,死后无人纪念;三是有财不布施,穷人无人救助。"[1] 引导孔子若居高位,应当"远宗尧舜的道理,近守文武的法则,顺着天时,察看地理,小则可以教民安乐,大则可以平治天下"[2],才能成为顶天立地的大圣人。在母亲和外祖父的教养下孔子从小便对教民安乐、治国安邦有了自己的初步的理解。

---

[1] 汤恩佳,朱仁夫. 孔子读本(彩色插图本)[M]. 广州:南方日报出版社,2007:18.
[2] 汤恩佳,朱仁夫. 孔子读本(彩色插图本)[M]. 广州:南方日报出版社,2007:18.

其次，颜徵在心地善良、富有仁爱之心、身处贫困却贫而有志、勤俭节约，并践行着这些美好的品质，一定程度上也引导着孔子健康成长，在孔子的性格和个人品德的塑造上产生了积极且重要的影响。据史料记载，颜徵在把叔梁纥与另一妾所生的跛脚儿子孟皮一同带到了曲阜与孔子一起加以悉心教导，便是颜徵在身教其"仁爱"品质于孔子的一大体现。在耳濡目染下，孔子的"夫仁者，己欲立而立人，己欲达而达人"（《论语·雍也》）、"三军可夺帅也，匹夫不可夺志也"（《论语·子罕》）等思想观点的产生与母亲和外祖父的言传身教和以身作则有莫大的联系。

良好的家教促使孔子在少年时就形成了其道德教育思想的雏形。

（二）个人经历

1. 从学经历

《三字经》有言："昔仲尼，师项橐。古圣贤，尚勤学。"[1] 孔子从小"学而不厌""不耻下问"，对知识始终具有高度的热情。他"询礼于老聃，问乐于苌弘，学琴于师襄，问官于郯子，与齐景公探讨秦穆公争霸，与季子请教韶乐"[2]，每有所疑惑，孔子都以师礼请教于他人。不耻下问的求学精神，使孔子在道德美学、政治经济、教育史学等多方面都了颇深的造诣。

孔子的学习经历从时间纵向来看，其学习的内容是不断扩展并深化的。孔子阐述自己"十有五而志于学，三十而立，四十而不惑……"（《论语·为政》）十五岁以前，孔子处在贫困的环境中，为了谋生，学习的内容主要是"鄙人之事"，即各种技艺与耕种等体力劳动。在这些技艺的学习过程中孔子找到了自己的志向与人生目标，因此十五岁时

---

[1] 王应麟. 三字经 [M]. 上海：上海大学出版社，2018：176.
[2] 谢无量. 孔子研究 [M]. 北京：北京理工大学出版社，2020：129.

便把"志"立于"学",立志获取学问,追求真理。"志"乃心之所向,"志于学"是相对于"志于仕"而言的。孔子以前,士志于仕,士需学"礼、乐、射、御、书、数"等专业技能。孔子则是基于仕的同时高于仕,将"志于仕"过渡到了"志于学"上,认为除了专业技能,更要追求培养人的道德品性和大志向的"大学"。十五至四十岁,是孔子一心博学问道、悟道行道,形成学识体系的时期,"志于学"开始上升到"志于道",认为"朝闻道,夕死可矣"。孔子曾说:"志于道,据于德,依于仁,游于艺。"(《论语·述而》)这是孔子对自己一生教育、学术思想的总结,也是他立己立人的写照。孔子认为要先立志高远,去学习圣贤之道,同时以德为根据,而道与德的发挥皆依傍于仁、义、礼、信,"依于仁"而后遨游于六艺之中,"游于艺"最终回归到"至于道"。正是在这些广泛学习的过程中,孔子对道德的理解逐渐深化。随着孔子的学习不断深入,日复一日的精进铸就了他在传统儒学"六艺"上颇高的造诣,孔子"知礼"的名声逐渐传播开来,为孔子走入仕途以及形成自己的道德教育思想奠定了基础。

公元前496年,因受贵族打压,孔子难以在鲁国实现政治抱负,遂携弟子颜回、子路等人开始了长达14年的游学经历。颠沛流离的游学之旅极大地增长了孔子的学识见闻。秉着积极入世的精神,孔子也在周游列国的过程中不断践行着"道",修炼君子理想人格,以"道义"为己任积极推崇"天下大同"的理念。他的道德思想境界在游学当中得以升华。

2. 从政经历

孔子一生志存高远,期望把其所习得的知识,应用于从政的实践中去,以求更好地推行仁道。在从政的道路上,孔子从社会全局出发,推崇"为政以德"。他看重为政者的表率作用,认为"政者,正也"(《论语·颜渊》)希望在位者以道德教化百姓,维持社会秩序,并始终把

"君使臣以礼，臣事君以忠"（《论语·八佾》）的君臣之道以及以惠养民、以义使民的理念贯彻在其臣子和官员的双重身份里。

孔子的仕宦生涯在史料中有所记载："孔子贫且贱。及长，尝为季氏史，料量平；尝为司职吏而畜蕃息。由是为司空。已而去鲁，斥乎齐，逐乎宋、卫，困于陈蔡之间，于是反鲁。"（《史记·孔子世家》）受人之禄，忠人之事。五十多年间致力于谋求能施展其政治抱负的官职，小到管理仓库的委吏，大到掌管国家司法的大司寇，孔子始终尽忠职守，不乏政绩斐然。孔子曾评论弟子子产符合君子标准的四个方面为："其行己也恭，其事上也敬，其养民也惠，其使民也义。"（《论语·公冶长》）孔子在为政的过程中坚持以"义"、以法度、以恩惠来治理当地百姓，使老百姓也尚义。在鲁国任职时，在孔子的治理下社会出现了"路无拾遗"（《孔子家语·相鲁》）的太平景象。但因鲁国政权逐渐落败，孔子不愿降其志而被迫携弟子出走鲁国，开始周游列国，另寻施展才华、拯救乱世的沃土。孔子先后到卫、陈、曹、宋、郑、蔡、楚等国，会见这些国家的大小国君和权臣，希望能被起用，以推广自己"为政以德"的政治主张，认为"如有用我者，吾其为东周乎"（《论语·阳货》），即能在东方复兴周的文武之道。在卫国，孔子起初被国君卫灵公所看重，但因小人进谗，孔子带着未施展的政治抱负离开了卫国。在游历于陈国、宋国、蔡国等国时也未能得到重用，甚至陈、蔡两国为阻止楚国得到孔子而派兵将其困住，史载孔子"不得行，绝粮。从者病，莫能兴"（《孔子家语·在厄》），从政之路几经波折。

孔子历来重视仁政与德治，希冀以此来重建一个安定祥和的盛世，但始终壮志难伸、怀才不遇，加之年龄衰老使他逐渐放弃了通过出仕推行仁政、重建社会等级秩序的想法。总结孔子的从政生涯，在当时的社会环境下，周天子徒拥虚名、诸侯间征伐不断，相较于帝王之术和法家思想，孔子追求仁义礼智信、重义轻利等的思想理念，难以被急于争权夺利的诸侯贵族所接纳，也难以与礼崩乐坏、动荡不安的时代接轨。

"君子不器"（《论语·为政》），君子不应限于一隅，仕途的不顺为孔子转向教育工作特别是道德教育提供了契机，为孔子在道德教育中宣扬为政以德的思想，试图间接实现仁政目标提供了新的方向。

3. 从教经历

理想抱负在政坛难以施展，孔子开始把精力转向传道授业解惑，致力于培育实现仁政德治的治国人才，以匡扶乱世，改变"礼崩乐坏"的现状。

公元前522年，孔子于而立之年开始收徒讲学，创办私学，"始教于闾里"（《孔子家语·七十二弟子解》），打破了"学在官府"的教育垄断局面的同时，开启了他正式的传播伦理道德的教育活动。孔子创办私学，不仅在于培养学者，更是在于倡导"学而优则仕"（《论语·子张》），培养造就齐家、治国、平天下的君子。孔子辅之以"举贤才"的举措，期望他们能在参与政治后改变"天下无道"的混乱局面，以期实现"老者安之""朋友信之""少者怀之"（《论语·公冶长》）的理想社会。随后的数十年间，孔子杏坛设教立学，广收门徒，在教学中不断带领弟子践行并深化着仁、义、礼、智、信等道德概念，不断摸索适宜的道德教育方法。《庄子·渔父篇》中记载："孔子游乎缁帷之林，休坐乎杏坛之上，弟子读书，孔子弦歌鼓琴"[①]，便是孔子与弟子教与学的生动缩影。

从教生涯中，孔子始终倡导立德育人，用礼和仁来感化弟子，强调先修德再学文，要求君子德才兼备，这在他的教育内容上也有所体现。孔子的教育内容主要包括文化知识、专业技能、伦理道德三大方面，其中孔子尤其注重道德教育方面的内容。在道德教育内容方面，把仁和礼

---

① 庄子. 庄子［M］. 南昌：江西美术出版社，2018：216.

作为核心内容。他曾劝诫弟子："入则孝，出则悌，谨而信，泛爱众，而亲仁。"（《论语·学而》）孝、悌、信、仁等都属于道德范畴，进德在前，德行做好了，若还有剩余的精力，"则以学文"，即修业在后。只有先做到修养好个人的品德、打好个人的道德基础，再去学习礼、乐、射、御、书、数等专业技能和《诗》《书》《礼》《乐》《易》《春秋》等文化知识，才能成为一个具有完善人格、德才兼备、以德为主、胸怀坦荡的士和君子。因此，孔子强调道德教育优先的原则，把道德教育内容放在重心的位置上，认为文化知识和专业技能的学习是为伦理道德服务的，"学文"是为了更好地塑造道德品行。应先把伦理道德"本"的根基打牢，再去进行文化知识和专业技能的"术"的层面的传授，不可本末倒置。同时，在中庸之道的影响下，孔子并不过分看轻"文"在育人上的重要性，这在"子以四教：文、行、忠、信"中亦有所验证（《论语·述而》）。孔子把文化知识、践行德的行动、忠诚、守信作为教学内容的四个基本方面。其中"文"是历史文献资料等的学习，是外在的修养；"行"是道德实践活动；"忠、信"是内在的道德修养及其体现。外在的修养和道德践履是造就内在人格的必要条件。孔子在"文"方面的教学不仅限于静态的文化知识的传授，还包含孔子对这些文化知识的精神本质所进行的动态领悟和把握。因此，孔子把道德教育放在首位的同时，辅之以"文"化人，通过学"文"使人提升精神境界，即以"文"成"君子"。

此外，在设教立学的过程中，孔子始终坚持有教无类，认为只要一心向学，不论平民贵胄，都一视同仁纳入门下接受学习，实行平等的教育。孔子还按不同的对象和层次总结出了学思结合、身体力行、因材施教、全面育人、"不愤不启，不悱不发"等一套道德教育的原则和方法，一生培养了"弟子盖三千焉"，其中包括颜渊、子路、冉求、仲弓等"身通六艺者"共七十二人。①

孔子在成长和学习的过程中，逐渐孕育了其道德教育思想的胚胎。而孔子道德教育思想的真正落地、完善和系统化，正是在他四十多年的收徒讲学的教学实践中逐渐磨砺成型并发展成熟的。

第二节 孔子道德教育思想的体系

孔子在一生的学习和实践中，逐渐形成并完善了自己有关道德教育的思想观点，形成了一整套完整的道德教育思想体系，包括以"归仁"为核心的道德教育目标、以"仁"为核心的道德教育内容、以学思行并重、因材施教、愤启悱发、身教重于言传、合力育人等多个方面为一体的道德教育方法。孔子对其道德教育思想体系的积极探索不仅奠定了先秦儒家道德教育的理论基础，也对后世产生了深远的影响。

一、孔子道德教育的目标

子曰："三军可夺帅也，匹夫不可夺志也。"（《论语·子罕》）孔子在道德教育中强调立志、行志、笃志、守志，把"志"看得比指挥三军的将帅还要重要，这是匹夫即个人奋斗不可丧失的、引领个人排除万难的内在驱动力。志即志向、理想。志的具体含义，孔子又指向为"仁"："苟志于仁矣，无恶也。"（《论语·里仁》）进一步主张立志于行仁，以追求和实现仁为远大志向和理想目标。成仁归仁的理想道德教育目标中，包含着培养"君子成仁"的个人理想目标和实现"天下归仁"的社会理想目标。培养"君子成仁"的个人理想目标，又是为了

---

① 司马迁. 史记 [M]. 长沙：岳麓书社，1988：409.

最终实现"天下归仁"的社会理想目标而服务。

（一）个人层面：君子成仁

君子杀身成仁的理想人格是孔子在个人层面的道德教育中着重强调的理想目标，是孔子对个体道德修养水平的理想性期待，也是孔子创造的"人们共同景仰的人格范型"[①]。以君子作为道德范畴体系的承担者、实现者和示范者，引导其他社会成员共同加强修心育德。在《论语》里，"君子"一词多与"小人"一起作为正反对照的名词出现，与小人分处道德修养水平的两端。如"君子成人之美，不成人之恶。小人反是"（《论语·颜渊》），"君子和而不同，小人同而不和"（《论语·子路》）等语录皆有体现。孔子以正反对比的形式肯定君子包括自强不息、温和仁让、安详舒泰等品质在内的多方面高尚品德。"君子而不仁者有矣夫？未有小人而仁者也！"（《论语·宪问》）小人无仁，君子不仅以德立身、知仁行仁，更有杀身成仁的志气，是尽己为人精神的集中表现。"志士仁人，无求生以害仁，有杀身以成仁。"（《论语·卫灵公》）君子不因为贪生而违背仁德，宁可牺牲生命来成全仁德，把仁德看得比自身生命还重要。

按道德修养水平的高低，小人、普通人、君子和圣人构成孔子道德教育思想中不同的道德境界。小人道德修养水平低下，几乎没有道德自觉；君子志于仁，甚至杀身成仁，表现出崇高道德修养水平和高度道德自觉，是促进社会道德风尚发展的先进力量；既无小人之恶，又缺君子之仁的普通人，其道德修养水平和道德自觉处于二者之间。同时，在孔子道德教育思想中，在君子人格之上还有一个圣人境界。圣人作为"人伦之至"（《孟子·离娄上》）、"万世之师"，集一切美德于一身，与君子相比是更高一级的人格范型。和君子人格相比，圣人境界是更罕

[①] 黄钊等.中国道德文化[M].武汉：湖北人民出版社，2000：82.

有和更难以到达的境界。《论语·述而》载，子曰："圣人，吾不得而见之矣；得见君子者，斯可矣。"君子人格是一般人能通过努力修心育德而做到的，圣人境界则连尧舜都未曾到达。在孔子看来，圣人境界体现在"博施于民而能济众"（《论语·雍也》）的品性。这样能够广泛施加恩惠于人民并能周济大众、为全天下谋福祉的品德与能力已经"何事于仁"，超越了仁的界限。（《论语·雍也》）孔子既重视塑造君子理想人格的培养，也希望通过君子理想人格引导个体升华至圣人境界，为个体到达圣人境界奠定前提和基础。

在《论语》里，"君子"不仅指品德高尚的人，有时还特指有地位的人或是治理国家的人。例如，"君子不以言举人，不以人废言"（《论语·卫灵公》），主要表达对有地位的君子在推举选拔人才方面的建议。"侍于君子有三愆"（《论语·卫灵公》）中的"君子"也特指为政者、有位者。但是"君子"的有德含义和有位含义并没有割裂开来，而有所联系和结合。有位君子同样指向有德含义。将为政者称为君子，隐含着孔子希望有位者能在有位的同时追求有德，使自己树立君子理想人格的用意。孔子劝勉有俸禄的有位者君子，不用担心衣食和贫穷而要担忧行道，此乃"君子忧道不忧贫"（《论语·卫灵公》）。孔子劝诫像子产这样身居高位的君子要有四道，一是行己恭，为人处世谦恭有礼；二则事上敬，侍奉君王恭敬认真；三乃养民惠，以恩惠养护百姓；四为使民义，役使百姓合乎义理（《论语·公冶长》）。从修己这一基点出发到养民使民层面，君子以四道作为自己修己安人、侍上治下的标准。综上所述，志于谋道成仁的有德含义仍是孔子所言之君子人格的主要衡量标准。自此，孔子将君子与小人之别，从传统的身份高低之别转向更具人文精神的品德优劣之别。

将有位者与君子人格相联系，还体现了孔子对有位者为政以德，进而上行下效，最终实现以德治国，甚至天下归仁的道德理想。"为政以德，譬如北辰居其所而众星共之。"(《论语·为政》）为政以德，倡导实行仁政德治是孔子的重要道德教育思想和主要政治主张。当时的社会虽然在变革，但以天子诸侯为代表的有位者，仍拥有对社会和庶民的绝对统治权力。这样的社会背景下，仁道推行的根本正是为政者。孔子要实现天下归仁的终极目标，只能寄希望于有位者为政以德、实行仁政，借助有位君子的政治感召力来推行仁道。

因此，孔子把君子人格特别赋予为政者，有其阶级立场和政治目的。其道德教育目标带有较强的政治属性。

（二）社会层面：天下归仁

孔子强调通过道德修养达到成仁成圣的个人理想目标后，需由内向外进一步扩展，由"格物、致知、诚意、正心、修身"达到"齐家、治国、平天下"，达到社会关系和谐友爱的"天下归仁"的目标。实现天下归仁的社会理想目标，是孔子道德教育目标体系中的最终目标。体现了孔子对建立一个仁道仁政畅行于世的和谐社会的最终期待。《论语·先进》篇中用较长篇幅记载了子路、曾皙、冉有、公西华侍坐于孔子身旁，孔子问弟子之志，弟子各言其志，孔子再评弟子之志的故事。孔子问几位弟子："如果有人要起用你们了，你们会怎么做？"子路言其志为治理内外交困的千乘之国，使国人有勇知礼；冉有言其志为治理六七十里或五六十里的小国，能使百姓富足而不足以施行礼乐教化；公西华言其志为当一个负责宗庙祭祀、诸侯会盟和觐见天子的小司仪。三个弟子的志向或骄傲或谦虚，或意在强国，或意在富民，或意在教化，皆志在为政。不同于其他三位弟子，曾皙之志"异乎三子者之撰"。曾皙言其志为娱情山水，设想了在舞雩台上吹风，思念苍生，归途中再唱起歌，陶冶性情的太平盛世的图景。这图景是施行仁政而出现的，也是孔子所希冀的礼乐秩序规范、社会充满美好和谐的大同世界，体现了孔子"天下归仁"的最终目标。治国之道，初始目标在于强国、在于富民、在于教化，但最终皆为使民众享有幸福快乐的生活。曾皙所答，聚焦点不在于具体的政事，而在于从政所追求的一种理想的境界。因此，孔子说"吾与点也"。可见，孔子之志重在"天下归仁"，重在社会和谐、民生和乐的终极目标，而不在一时一事之成就。

在天下归仁的目标中，知仁行仁的范围从个体扩大至整个社会。人人志于仁，大众广博的仁爱情感被激活。尽己为人成为全社会的共同意识和自觉行为。自爱、血亲之爱等小范围的狭义的仁爱被升华、扩展成覆盖全社会的广义的仁爱。"一日克己复礼，天下归仁焉。"（《论语·颜渊》）社会整体的道德状况很大程度上受个体的道德修养水平影响。只要有一天人人都克己复礼，那么社会矛盾即刻缓和，社会秩序即刻和谐稳定，全社会就可以归于仁了。可见，在孔子看来，天下归仁终极目标的实现，其标志在于人人行仁，其路径也是人人行仁。孔子希望有更多的仁人志士能坚持不懈地为天下归仁这个目标而努力。"天下归仁"的前提在于个体是否依照"仁"的标准来待人处世。这是由个体能否克己复礼、能否为仁由己来决定的。个体若都能以礼来约束自身言行，"天下归仁"的理想最终一定能够实现。人人克己复礼至少一日，即可实现天下归仁。终极目标的实现闻之简单，行之却难。每个人都是独立的个体。要人人都能做到破除私心障碍，处世待人没有人我之别，不仅需要道德教育广泛而深刻地切实推行，使人人知仁行仁，还需要为政者做到爱民如子、让利于民。后者是当时的为政者难以做到的。就连前者，孔子在世也未能成功推行。孔子在晚年发出了"吾道不行矣"的慨叹（《史记·孔子世家》）。

综上所述，孔子强调"成仁归仁"的理想目标，在个人理想层面表现为塑造杀身成仁的君子理想人格，在社会理想层面则表现为实现天下归仁的终极目标。君子成仁的个人理想目标和天下归仁的社会理想目标，层层递进，都指向于仁、贯穿着仁，分别指向仁的不同境界：知仁、行仁、成仁、归仁，构成了孔子以归仁为核心的道德教育目标体系。

二、孔子道德教育的内容

以"归仁"为核心的道德目标体系构成孔子道德教育的目标，以"仁"为核心的道德范畴体系则构成孔子道德教育的内容。孔子道德教育的内容庞杂，涉及仁义礼智信、孝悌忠恕、温良恭俭让等方方面面的内容。其中，孔子最早提出仁、义、礼的教育。仁的教育是孔子道德教育思想的核心和根本，贯穿孔子道德教育的始终；义的教育是孔子道德教育的重要内容。礼的教育是孔子道德教育思想的基础性内容；仁、义、礼三者之间紧密联系，构成一个有机结合的整体。孝悌忠恕、智信等其他道德教育内容则被囊括于这三个核心范畴中，如孝的核心是"仁"，孝的具体执行形式是"礼"，孝的行为准则关联于"义"。

（一）"仁"的教育

"仁"在《论语》中出现频率极高，是孔子道德教育思想贯穿始终的核心概念。仁的教育，是孔子道德教育的根本内容和核心内容，贯穿孔子道德教育的始终。可以说，孔子道德教育的内容都围绕仁这一核心而展开，以仁为根本加以细化和延伸。任何具体道德范畴的深入学习，最终都绕不开仁。

1. 仁的含义：众德之总

关于仁的含义，孔子在回答弟子的提问时，根据不同的具体条件和特定语境给出了若干不同的答案，从不同方面出发对仁做了具体定义。仁的含义无确切定论，体现了"仁"至道无形的特点。正如老子所言，"道可道，非常道。"（《老子·第一章》）仁作为道德范畴体系中的至道，其概念具有抽象性、超越性，无形无相，无法以特定、有限、具体的言语去完全透彻地加以定义。孔子之仁，其内涵并非无源之水，能以经院式答案一概而论；而是有源之活水，需要个体"仁者见仁"地在生活中进行多方面用心体悟，进而把握全体。

仁作为至道无形无相，同时囊括其他一切德目。在孔子道德教育思想中，仁是一切道德范畴、道德规范的总纲。"它是作为一种基本的原则和精神而贯注于诸德之中并统摄诸德的，此即所谓'全德之名'。"①孔子之仁，囊括和统领着道德范畴体系中的一切德目，可以说是一切美德的总和、总称。孝悌忠信等其他一切德目，是仁在不同领域的具体表现。例如，孝和悌都是仁在家庭领域的具体表现：孝是爱父母，悌是爱兄弟姐妹；忠是仁在政治领域的具体表现，是爱君主；信则是仁在社会交往领域的具体表现，是爱他人。孝、悌、忠、信等具体的道德范畴都贯穿着仁者爱人的精神内核，是仁爱这一普遍性的博爱精神在不同层面的具体化。前者是狭义的爱，后者是广义的爱。同时，仁的内涵意义和精神品格又始终超越于其他德目。因此，孝悌等德目中隐含着仁的意思，但不能等同于仁。究其根本，仁作为道德总纲、道德统帅的背后，还隐藏着其作为道德之根、价值之源的本质。在孔子的道德教育思想中，具体的道德范畴有很多，但是德目无穷，皆由仁出。道德范畴体系中的其他道德范畴都源于仁。孔子以超越性、抽象性、普遍性的仁为根，滋养、生发和引申出包含孝悌忠恕、恭宽信敏惠、智勇等在内的其他一切具体化的德目。

2. 仁的本质：仁者爱人

子曰："仁者，爱人。"（《论语·颜渊》）仁作为一个超越而抽象的概念，虽然无法给出一个固定而确切的定义，但在孔子关于仁的各种

---

① 韩星. 仁与孝的关系及其现代价值——以《论语》"其为人也孝弟"章为主［J］. 船山学刊, 2015（1）: 83-100.

不同回答中，都贯穿着仁者爱人的思想，表现出爱人的共性。原始社会时期，人与人之间的劳动和交往活动遵循着简单且必要的行为准则，人们逐渐形成了团结合作、互帮互助的传统习俗。但当时的人们并无关于"人""个人"的明确观念。个人从属于或者说融合于氏族观念中，氏族与个人的关系难以分离。随着私有制的萌芽发展，社会贫富差距日渐悬殊，奴隶社会的阶级矛盾日益突出。奴隶主阶级强调自己作为人的价值，却践踏奴隶的人格，不把奴隶当人看。奴隶作为人的价值难以得到体现。到了孔子所生活的年代，社会大变动，社会关系更加复杂。传统的奴隶主和奴隶阶级之间的矛盾演化为奴隶主与奴隶、奴隶主与封建主、封建主与农民等的多种矛盾。这些矛盾亟须从伦理道德方面来入手进行调和。孔子作为奴隶主阶级的思想家，看到了被统治阶级对其自身价值的日益重视，从人与人之间的关系来探讨何为人。孔子所理解的人不仅包括奴隶主、封建主，甚至也包括奴隶。人的内涵和外延得以拓展。孔子通过仁者爱人真正强调了"人"的重要性，是其对道德教育思想的一大发展。爱人精神是仁的灵魂和内核，是仁本质规定的属性。仁爱在孔子道德教育思想中分为两种形态。第一种是基于血缘关系的亲亲之爱，即爱自己的亲人。这是一种已有的既定的血缘之爱、自然之爱。在各种亲亲之爱中，孔子又尤为强调子女对父母、弟妹对兄姐的爱，即孝悌之爱。幼者对长者的孝悌之爱，"可以被认为是对于自己生命来源的回溯与感恩"[①]。孔子把孝悌看作仁的根本。"孝弟也者，其为仁之本与！"（《论语·学而》）家庭是社会群体组织的最小单位。家庭中的孝悌之爱之所以能被看作仁的根本，是因为其能为整个社会结构的稳定和有序提供最初的基础。突出孝悌之爱的亲亲之爱，是仁爱的基础，也是仁爱的起点。亲亲之爱扩大化、普遍化，将对亲人的爱延伸到

[①] 彭富春. 孔子的仁爱之道 [J]. 武汉大学学报：人文科学版，2009, 62 (5)：540-545.

对天下所有人甚至对自然的博爱。这一种博爱在孔子道德教育思想中表现为忠恕之道。"己所不欲，勿施于人"的恕道，是对人将心比心而不胡作非为的爱；"己欲立而立人，己欲达而达人"的忠道，是尽己为人、尽力而为的爱。忠和恕从正反两方面表现了面向社会所有人的博爱之爱。

3. 仁的践行：三月不违仁

在仁的教育中，孔子并不止步于在意识层面对仁的追求，即不单单追求知仁，而进一步强调在现实生活中切实地践行仁。"人能弘道，非道弘人。"（《论语·卫灵公》）仁是道在人身上的具体体现。人能发挥自己的主观能动性去不断修养、提升自己，并使仁道发扬光大。不能单纯依靠仁装点门面，自己不努力行仁，拿道来为自己哗众取宠。可见，不仅着眼于在内心加强仁德的学习与修养，更着力于发挥人在现实中弘道行仁的主观能动性，是孔子教给学生的为仁之方。在仁的道德践行中，孔子又进一步教育学生注重践行仁时的持之以恒、坚守不移。子曰："回也，其心三月不违仁，其余则日月至焉而已矣。"（《论语·雍也》）孔子观察颜回三个月，发现在三个月里颜回的心都不与仁背离，一直保持仁的状态。其他人也有做到仁的时候，但持续行仁而不违仁的时间都是短暂的。在两相对比中高度肯定对仁持之以恒地践行：不间断地行仁，不随时间推移而违仁。正所谓"君子无终食之间违仁，造次必于是，颠沛必于是"（《论语·里仁》）。君子没有一顿饭的时间会背离仁的品质，即使在最紧迫、颠沛流离的时候也一定会和仁德同在。在这里，仁的道德践行不仅强调在时间层面对仁的坚守不变，还进一步强调了在万难面前对仁的坚守不移。

此外，孔子还强调在仁的道德践行中要注重为仁由己，并由此达到践仁知天的境界。子曰："克己复礼为仁。一日克己复礼，天下归仁焉。为仁由己，而由人乎哉？"（《论语·颜渊》）所谓为仁由己，即践行仁德要靠自身努力，而不是依赖其他外在力量的强迫，是一种自觉进行内在道德修养的状态。在孔子看来，仁是用来践行的，是人的内在要求。仅仅把仁挂在嘴边而不付诸行动，或安于不仁的现状亦无积极修正意愿的，皆乃无觉。孔子所说的"践仁"在主体和内容上皆是普遍的，是"混溶于精诚恻怛之真实生命中而为具体的普遍，随着具体生活之曲曲折折而如水银泻地，或圆珠走盘，遍润一切而不遗的这种具体的普遍"①。孔子认为，人要对自己的生命做到自我主宰，就要从根本上相信自己的救赎不来自他者。孔子所说的"古之学者为己，今之学者为人"，"己欲立而立人，己欲达而达人"都体现了人的自觉的特质，宣扬了人的主体性。进一步来说，孔子认为通过践行仁德，便可"知天"，即通达天理。这提升了人的存在性，使得主观与客观相契接。孔子曾对子贡说："没有人了解我啊！"弟子不解，问孔子何出此言。孔子答曰："不怨天，不尤人；下学而上达，知我者其天乎！"（《论语·宪问》）"不怨天，不尤人"，即人不要将希望寄托在上帝、外物或他人身上。"下学"的范围包括礼、乐、射、御、书、数。要把通过"下学"习得的知识经验转化为内在的德性，就必须依靠个体内心的觉悟。这种觉悟是基于经验知识而获得的德性的领悟和开启。孔子所说的下学上达，遵循着从下学再到上达的规律。换句话说，人自觉努力去践行仁，便可使人与天的生命互相契合。人能通过实践仁的精神而通达天理，并最终达到自我理解的境界。至此，孔子赋予践仁这一行为以道德价值。"仁"不仅是一种道德意义上的善恶评判标准，更是一种积极主动的道德实践行为。人在积极践行仁义的过程中，领悟天命，通达天理，最终成全自己的圣贤人格。

---

① 牟宗三. 心体与性体 [M]. 上海：上海古籍出版社，1999：100.

(二)"义"的教育

义是孔子道德教育的重要内容,是价值判断和行为选择的重要标准,是一种以仁爱之心约束自身言行举止的标准。孔子强调君子把义作为修身立身的本质,并以礼制为载体来运行它,通过谦逊来表达它,通过诚信来圆满完成它(《论语·卫灵公》),认为"君子义以为上"(《论语·阳货》),把义看作君子应有的最高尚的道德。在具体的行动上,君子只需考虑怎样做才符合义,而无须把行动限定在一个绝对的标准里,此乃"义之与比"(《论语·里仁》)。可见,义之于人是一种行为准则和价值判断的重要标准。义以为质、义以为上、义之与比的观点体现了孔子重义、好义、行义的道德主张。在重义、行义的同时,孔子还明确反对无义,以无义、不义为害。"君子有勇而无义为乱,小人有勇而无义为盗"(《论语·阳货》)、"见义不为,无勇也。"(《论语·为政》)在孔子看来,义不仅是人际交往中的重要行为准则,还是君主治理国家、役使百姓的重要原则。面向全社会的"义以为上"和单独劝诫为政者的"上好义","使民也义",即居于上位的人要重视义、役使百姓时合于义理同样为孔子所宣扬。

1. 义的含义:义者宜也

义和仁一样也是一个具有开放性的概念,其意蕴深刻丰富,无法用有限、确定的语言去完全表达出它的定义。正如朱子所言:"义是活物"(《朱子语类》卷一三七)、"义无定体,在随事而制其宜也"(《朱子语类》卷九四)。作为一个意蕴丰富的道德范畴,义在不同具体情况下,有不同的确切表述。关于义的内涵,《中庸》载道:"义者,宜也。"(《礼记·中庸》)韩愈在《原道》中也把义解释为宜,"博爱之谓仁,行而宜之谓义"[①]。《说文解字》则把义解释为"己之威仪也"。

[①] 韩愈. 韩愈集[M]. 哈尔滨:黑龙江人民出版社,2005:163.

宜与威仪，都指向适宜性、合理性、正当性、公正性。孔子之义，即指个体的行为要符合社会道德规范，符合以仁为核心的道德要求。义作为重要准则，引导个体在道德行为选择、价值判断时做到动机适宜、目的正义、手段正当，最终做出符合是非善恶标准的判断和选择。孔子认为，义指引个体做出适宜正当的行为选择和价值判断，也有利于帮助个体崇德辨惑，摆脱"爱之欲其生，恶之欲其死，既欲其生，又欲其死，是惑也"（《论语·颜渊》）这样不辨是非、极端片面的迷惑盲目状态。

2. 义的本质：仁者义之本

义出于仁，间接表达了仁"为人""爱人"的思想。义的内核、根本和最终指向依然是仁，仁内而义外。"仁者，义之本也。"（《礼记·礼运》）但义又不等同于仁。仁者爱人的"爱"，不是一种狭隘、局限的爱，而是一种普遍性、超越性、宏观的爱，讲究和、合。孔子所说的义，则被赋予了道德批判性和道德选择性，更具有特殊性。孔子之义讲的是面对爱与恨、生与杀等多方面的现实矛盾和利益冲突时，在和合暂时无望而不得不分时，个体仍以仁德为衡量标准，做出符合社会道德规范的价值判断和行为选择。仁讲的是社会中人与人之间相互博爱的和合、统一状态。义讲的是人与人之间在现实矛盾和利益冲突面前做出符合道德规范的、明智的行为选择和价值判断，即断明。义通过断明的方式最终将人与人之间显化的矛盾对立回复到仁爱的和合状态，回到既对立又统一的和谐状态。因此，仁为和合，义是分，但最终会回到合，先分断而后和合。此即"仁合义分"。董子曰："仁者，人也，义者，我也，谓仁必及仁，义必由中断制也。"① 在整个先秦儒家道德教育思想体系中，孔子相对尚仁，孟子则更为尚义。孔子之时，社会矛盾尚有缓和的可能性。因此孔子强调仁而和合，回到人人无私的公有制。孟子之

---

① 董仲舒. 春秋繁露[M]. 上海：上海古籍出版社，1989：51.

时，社会矛盾日益激化，和合的可能性日益淡化。因此孟子强调义而断明，在新生的私有制社会中以义作为分断的重要准则，又以义作为和合的桥梁。

3. 义的践行：重义轻利

孔子道德教育思想中，义的践行教育主要表现为重义轻利的道德行为的宣扬。义与利是孔子道德教育思想中一组对照存在的概念。孔子在《论语》里常常将义与利相对照地进行论述。义利之辨是儒家的一个重要问题。义即行为选择和价值判断适宜正当，符合社会规范和道德要求。作为义的反面，孔子所论述的利即指行为选择和价值判断不合理、不正当，背离社会道德规范而凸显己方物质实惠。在义利的对比中，孔子表现出重义轻利的道德倾向，这也成为后来儒家道德思想体系中的一个基本倾向。孔子认为，君子明白大义，而小人只知小利、整日聚在一起却"言不及义"、言语与义之间毫不相关，难以教导（《论语·卫灵公》）。在孔子道德教育思想中，义与利的对比含有大和小的对比。除了隐含君子与小人这一大小对比外，还有着小利与公利的大小对比。小利是自私、小私，一种不合理的利。和小利相对而言，义则是一种公利，是一种合理的利。在这一视角下，可见义和利并非绝对的隔离对立，彼此有所关联。义作为公利，是一种更高层次、更长远的利。孔子虽然轻利，但是并不反对取利，而是更加强调取合理合德的利，在小利、私利面前选择公利。"见得思义"，看到利益就要先判断是否合义，不取不符合义这一准则要求的利。"义然后取，人不厌其取。"（《论语·宪问》）合乎义的东西他才收取，别人便不厌恶他收取的这个行为。同时，孔子的义利观还强调不仅要取合理的利，更要合理、合德、合义地取利，在义中取利。其重点在于取利的手段，在于取之有道的理性原则。"不义而富且贵，于我如浮云。"（《论语·述而》）用不适宜的手段获取的富贵，于孔子看来如同天边的浮云一样没有意义，即

"强调对利益要具有理性的态度，做到有节、有度，而义就是这种节度的标准"[1]。

(三)"礼"的教育

礼是孔子道德教育思想的基础，为仁和义的践行提供具体鲜明的载体。

1. 礼的含义：仁德规范

在《论语》里，仁和礼是密切联系的概念。子曰："克己复礼为仁。一日克己复礼，天下归仁焉。"(《论语·颜渊》) 克己复礼是孔子道德教育思想的重要主张。孔子对仁道和仁政的追求，对社会秩序的维护都离不开礼，礼是仁和义的外在规范和具体表现，是实现仁、践行义的主要载体和手段，是道德行为规范。孔子之礼，是一种强调宗法等级尊卑、长幼次序的综合性规范体系，涉及法律条文、政治制度、道德规范、人际交往等方面的规范。礼在协调人际关系、稳定社会秩序、培养个体道德自觉性和主体性意识方面发挥着不可或缺的作用。孔子曾多次强调"立于礼"，认为礼就如人的支柱一样。没有礼，人是无法安身立命的。

孔子之礼在继承周礼的基础上又对其加以改造、改进。孔子之礼崇尚周礼又不等同于周礼，源于周礼又高于周礼。孔子之礼是在继承周礼传统的基础上，对周礼加以去粗存精、发扬光大的一种新型的以仁德为核心的礼。一方面，孔子之礼在礼的内容、内核方面相对周礼而言有所发展进步。孔子强调用"道之以德，齐之以礼"的方法对待人民，使人民有羞耻心并且注重自我修养，走上正道；反对以"道之以政，齐之以刑"(《论语·为政》) 的方法对待人民。可以看出，孔子之礼是个和仁德贯通的概念。孔子在社会治理中倡导礼治、德治，反对刑治，

---

[1] 张泠，史方立. 齐鲁传统文化 [M]. 济南：山东科学技术出版社，2019：20.

并且明确否定不事先教育，人一犯错就立马加诸重刑甚至诛杀的暴虐行为，认为"不教而杀谓之虐"（《论语·尧曰》）。孔子使礼的主要性质从区分尊卑贵贱、维护森严等级序列的政治规范，转向以仁德为核心的维护社会秩序、调节社会矛盾的道德规范。另一方面，礼的教育对象也扩大了，从上层阶级扩大到无高低贵贱之分的所有人。孔子强调的齐之以礼的主语是民。对民齐之以礼的背后是泛爱众的爱人精神，使礼突破了周礼中"刑不上大夫，礼不下庶民"（《礼记·曲礼上》）的阶级局限性。庶民从此也有了学礼、崇礼、被待之以礼的可能性，使礼更具普遍意义和人文价值，开创了礼治的新局面，也开创了道德教育的新局面。

2. 礼的层次：由表及里

根据功能的区别，孔子的礼可以细分为三个不同层次。首先，礼最直接、浅层的含义是一种礼仪形式。这一层是与人们日常生活息息相关的含义。为人们在日常生活中的言行举止提供一个可资学习借鉴的具体规范体系，引导个体在生活中行之有道、行之有度，如冠礼、燕礼、聘礼等。礼在这层更强调应用性、实用性。其次，礼是一种政治制度。孔子之礼继承了周礼的宗法制和分封制。礼在这一层次是维护奴隶主阶级即统治阶级利益的工具，具有一定的局限性。随着奴隶制社会的衰亡和封建社会的兴起，孔子之礼被转化为维护封建地主阶级的工具而在政治上备受推崇。但社会持续向前发展，剥削制度注定被赶出历史舞台，使得孔子之礼这一层含义终将被淘汰。究其根本，孔子之礼是一种道德规范。这一层次的含义更突出强调礼所蕴含的精神价值和情感价值，强调在礼的内部和深层所隐含的具有超越性、真理性的精神内核，如参拜君主的礼仪中隐含的忠敬之意。值得注意的是，孔子不仅强调下对上的礼，也同样强调上对下的礼。把君主的守礼作为实现臣下忠心的一个条件。"君使臣以礼，臣事君以忠。"（《论语·八佾》）

3. 礼的践行：克己复礼

克己复礼，尊古崇周，孔子所说的礼，源于周礼。克己复礼主张的背后，实则是孔子对尧舜禹时代所象征的道德盛世的向往。借周礼来拨乱反正，改造当时礼崩乐坏的乱世现状。周礼原指周族的氏族典章、制度、习俗。伴随周王朝建立，周礼成为维护奴隶制和宗法等级序列的政治规范。周礼在维护社会结构稳定有序的同时，也强化了上下贵贱的等级差别，激化潜在的社会阶级矛盾。孔子推崇恢复周礼，但不主张对其全然照搬。"孔子反对把'礼'仅当成一种形式，而是主张在礼中注入'仁'这种精神内涵。"① 孔子强调和提取的是周礼中蕴含的仁德性内核，周礼的外在仪式可以随时间推移、社会变化、条件限制而有所变动。崇礼复礼的重点在于恢复礼制所承载的精神内核——仁。子曰："麻冕，礼也；今也纯，俭，吾从众。拜下，礼也；今拜乎上，泰也。虽违众，吾从下。"（《论语·子罕》）古代祭祀用麻冕，制作工艺复杂，现在祭祀用丝绸，工艺省时省力。制作工艺和祭祀用品虽然随时代迁移了，但祭祀时对祖先的敬意没有变，因此孔子肯定这种外在仪式的变动。古代臣子参拜君主时，在堂下的时候，即使君主看不到，也提前恭敬地拜谒，等升堂面见君主后又再拜谒。现在臣拜君时，省略了堂下参拜，而只在堂上参拜。这一礼仪的仁德内核随着外在仪式的变动而削减了。因此孔子否定这种外在仪式的变动。可见，相比于礼的外在仪式层面，孔子更看重礼的精神内核层面。对周礼加以尊崇和恢复的主要部分也是它仁的精神内核，即"大礼不变小礼变，主干不变枝叶变"②。

综上所述，孔子道德教育思想中，仁、义、礼三个最重要的道德范畴紧密联系、有机结合、相辅相成，构成了三位一体的道德教育结构，

---

① 张岱年. 伦理中国：中华六家道德学说精要［M］. 北京：中国书籍出版社，2019：38.
② 蔡尚思. 孔子思想体系［M］. 上海：上海人民出版社，1982：72.

也构成了孔子道德教育的主要内容。仁滋养、统摄着孔子道德教育思想中的其他一切道德范畴，贯穿孔子道德教育的始终。仁乃其他德目之源、本、根。其他德目则是仁在不同具体领域的延伸表达和进一步发展。"在三位一体的结构中，义乃道德本体与现象界的转换枢纽，仁经由义而展开、实行，礼反过来由义而达仁。"① 义作为孔子道德教育中的重要行为准则，为道德行为选择和价值判断提供了断明的重要标准。义在断明的同时也贯注了和合的引子，先断明而后和合。在现实矛盾和利益冲突面前，先义后利，舍生取义，搭起通向仁的桥梁。礼的教育，是孔子道德教育思想中基础性的内容。礼的教育最为鲜明、微观、直观。最贴近人们生活、与现实生活的联系最紧密直接的礼仪规范体系，为更高层次的行义和达仁的践行提供载体、奠定基础，为行义和达仁的实现埋下因子、酝酿条件。

守礼是行义和达仁的因，行义是守礼和达仁的修行，达仁是守礼和行义的果。以仁为核心，以义为准则，以礼为基础。从礼到义，再到仁，三种不同内容的道德教育含有层层递进的逻辑关系。仁的教育具有一般性、普遍性、超越性，需要一种更具体的道德教育作为其落实的载体。礼的教育具有具体性、特殊性、易操作性，需要一种更宏大的道德教育作为其发展的目标和方向。义的教育的属性处于二者之间。仁、义、礼的教育从宏观到微观，从抽象到具体建构了一个相对完整的道德教育框架，共同构成了孔子道德教育思想的主要内容。

三、孔子道德教育的方法

为实现其道德教育目标，孔子在道德教育实践中除了确立仁、义、礼等道德教育内容外，还总结开创了许多卓有成效的道德教育方法。孔

---

① 桓占伟. 试论孔子的义思想[J]. 齐鲁学刊, 2013 (6)：5-9.

子道德教育的方法可以从个人、教师、社会三个角度展开论述。其中，个人修养方法主要讨论学思行结合的自我道德教育方法；为师者的施教方法，遵循因材施教、愤启悱发和身教重于言传的方法；社会群体的施教方法，则对应于家庭和社会的合力育人法。

（一）个人道德修养方法

注重个体向内的自我道德教育，即个人修养，是孔子道德教育的一个特点。内省和外察同时构成孔子道德教育的两个重要途径。培养个体的个人修养意识是孔子在个人层面的基础性目标。如何培养个体的道德自觉性，践行个人修养，是一个值得剖析的问题。在躬身自省的内省层面，孔子通过见贤思齐和见不贤而内自省等多组对比式论述阐明了内省在正反两个方向的表现。而无论是强调培养良好道德品质的正面表述还是强调克服改正不良道德品质的反面表述，都包含着学思行结合的特点。例如，见贤思齐和见不贤而内自省里都有道德之思，有道德之学，有道德之行。学思行结合是孔子在个人修养方面的重要方法。

1. 学思结合

在个人层面的修德方法中，孔子首先强调学思结合与知行合一，归结起来即学思行相结合的个人修养方法。"学而不思则罔，思而不学则殆。"（《论语·为政》）孔子认为，一味读书学习但是缺乏思考容易陷入迷茫，使人难以深入理解和利用所学的知识，甚至受到欺骗。一味思考但不去学习就会陷入徒劳的空想，使人精神倦怠却劳而无功、一无所得。同样，不学而思也是孔子所不赞同的。"吾尝终日不食，终夜不寝，以思，无益，不如学也。"（《论语·卫灵公》）不学而思的空想，即使不吃不睡、思考终日也没有益处和收获。因此，孔子主张把学和思结合起来。学和思之间的关系是辩证的，二者不可偏废、紧密联系、相辅相成。子夏把孔子的学思结合概括为："博学而笃志，切问而近思。"

(《论语·子张》）广泛学习知识的过程中坚守自己的志向，同时恳切地求解自己所学未悟之事，近思自己经历的未能及之事。孔子学思结合的教育方法，符合教学规律，被后人发扬传承，对后世产生长远影响。

具体而言，一方面，对道德规范的学习，能为个人的道德思考和价值判断提供正确的道德认识和道德标准，为个人在道德方面的思和行奠定基础。只有通过学来认识到什么是善恶是非，才能为思和行指明合乎道德的路径方向而不至于陷入迷惑，即"知者不惑"。"好仁不好学，其蔽也愚；好知不好学，其蔽也荡；好信不好学，其蔽也贼。"（《论语·阳货》）不去学习，不爱学习，就无法形成明确的道德认知，进而无法做出正确的道德行为选择，更遑论最终形成仁与信等美德。因此，学是个人修养的基础和起点，为道德品质的培养和践行提供基本条件。孔子不仅强调要学，在道德品质的学习中还要采取"学而不厌""知者乐""学而时习之"的乐学、勤学态度。道德学习的范围也不局限于书本上的理论知识和间接经验，还包括生活中他人身上的美好道德品质。道德学习要能近取譬，见贤思齐，自觉向身边的道德范例学习看齐。"三人行，必有我师焉"（《论语·述而》），三个人里，必定有我的老师。"不耻下问"体现了孔子在向他人学习借鉴道德品质时极度谦虚的学习态度。在学习求知方面，孔子还明确反对不懂装懂的态度，主张"知之为知之，不知为不知"（《论语·为政》）的诚实态度。

另一方面，学习道德规范后，还要加以思考内化、推理审视，对道德规范进行融会贯通，避免道德规范成为空洞形式。学是个人修养的基础，但是学习中也要有积极的思维活动，把学和思相结合联系。既学又思，使个体的道德认知把感性认识和理性认识结合起来。既不是只学不思而停留于照搬照抄、封闭僵化的拿来主义和教条主义，又不是只思不学而陷入天马行空、缥缈空虚的苦思冥想。思是学的深化。只有对所学的道德规范加以自我思考，结合自身特点、环境变化和时代特征等方面的具体条件加以内化、深化，才能在内心真正理解和深刻把握道德品质，使道德品质在自我内心落地生根，使道德规范在心中融会贯通，呈现"告诸往而知来者"(《论语·学而》)、"闻一知十"(《论语·公冶长》)的理性状态。不独立思考只一味发问的人，是孔子所反对的。一个人遇到事情却不去思索解决办法的，对这种人，孔子也无奈道："吾未如之何也已矣。"(《论语·卫灵公》)关于思的内容，孔子认为在道德教育方面的思主要表现为九思。"君子有九思：视思明，听思聪，色思温，貌思恭，言思忠，事思敬，疑思问，忿思难，见得思义。"君子要用心思考：看人看事是否明辨是非，倾听是否听得聪明，神色是否温和，容貌是否真诚谦恭，言语是否忠诚守信，处事是否敬业认真，有了疑惑是否勤学好问，愤怒时是否克制，遇见可取得的利益时是否合于义。孔子列明日常生活中在道德修养领域的九方面思考内容和方向，通过思来反省和检查自己的言行举止是否符合道德礼仪规范，这样才能把所学的道德知识内化于心，做出正确的道德选择。

2. 学行并重

以一定的知识材料为依据，并加以独立思考分析，才能在内心真正培养起德性。但是停留在认知层面的学和思还需要进一步落实到实践层面，把德性升华成为德行。"孔子指出学习要经过闻、见、问、识等认识的感性阶段和思、习的理性阶段并最终还要落实到行上。"[①] 孔子主张学行并重，即道德认知与道德实践并重。在道德品质的形成过程中，坚持理论和实践相结合的原则，做到知行的辩证统一。学思结合是个体自我道德教育的重要手段，但二者仍是道德品质形成过程的初级阶段。道德教育的躬行实践，则是更难能可贵的终极阶段。孔子表示："文，莫吾犹人也，躬行君子，则吾未之有得。"(《论语·卫灵公》)就书本

---

① 徐玲. 孔子道德教育思想探析 [D]. 武汉：华中科技大学，2006：16.

知识而言，我与他人相差不远，但成为一个躬行实践的君子，我仍未做到。子夏说，一个人看重实际的德行，轻视外表的姿态；侍奉父母，服侍君主，对待朋友，能做到尽心尽力、诚实守信。"虽曰未学，吾必谓之学矣。"（《论语·学而》）这样的人，即便他说没有学习过，我一定说他已经学习过了。可见，孔子认为，在道德层面，行高于、重于学和思，又难于学和思。道德之行更被当成君子与非君子、学与未学的一个区分标准。只有将学习获取、思考分析后的道德规范和品质，加以确切地躬行实践，才能使个人对道德品质的理解和运用进入更深层次的阶段，最终使个体切实形成道德品质。在躬行实践中检验道德规范和品质，又在躬行实践中丰富发展道德规范和品质。

　　孔子的学行结合，还包含学以致用的含义。"诵《诗》三百，授之以政，不达；使于四方，不能专对；虽多，亦奚以为？"孔子说："熟读了《诗经》，交给他政务，他却搞不懂；派他出使到四方各国，又不能独立应对外交。虽然读书多，又有什么用处呢？"（《论语·子路》）学习后不仅要进一步思考，还要更进一步地运用。把所学所思的道德规范和品质转化为具体的能力和现实的表现。学思而不躬行，在道德教育中的所学所思就会成为纸上谈兵，毫无用处。在行的层面，孔子主张慎言敏行、言行一致。子贡问："何为君子。"孔子说："先行其言，而后从之。"强调君子不能只说不做，而应该先做后说。"君子耻其言而过其行。"君子把说得多、做得少当耻辱。孔子把先行、敏行当作君子的重要原则，也是成为君子的重要方法。批评宰予言行不一、多言而少做，朽木不可雕。

　　因此，首先要博学之，还要慎思之，最终笃行之，学思行三者有机结合、辩证统一。每个个体以一定的知识材料为依据，从优秀道德范例汲取养分，再通过独立思考对所学道德规范品质加以整理、辨别和提炼，最终确切鲜活地落实到现实实践中。学思行的结合，从感性认识到理性认识，从认知到实践，为个体的自我向内道德教育指明了路径，从而更好地推动个体提升自身道德水平。

(二) 为师者的施教方法

孔子所处的时代以前，学在官府，道德教育被局限在上层社会中。孔子创办私学，秉承有教无类的原则，使道德教育的对象范围平民化、扩大化。学校为道德教育的延伸提供了专门的教育场所。孔子在自己的私学教育实践中，把道德教育作为最重要的部分，把文献、品行、忠诚、信实作为教学的四项内容，后三者都隶属于道德教育。在道德教育中，坚持"志于道，据于德，依于仁，游于艺"的教育主张（《论语·述而》），高度肯定具有君子之德的学生，称赞颜回有君子之四德和闻一以知十的聪慧，表示自己"弗如也；吾与女弗如也"（《论语·公冶长》），形成了许多有益的施教方法。

1. 因材施教

因材施教是孔子重要的教育方法之一。在道德教育方面，孔子也注重因材施教。不同学生问仁，孔子会根据学生的不同性格特点采取不同回答。这既体现了"仁"作为大道而无形的特点，也体现了孔子在道德教育中因材施教的方法。樊迟愚钝，孔子简要地将仁解释为爱人。仲弓待人处世不够谦逊，孔子将仁解释为推己及人。子政从政，孔子则从为政者所需的道德修养角度解释仁。对仁的不同解释，体现了孔子因材施教的方法。此外，孔子对孝等道德范畴的解释也体现了因材施教的特点。例如，孟懿子、孟武伯、子游、子夏等四人问孝，孔子根据他们对父母的不同表现，来回答对应他们具体情况的孝道。这些回答大意相同、内核一致又各有侧重。因材施教，孔子作为师者不仅做到尊重学生的个体差异，还进一步根据学生之间的个性特点、学识水平等个体差异来开展针对性教育。具体问题具体分析，因人而异地灵活选择教导视

45

角。既看到了受教育对象的差异性、特殊性和发展潜力，又提高了道德教育的针对性和实效性。

2. 愤启悱发、循循善诱

在道德教育中，孔子采取灵活生动的启发诱导方法，启发学生深入思考，引导学生主动领会道德规范和品质。"不愤不启，不悱不发。举一隅不以三隅反，则不复也。"（《论语·述而》）要在学生努力了但仍没有想透的时候再去开导学生；在学生想明白但又无法完美表达出来的时候再去启发他。如果学生暂时不能举一而反三，就先不往下进行。愤启悱发的教育方法，把教师的教导放在学生的独立思考和自主探索之后，鼓励和诱导学生先行思考，等学生的思考分析到了他力所能及的程度之后，教师再加以开导，并进一步启发学生举一反三，触类旁通，最终豁然开朗、透彻醒悟。学思行结合的思是个人的自主思考，愤启悱发中的思则是为师者由外对个人思考的深入引导。愤启悱发的教育方法，使教学活动更活泼与深刻，有助于激发学生的学习兴趣和积极性。孔子在自身具体的道德教育实践中，常用提问、反问为学生指引思考方向，增添教学活动的思辨性，锻炼和加强学生的思维能力，使学生对事物的理解更透彻。用历史人物和历史事件来举证说明道德观点，既以史实增添观点的说服力和可信度，又启发学生以古鉴今。用现实生活中的日常事物比喻说理，使复杂道理深入浅出，浅显易懂，引导学生从细微平凡之处生发深刻哲思。

除启发诱导的方法，孔子还采取循序渐进的诱导方式。循循善诱、步步深入地引导个体培养理想人格。颜渊这样描述孔子对他的教导方式："夫子循循然善诱人，博我以文，约我以礼，欲罢不能。"（《论语·子罕》）孔子在循循善诱中以丰富的古籍文献使学生博学，又加以一定的礼仪来约束学生的行为。这种循序渐进的教导方式颇受学生颜渊的肯定，使颜渊想停止学习都不可能。循循善诱的教育方法，要求教师具有足够的耐心，并且善于把握道德教育的时机。"如切如磋，如琢如磨。"(《礼记·大学》)由浅入深，由小及大，由少到多，分层次、有步骤地吸引和指引学生形成道德认知，培养道德品质和情感，发展道德行为。

3. 身教重于言传

所谓身教，即让自己成为行为榜样来教化和影响身边的人。在道德教育中发挥教育者自身的榜样和示范作用有着重要的作用。孔子认为，要对他人进行道德教育，首先教育者自己就要以身作则，遵守道德规范，培养道德品质，率先垂范，表现出身教重于言传的教育思想。君子以"有其言而无其行"、只言不行的做法为耻。(《孔子家语·好生》)和言传相比，身教的感染力和教化力更强，教育形式更为形象生动、明确直接，师生关系更亲密。身教的方法受教育者的教化效果更明显，但也对教育者提出了更高的道德要求。需要教育者不断增强自己的道德修养，树立君子理想人格，来做好学生的人格榜样。"其身正，不令而行；其身不正，虽令不从。"(《论语·子路》)有位者要治国安民，必须先自己带头修身养性，不断提高自身的道德修养水平，做道德榜样和示范。有位者自身品行端正，以身教的方法引导臣民向善，即使不发布法令和命令，臣民也会自觉效仿。反之，即使法令颁布臣民也不会跟从。君子若想政令能快速推行，"莫善乎以身先之"，即以身作则是最好的做法（《孔子家语·困誓》）。这些话语虽是孔子对为政者讲的，但同时也是对教育者和学生提出的要求。孔子不仅提倡教育者身教为先、身体力行，还要求受教育者践行所学的道德知识，强调言行一致，而非将其束之高阁。

（三）社会群体的施教方法

家庭提供基础性道德教育，为政者作为榜样示范来开展普及全社会的道德教育，孔子以层层递进和扩展的形式架构了道德教育的践行体系。

1. 家庭提供基础性道德教育

家庭是最小的社会组织单位。家庭道德教育在家国一体的社会中有着不可或缺的基础性作用。孔子非常注重家庭领域的道德教育。以家庭血缘关系为基础的亲亲之爱是孔子所追求的博爱之爱的基础。孔子从微观的家庭道德教育出发，构筑了宏观的伦理道德规范。孔子以家庭道德教育为基础的伦理道德规范，对中华民族产生了深远影响。在崇尚孝、悌、恭等道德品质的家庭人伦道德教育中，又以孝为核心。百善孝为先。孔子高度肯定孝，甚至把孝作为仁之本。"其为人也孝弟，而好犯上者，鲜矣；不好犯上，而好作乱者，未之有也。"（《论语·学而》）可见，以孝为代表的家庭人伦道德教育，其不仅有助于家庭和睦，还为整个社会的和谐稳定甚至天下归仁提供基础和条件，在维护社会秩序中有着举足轻重的作用。

2. 为政者提供榜样示范的广泛道德教育

孔子还注重社会层面的道德教育。孔子劝诫为政者特别是诸侯国君等当权者能以身作则、率先垂范。期待为政者能做臣民的道德范例，发挥好带头作用教育人民。以有位君子的广泛影响力辐射和带动整个社会，实行自上而下、上行下效的社会道德教育。"君子之德风，小人之德草，草上之风必偃。"（《论语·颜渊》）在这里，孔子把君子即为政者的德行比作风，把小人即普通百姓的德行比作草，风吹草，草便会随之倒下。二者的区分标准在于德行而不在于身份地位。这句语录强调有位者做好道德垂范表率的巨大影响力和重要性。有位者只要自己加强道德修养，践行仁德，臣民就自然会上行下效，跟着看齐。"政者，正也。子帅以正，孰敢不正？"（《论语·颜渊》）统治者自身的品行端正，臣民谁敢不跟从？这进一步明确指出为政者上行下效的影响力和重要性不仅表现在社会的道德教育领域中，更凸显在国家治理和政治管理层面。

综上所述，家庭道德教育和社会道德教育相互联系，构成一个有机整体，合力推进着道德教育的发展。合力育人的道德教育方法，让道德教育进入从小家庭到大社会的方方面面中，带来更广泛有利的影响。家庭这一最小的社会组织单位使基础层面的道德教育向外向上辐射；为政者作为道德的榜样示范，来开展自上而下、上行下效的社会道德教育，二者合力推动了孔子道德教育思想的传播和其道德教育实践的发展。

四、孔子道德教育的原则

孔子在长期的思考、学习、实践、反思的过程中，不断摸索并总结出了一系列道德教育的原则，主要包括克己内省、过勿惮改、忠恕之道、有教无类。这些原则具有普遍的适用性，是孔子指导其道德教育教学的基本依据。

（一）克己内省

孔子强调要秉持克己内省的原则。所谓克己内省，即让个体学会自省、自律，实现自我有意识地向内修身和修德，培养个人的道德自觉性。曾子曰："吾日三省吾身，为人谋而不忠乎？与朋友交而不信乎？传不习乎？"（《论语·学而》）"君子求诸己，小人求诸人。"（《论语·卫灵公》）"已矣乎，吾未见能见其过而内自讼者也。"（《论语·公冶长》）"古之学者为己，今之学者为人。"（《论语·宪问》）等言论，均体现了其期冀在道德教育中人能不断自觉塑造和改造自己的内心世界，不断有意识地提高自己的思想道德修养境界。在樊迟问仁的时候，孔子把"居处恭"作为仁的三个具体表现之一，也体现了其对慎独精神的追求和肯定。

在克己内省的过程中，孔子提倡见贤思齐。看到品德高尚的贤人，就虚心向其学习，以贤者为榜样塑造自己人格修养中的良好方面，争取通过努力达到与其一样的道德境界。与见贤思齐原则相应的择善而从则表明，孔子在道德教育中所说的思齐范围并不局限于品德高尚的贤者，而扩大到包括不贤者在内的一切人身上善的一面。孔子指出，"三人行必有我师焉"，选择他好的方面向他学习，看到他不好的方面就对照着省视改正自己。对于不贤者身上不善的地方，固然要内自省。但是对于不贤者身上善的地方，也要加以辨别、筛选和借鉴。贤与不贤、善与不善相互对立，但是见贤思齐与见不贤而内自省、择善而从与不善而改却需要统一结合地看待。这一点显示了孔子道德教育原则中所体现的辩证思维。

（二）过勿惮改

过勿惮改是孔子个人修养目标中的另一条重要原则，即面对过错不要害怕改正。"人非圣贤，孰能无过。"[1] 一个人对待自身过错的态度，既关系着其对真理的追求问题，也关系着他的道德品行境界。在道德教育中，孔子主张听到别人指出自己的过错则感到欣喜，欢迎别人指正自己，自己犯了过错也不怕改正，勇于纠错。鲁哀公曾问孔子，弟子中谁是最好学的？孔子对曰："有颜回者好学，不迁怒，不贰过。"（《论语·雍也》）在这里，孔子高度肯定面对失败能理性面对，不拿旁人出气并将失败作为学习突破口的人和同样的过错改正后就铭记于心，不会再犯第二次的人。可见，孔子不仅主张闻过则喜、过勿惮改与内自讼，更进一步强调不贰过的精神。与过勿惮改相对立的，则是文过饰非和不善不能改。子夏曰："小人之过也必文。"（《论语·子张》）小人面对自己的过错，不但不敢认错改正，反而拼命掩饰。孔子把这种文过

---

[1] 李索. 左传正宗 [M]. 北京：华夏出版社，2011：212.

饰非的行为视为更大的、真正的错误，子曰："过而不改，是谓过矣。"（《论语·卫灵公》）把知错不改的行为看作其最为忧虑的事之一，"不善不能改，是吾忧也"（《论语·述而》）。

见贤思齐和过勿惮改构成了孔子道德教育中践行个人修养目标的两个重要原则、路径方向。看到贤者能不嫉妒而虚心学习。不但学习贤者好的地方，也能对照不贤者身上不好的地方而自省，对照其身上好的地方而有所借鉴。又不停留于单纯的省视而勇于付诸切实的改正。察觉自己的过错就感到欣喜并立即纠正，不掩饰、不再犯。可见，个人修养目标不仅表现为引导个体形成改过迁善的道德自觉性和道德主体性，还有着引导个体心胸走向坦荡开阔、光明磊落，完善自身人格修养的趋势。"君子坦荡荡，小人长戚戚。"（《论语·述而》）君子凡事向内求，"君子之学，以美其身"①，所以心胸平坦宽广；小人役于外物，所以常常局促忧愁。

（三）忠恕之道

忠恕之道是孔子学说中一以贯之的基本观念，也是孔子道德教育思想中处理人己关系的重要原则。孔子对曾子说，我所讲的道，以一个根本宗旨贯通。曾子称是。孔子走出去后，别的学生问曾子，孔子所言何意？曾子曰："夫子之道，忠恕而已矣。"（《论语·里仁》）忠恕之道由忠和恕两个概念组成。两个概念在基本含义上有所区别。孔子直接对恕道下了定义。《论语》记曰，子贡问孔子，有没有可以终身奉行的一个字？子曰："其恕乎！己所不欲，勿施于人。"（《论语·颜渊》）"忠"在忠恕之道中列于"恕"前，在人己关系中是在"恕"之上的一种更高层次的道德水平和人生境界。在《论语》里，"忠"字常与"信""敬"等字意相联系，表现心无偏私、尽心尽力为人谋的含义。

---

① 荀子. 荀子 [M]. 孙安邦，马银华，译注. 太原：山西古籍出版社，2003：8.

51

用孔子的话概括则是:"己欲立而立人,己欲达而达人。"(《论语·雍也》)

"己所不欲,勿施于人"作为忠恕之道中的"恕"道,是孔子处理好人己关系目标中的第一层次。自己不喜欢的东西,不想做的事,也不要施加给别人。结合"恕"字的字体解构,即如心,以自己的心去推想别人的心,以别人的心比作自己的心,以自己推想、设想到他人,到达一种推己及人的道德水平。这句话强调在自爱的同时做到兼顾爱人,在利己的同时兼顾利他,在社会层面的人己关系中是一种不为——不胡作非为、不自以为、不自私的表现。孔子在这里体现的推己及人精神,摒弃了人与人之间的阶级、等级、种族、民族、国家、地域等方面的差异。"己所不欲",以自己发自内心的思想感情和内在的主观意志作为出发点和重点来推想、联想到他人的处境与诉求,在人际交往中把自己与他人当成具有共同心理生理属性的平等的人来看待,彰显了孔子道德教育思想中超时代性的人文价值。

"己欲立而立人,己欲达而达人"作为忠恕之道中的"忠"道,是孔子处理好人己关系目标中的第二层次,在处理人己关系中有着更高的要求。不同于恕字的以己心如人心,也不同于有两个中心的患字,"忠"指一个中心,或者说立心中正,在人己关系中恪守中正不偏之心。既指在处事时做到忠诚无私、尽心竭力为国、为君、为人谋;也有在待人时做到真诚无欺、表里如一的含义。在《论语集注》中,朱熹对忠恕也做了类似的注解:"尽己之谓忠,推己之谓恕。"[①] 和"己所不欲,勿施于人"的推己及人精神不同,"己欲立而立人,己欲达而达人"在人己关系中强调尽己为人。前者在人己关系中是不为,不胡作非为、不自以为,后者则是积极有为、尽力而为、尽己为人谋。前者是

---

① 朱熹. 论语集注 [M]. 济南:齐鲁书社,1992:34.

不自私的表现，后者则是无私的表现：自己想站得住，即立身，也要让他人站得住；自己想行得通，即事业通达，也要让他人行得通。前者是在自爱的同时顾及他人和自己相通的心理欲求，给自尊自立加上一个尊重他人的前提；后者则是把他人的立身和通达、生存和发展放在和自己的生存发展相并列的位置，把爱己与爱人放在同等的地位。

忠和恕作为处理好人己关系中不同层次的要求，彼此之间也有所联系，在内核上最终都指向"仁"。虽然侧重点不同，但是"己所不欲，勿施于人"的恕道和"己欲立而立人，己欲达而达人"的忠道都表现出一种爱己与爱人、利己与利他相结合的共赢思维，以不同程度彰显着爱人的仁道精神。"忠恕违道不远。"（《礼记·中庸》）能够做到忠和恕，就离仁道、中庸之道不远了。《孟子》也有云："强恕而行，求仁莫近焉。"（《孟子·尽心上》）总而言之，在追求实现处理好人己关系时，既要看到忠和恕作为不同层次的道德要求时的区别，又要看到忠恕共同指向仁时的联系。需认识到二者是一源之水、一根之木，不把忠和恕做绝对的区分。正如在《朱子语类》中朱熹所言："忠恕只是一件事，不可作两个看。"[1]

（四）有教无类

孔子独创性地提出了有教无类的观点。《论语集解》皇侃疏曰："人乃有贵贱，同宜资教，不可以其种族庶鄙而不教之也。教之则善，本无类也。"[2] 孔子认为，不同种族、等级、身份的学生，都应该接受教育，都适宜接受教育，其中也包括道德教育。

孔子在自身的道德教育实践中也切实践行这一主张，以有教无类的原则招收学生。钱远镕先生把孔子有教无类招收学生的原则概括为

---

[1] 朱熹. 朱子语类：第二册 [M]. 武汉：崇文书局，2018：535.
[2] 中国孔子基金会. 中国儒学百科全书 [M]. 北京：中国大百科全书出版社，1997：359.

"八不分"——不分贵贱、贫富、愚智、勤惰、恩怨、老少、国籍、美丑。"自行束脩以上，吾未尝无诲焉。"(《论语·述而》)对孔子而言，只要拿一束干肉作为拜师的见面礼，他就可以成为自己的学生。孔子的学生中，既有孟懿子、南宫敬叔等贵族子弟，又有子贡、颜回等出身贫寒之人。

这一道德教育原则在中国产生了多方面的深远影响。一方面，它使中国的道德教育的对象扩大化，它使中国的道德教育由贵族教育发展成人人都可接受的平民教育，人人都有机会提升自己的道德修养，打破了"学在官府"的官学垄断局面。有教无类的道德教育原则在一定程度上突破了社会等级局限，开启和推进了中国道德教育普及的进程。另一方面，在道德教育中，孔子有教无类的主张使得人民的道德修养和文化素质得以大范围提升，对当时社会道德水平的整体提高起了积极推进作用。再者，有教无类的思想保障人人都有受教育的权利，尊重每个人都有通过接受教育而成为君子甚至圣人的机会，肯定每个人都有接受道德教育而自我实现的潜能。这一主张具有超越时代的普遍价值，对人性的解放和发展做了积极贡献。

第三节 孔子道德教育思想的评价与启示

孔子是我国古代伦理学说的奠基人和道德教育的开创者，其道德教育思想在历史上占有重要的地位。两千五百多年来，孔子道德教育思想不仅奠定了先秦儒家道德教育思想的根基，也对中华民族产生了极其深远的影响。由于孔子所处的时代特点，其道德教育思想不可避免地具有一定的时代局限性和阶级局限性。虽有历史和阶级的烙印，但孔子道德教育思想中的精髓在当代仍闪烁着真理和时代的光芒。我们应在科学的批判和思考中，借鉴和吸收孔子道德教育思想的精华部分，摒除不适宜时代发展的部分。在新的时代背景下，我们应该深思孔子道德教育思想的现实意义和价值，实现其现代转化，并把它应用到完善新时代道德教育理论体系以及构建社会主义和谐社会的实践中去。

一、孔子道德教育思想的历史地位

泱泱中华，上下五千年，涌现了许多充满智慧的思想瑰宝，产生于春秋末期的孔子道德教育思想有着许多闪光的思想内容。在历史的演进中，这些思想精髓化为推动中华民族持续前行的强大精神力量，在历史中有着独特且重要的地位。

（一）是中华民族道德教育理论的重要渊源

作为先秦儒家道德教育思想的组成部分，孔子道德教育思想对古代道德教育的发展、个人完善人格的形成、社会道德水平的提高，以及对现当代中华民族向心力和凝聚力的塑造、民族精神追求的提升等方面均有着积极的作用。一方面，孔子道德教育思想为我国道德教育理论体系的形成奠定了基本的理论基础，为中国传统道德教育思想提出了许多有启发性的论断，是中华民族道德教育理论发展和完善的文化渊源。在历史的传承中，它不仅塑造了中华民族优秀道德的文化基因，而且承载着中华民族的基本精神。另一方面，孔子道德教育思想也推动了中国传统道德教育思想往仁德的大方向发展，指导着后世孟子、荀子、朱子等人在这一仁德方向不断促进中国道德教育思想的深化和发展。孔子以仁德为核心的道德教育思想影响中华民族几千年，塑造了中华民族和谐守礼、杀身成仁等方面的民族品格。

其一，孔子十分重视道德教育的作用，把道德教育放在优先且重要的位置，认为"文、行、忠、信"这四教中，要注重躬行道德实践，

"行有余力，则以学文。"（《论语·学而》）再去学习文化知识。孔子后又提出了治国既需要法治，又需要德治的思想，认为"道之以政，齐之以刑，民免而无耻。道之以德，齐之以礼，有耻且格"（《论语·为政》）。即一个人的荣辱观念和自我约束意识，光靠政法是难以确立的，还需以道德诱导人们向善，以礼制规范人们的言行，这样老百姓不仅能恪守正道，也会有羞耻之心，最终民心归服。这两种方法相比，孔子更认同道德教育的高明。

这与我们当代重视道德教育，推行以德治国与依法治国相结合的理念是一致的。在道德教育和智力教育的关系中，只有在道德上不失准则，再学习其他文化技能，才能创造更多的社会财富和体现个人价值。若缺失或弱化道德教育，忽视或看轻道德教育的价值，有才无德、无才无德的社会风气将盛行，不利于营造良好的社会风气。在法律与道德的关系中，二者均为调节社会关系、维护社会秩序发挥了重要作用。但道德能够渗透到社会生活的方方面面，起着法律不可替代的作用。

其二，孔子构建了中国历史上第一个完整的道德规范体系，包括道德教育的目标、内容和方法等一系列系统而完整的理论体系。孔子道德教育思想从"仁"展开，把"天下归仁"作为其道德教育的终极目标，把"仁"贯穿于其道德教育内容的始终，其他一切德目都出自"仁"，是"仁"在不同领域的具体表现。在其道德教育的实践中也形成了独具特色兼具开创性的道德教育方法。孔子对道德教育价值的强调、对道德教育体系的构建，为中华民族道德教育理论提供了积极的借鉴。该体系中许多思想在后世的提倡和传承中不断发扬光大，到现在仍可以借鉴使用。如"见利思义"的义利观、"过勿惮改"的内自讼精神、"匹夫不可夺志"的立志守志精神、"仁者爱人"的博爱精神等。这些精神历久弥新，蕴藏着内在生发的动力，始终激励着中华民族自强以不息、厚德以载物。

孔子道德教育思想对历代道德教育产生了深远的影响。在社会主义文化大繁荣大发展的今天，孔子道德教育思想仍是全社会道德教育的重要借鉴。

(二) 开创中华民族道德教育实践的先河

春秋以前，"学在官府"，孔子首先开创私人讲学，收徒授徒，打破了"学在官府"的教育壁垒，使平民百姓也能接受教育，其道德教育实践活动成为可行之举。孔子道德教育思想也为后世进行道德教育实践提供了宝贵经验资源。

孔子的道德教育实践以"性相近"为理论基点，并用"习相远"来强调道德实践的作用。所谓"习"，是指实际的道德践行活动。孔子认为，后天"习"德程度的不同，会使相近的人性逐渐相远并有了区别。在先天的人性和后天的践行中，孔子更加强调"习"，认为人要靠后天的道德教育和学习，才能形成和掌握道德品质。他还提倡"学而时习之"，提出"习"的基本要求是行为的持续性。从认识论的角度出发，孔子认为凡"君子"在"学"得道德认知后，应付诸行动，即去践行道德、身体力行，并重视"时习"，做到"立志"和"笃行"。也因此，孔子经常率领、要求弟子"学以致用"，坚持"时习"。这充分彰显了孔子是将"知"与"行"有机协调统一在其道德教育的过程中的。

在孔子数十年的道德教育实践中，心血和精力倾注在了文献整理和教书育人中。不仅形成了独具中华文化特色的道德教育教学内容，即"六艺"和"六经"，还根据不同学生的个性特点，总结出了一套独特且行之有效的道德教育方法和原则，如因材施教、学思行并重、愤启悱发等，积累了许多宝贵的道德教育经验。孔子所推崇的道德教育目标，所传授的"六艺"和"六经"，所推行的道德教育方法，都是基于当时特定的社会背景，基于春秋时期急需重构社会秩序和伦理道德的现实所提出的。其虽植根于当时的经济、政治、文化土壤，但亦具有超越性的一面，有着超越时空、国界、地域、政治、种族的高度。如孔子扩大了道德教育的范围，对下层学子应享有平等受教育权利给予了理解和尊重，仍适用于现代社会，给我们以借鉴。

因此，孔子首开的道德教育实践为后世留下珍贵的道德教育文化遗产。

二、孔子道德教育思想的历史局限

纵观人类历史，不同时代各自存在特定的社会历史条件。人们在进行生产活动和其他活动时，既要依靠当时的历史条件，又要受这些历史条件的制约。孔子道德教育思想是当时社会经济、政治制度的反映，受社会经济、政治制度的制约，不可避免地难以超越当时的社会历史条件以及个人的认识水平，具有一定的历史局限性和阶级局限性。

（一）强调宗法等级尊卑次序，具有保守性

从本质上说，中国古代的道德教育包括孔子的道德教育思想均是为政治服务的、为统治阶级服务的，其目的是通过道德教化维护当时社会秩序的和谐稳定。

孔子道德教育思想维护当时尊卑有序的社会等级制度。宗法制度作为一种不平等的等级制度，是掩盖在血缘关系下的，是为了"明等级以导之以礼"（《国语·楚语上》），从而确立和维护奴隶主贵族阶级的统治地位。宗法制度下，国家大权包括经济、政治、文化教育上的权力牢牢掌握在统治者手里，普通平民和奴隶则处在"其庶人力于农穑，商工皂隶不知迁业"（《左传·襄公九年》）的状态中。在宗法制的影响下，孔子的道德教育目标从个体和社会两方面论述，一是希望通过道德教育来提高人自身的道德修养，统治者与被统治者之间上行下效，以期达到国家长治久安、社会秩序稳定有序的盛况；二是希望通过道德教育为当朝统治者栽培出更多"学而优则仕"的人才，从而继续维护宗法等级关系。孔子所代表的阶级是没落的奴隶主贵族阶级，维护的是没落奴隶主贵族的利益。孔子所主张的道德教育和道德教育实践，是为了进一步规范、强化社会的尊卑等级制度，维护社会的和谐稳定。孔子道德教育思想虽然强调道德教育的价值，但是从政治的视角来考量道德教育的价值，以维护社会秩序与否为判断的标准，具有一定的认知局限性。

（二）先验推崇周礼，缺乏严密的逻辑推演

先验论认为有一个不可置疑的神或理念世界，先于经验、超越时空而存在。先验论是神学的基础。"子不语怪力乱神。"（《论语·述而》）孔子反神学，在对待鬼神的态度上投了弃权票，质疑先验论。但在周礼上，孔子用了先验的方法来论述。他先验地认为周礼是完美的，三代之治是完美的、是理想国的存在。再以先验的周礼的完美性为基本前提，建构了主张克己复礼的道德教育体系。基本的大前提所隐含的逻辑缺陷，使得礼的教育缺乏坚实的思想基础，在礼的推行中缺乏足够充分的说服力。正如中华孔子学会副会长汤一介所说："'仁'的提出，显示了孔子思想中进步的一面，而孔子对'礼'的态度，则显示了他思想上保守的一面。"[①]

孔子选择周礼作为礼的教育中的主要内容，把恢复周礼作为礼的教育中的最高目标，不仅存在先验的错误，同时也缺乏严密的理性逻辑推理与实证思想的确实。孔子认为复兴周礼礼乐就是好的，是一种先入为主的主观认识。春秋行仁义者首推宋国。历史记载，宋襄公在军事作战

---

① 汤一介. 中国传统文化中的儒道释［M］. 北京：中国和平出版社，1988：66.

时实行"仁义",在公元前638年的泓水之战中坚持不半渡而战,错失战争良机,最终惨败而归。泓水之战标志着"礼义之兵"的寿终正寝和礼利的分化。仁义被诡诈击败,从此各国作战观点从仁义转变为奇谋诡诈。因道义而导致战争失败的这一战,也被后世史学家认为是春秋和战国的分水岭,中国历史自此正式步入战国时代,从"礼战"进入"利战"时代。泓水之战的失败影响深远,体现了孔子在道德教育中主要推崇的周礼不切实际、经不起实践检验的一面。对此孔子也无法驳斥反证,也没有就周礼在现实社会中的有用性、可行性和操作价值展开辩论。周礼脱离实际、经不起实证的一面也体现了孔子道德教育思想中缺乏实证、质疑和理性逻辑推理的一面。这一点一定程度上也成为孔子道德教育思想无法在其所处时代广泛推行的原因。

孔子主张推崇和恢复周礼的道德教育思想,更多偏向于一种感性的主观感觉判断,而非理性的逻辑推理。这一点对后世中国带来了一定的负面影响。受其直接影响的是后世儒家的思维方式和治学方式,即相对重视主观感觉层面的推理判断,而忽视理性逻辑推理和实证与质疑。例如,宋代理学家周敦颐靠看水井理解太极图,写出哲学著作《太极图说》;王阳明格物致知的哲学思辨方式也有相似的特点。

综上所述,孔子推崇建构的道德教育体系,体现着其道德教育思想的现实性和超前性。但同时,运用逻辑与历史相统一的方法分析孔子道德教育思想的局限性,会发现孔子道德教育思想中的某些理念还欠缺科学性和系统性,有待后人去完善、深化。因此,对待孔子道德教育思想,我们应该科学分析、批判继承。

(三)"克己复礼",埋下压抑自我的因子

孔子道德教育思想中包含着"克己复礼""谦恭礼让"等内容,这些道德信条在当时社会以及在历史中均发挥着积极的影响,如稳定了社会秩序、提高了社会的道德水平等。不论在古代还是当代，都为道德教育提供了十分有价值的借鉴，对处理各种社会关系的规范也发挥着积极的作用。但结合新的时代条件进行新的审视，在肯定其价值和重要性的同时也要注意到，这些道德信条中蕴含着谦让、克制、忍让的一面，一定程度上在中华文化中埋下了克制、压抑"自我"的因子，有一定的局限性。

具体来看，孔子的"克己复礼"强调自我控制和规范行为，即注重克制或约束自己，以使言行举止恢复到周礼的规范内，使自己之行合于人们的一般伦理要求。它是道德关系上的自我完善，突出了个人自我道德修养的自觉性。这种自我完善的最终指向是实现广义社会价值的群体认同。

在这一理念背景下，孔子的克己复礼思想是否存在压抑人合理欲望的一面是一个有争议的问题。从孔子的思想中可以看出，他强调的是在维护社会秩序和稳定的同时，通过适当的自我控制和行为规范来保证个人的品德、修养和尊严。这种自我约束不同于价值观和信仰的强加，而是基于个人自愿选择的道德行为。总的来说，孔子的克己复礼思想并不是为了压抑人的合理欲望和个性发展，而是通过规范行为来达到保持社会秩序、促进个人品德和尊严的目的。正如费孝通先生所说，"克己才能复礼，复礼是取得进入社会、成为一个社会人的必要条件"[①]。

然而，在追求群体认同中，"克己"，即"以理节情"，克制自己，存在着使人们忽视个体的原则和压抑人的个性自由发展的倾向，容易导致社会上个体的人趋同化。在规范人的行为的过程中，孔子"克己复礼"的思想侧重于个人所担任的社会角色的义务和责任，相对忽视了个体的价值和欲求。在这个意义上，对个体而言，"克己复礼"表现为

---

① 费孝通. 美好社会与美美与共：费孝通对现时代的思考［M］. 北京：生活·读书·新知三联书店，2019：326.

一种否定性原则。

孔子"克己复礼"的道德教育思想看到了人的自利属性过分膨胀会危害社会的方面，但是对克己和复礼之间、利己与利他之间隐藏着的内在矛盾并未进一步深入展开论述。所谓利己，即自利、自我，是人做有利于自己的事情的一种本能状态。作为自然存在的人，在满足生存的第一要务中实现自己的潜能以利自己，是本能和天性，利己本身并没有错误。而利他则是一种由"我"及"人"、降低自我生存度来帮助他人的状态。孔子在"利己"与"利人"的关系中，倾向于选择"利人"，彰扬"损己"以"利人"。孔子认为利己的同时更要利他，孝悌之爱要扩大到忠恕的博爱之爱，要把爱（仁）扩展到一个更深更广的范围。"克己复礼"中己与礼、己与人并不是二元对立、非黑即白的关系。不管是"利己"还是"利人"，二者都是符合道德标准的。道德标准是利己与利人的对立统一。利他原则对维护社会秩序的稳定发挥了重要且积极的作用，如"道之以德，齐之以礼，有耻且格"（《论语·为政》）。但不讲前提地以压抑"利己"的欲望来实行"利人"的行动的行为，认为利己即为自私、不考虑别人的利益，利人即为无私、需要牺牲自己的利益，似乎利人就得牺牲自我的非此即彼的思维定式，是有其局限性的。利己与利人的关系失去平衡，进一步走向"己"和"人"的对立分离，人己间的互惠关系失去平等性，长远来看会对社会道德秩序产生消极的影响。

我们不应忽视，建立个人合理欲望和社会良好秩序之间的平衡的重要性、实现利人与利己的对立统一和互惠共赢的重要性以及适当满足个人合理的物质欲望对推动社会发展的重要性。若不正确认识克己和复礼、利己与利他之间的矛盾，孔子"克己复礼"的思想就容易被歪曲。"克己复礼"思想中"克己"的部分隐藏着被歪曲以至走向极端的可能性，"复礼"的部分隐藏着被歪曲以至被拔高至神坛的可能性。伴随统治者的统治需要，这些可能性在历史发展中日益显现。特别是这一趋向发展到宋代，极端地表现为"存天理，灭人欲"，从而把"克己"的本来的生命力给断送了。

我们在继承孔子道德教育思想中的优秀道德教育理念的同时，有必要审时度势，结合当前全球文化迅速发展的时代背景对其进行审视反思，赋予其时代的智慧性、现实性和可操作性，如"见义智为"先于"见义勇为"，"公平"先于"谦让"，"真理"先于"孝忠"等。

三、孔子道德教育思想的当代启示

现代新儒家第二代代表人物唐君毅曾说："孔子与中国之历史文化，亦以万缕千丝，密密绵绵，以相连接，如血肉之不可分，已形成一整个之中华民族之文化生命。"[①] 孔子的道德教育思想深远地影响着我国乃至世界的道德教育文化。但相对于孔子的教育思想，过去我们对其道德教育的思想没有给予足够的关注，认识上是不够全面的，存在过于注重外在的道德形式，而忽视个人内在道德需要和忽略道德践行的误区。孔子道德教育思想，尤其是礼的思想在千年流传中有所改变、改造，甚至被扭曲为礼教，必须对礼的思想和孔子道德教育思想做理性的实事求是的还原。孔子道德教育思想非宗教，非神学，必须科学辩证地看待。

在新时代的背景下，认真研究孔子的道德教育思想，从深层次挖掘其中的合理成分，实现其内容的现代转化，对于当代道德教育具有重要的现实参考意义。

（一）筑牢道德教育的重要性

当代道德教育在理念、理论的层次上趋于成熟；但百年变局叠加世

---

① 唐君毅. 唐君毅全集：第27卷 [M]. 北京：九州出版社，2016：139.

纪疫情，当代道德教育面临许多新的挑战。多元文化交流融汇的时代背景和中国正经历深刻社会转型的实际，对我国的道德教育工作提出了更高的要求。我们在当代道德建设中，需时时对道德教育的地位加以审视，把道德教育重中之重的地位和价值真正落到实处。以新时代道德教育助推物质文明与精神文明相协调的中国式现代化，进而全面推进中华民族伟大复兴。

孔子十分重视道德教育的作用，把道德教育放在优先且重要的位置，强调"行有余力，则以学文"（《论语·学而》）。也就是"文、行、忠、信"这四教中，应先躬行道德实践，再去学习文化知识。孔子后又提出了治国既需要法治，又需要德治的思想，认为"道之以政，齐之以刑，民免而无耻。道之以德，齐之以礼，有耻且格"（《论语·为政》）。即一个人的荣辱观念和自我约束意识，光靠政法是难以确立的，还需以道德诱导人们向善，以礼制规范人们的言行，这样老百姓不仅能恪守正道，也会有羞耻之心，最终民心归服。与"道之以政，齐之以刑"的方法相比，孔子更认同道德教育的高明。主张依靠道德力量来对人们进行教化，从而使人们养成良好的道德品质，这样的教育方式优于依靠外在强制性的手段来约束人们的行为。在法律与道德的关系中，二者均为调节社会关系、维护社会秩序发挥了重要作用。但道德能够渗透到社会生活的方方面面，起着法律不可替代的作用。

在社会主义背景下，孔子道德教育思想中"道之以德"的思想精髓不断发展，仍非常值得我们学习和借鉴。孔子"道之以德""为政以德"的思想与我们当代重视道德教育，推行以德治国与依法治国相结合的理念是一致的。在道德教育和智力教育的关系中，只有在道德上不失准则，再学习其他文化技能，才能创造更多的社会财富和体现个人价值。若缺失或弱化道德教育，忽视或看轻道德教育的价值，有才无德、无才无德的社会风气将盛行，不利于营造良好的社会风气。

筑牢当代道德教育的重要地位，一要注重在正本清源的工作中，挖掘当代道德教育源源不断的动力和价值。道，在《论语》里有引导、治理、规律、真理的意思；德，除了是高尚道德、品德的意思外，也是一种合乎社会规范的德行，是规律的社会化。道作规律来理解时，知"道"、践"道"、躬行仁义，而后才能有"德"。正所谓"本立而道生"（《论语·学而》）、"巧言令色鲜矣仁"（《论语·学而》）。只有先把握根本性的东西才能建立起相应的规范、体系。要注意避开只提高道德教育技巧而不问根源的误区。首先要在道的这一本原层面引导人民正确认识和把握世界的科学规律。在新的时代背景下，结合时代发展的态势，以马克思主义为指导，引导人民正确认识客观世界中的科学规律。使人民不仅知"道"、因知"道"而自觉行德，更因知科学之道而行真德，避免道德教育陷入宗教化、礼教化的伪德极端。当代应行的这一真德，既是以社会主义核心价值观为核心的社会主义道德教育思想，也是孔子所追求的真正的仁德。因此，当代道德教育推行工作要首先引导人民科学把握客观规律，领悟人为何要行德，所行之德为何会是这样的内在逻辑。德才能真正深入人心地在中国特色社会主义社会得到推行。

筑牢当代道德教育的重要地位，二要注重道德教育与现代科技相结合。利用现代科技增强当代道德教育在社会的传播力。近年来，随着中国社会的快速变化和改革开放的不断深入，中国新时代道德教育也取得了明显的成效，学校、家庭、社会等各种教育主体都在积极探索和实践彰显当代道德教育的重要性的渠道。而数字化教育已成为当代道德教育重要的方式之一。新时代应加强道德教育与现代科技、数字化教育的融合，开发各种针对性道德教育软件、平台等，提高道德教育的重要性、实效性和适应性。以现代科技为桥梁，促进传统道德教育向素质教育、人文教育、全面发展教育等多元化方向发展。

(二) 尊重当代道德教育的主体性

当代道德教育是培养未来公民的关键。当前我国正处于社会转型升级期，社会正发生广泛而深刻的变化。社会的发展对人的发展提出新的要求，人们更加迫切地要求建构和完善精神家园。呼唤、彰显人的主体性、尊重主体的道德需要已成为现代道德教育发展的一大趋势。孔子道德教育思想在发挥当代道德教育的主体性中扮演着重要的角色，我们可以从中找到许多启迪。在今天的社会环境下，我们应该充分运用这些启发，以更好地发挥道德教育的主体性。

首先，孔子强调尊重个体，认为人的天性是相近的，上天赋予人德性，人人都有向善成仁的可能。

一方面，孔子认为每个人都是独立且有价值的个体，都应该被尊重和关心。孔子提出的仁者爱人、为仁由己的观点、认为"己所不欲，勿施于人"（《论语·颜渊》）的观点、强调君子不要担心没有地位，而要担心没有发挥自己才能的机会，即"不患无位，患所以立"（《论语·子路》）等观点，均体现了对人类生命价值和尊严的尊重。每个人不仅有独立的尊严和价值，而且有责任对待别人与对待自己一样。这种尊重个体的态度能够激发人自我发展和探索的欲望，并且使他们更主动地参与道德教育。当今社会，人们越来越注重尊重每个人的个性和差异。当代道德教育要运用好孔子"仁"的理念，切实尊重每个人的独特性和多元化需求，注重培养每个人的自我认同、自我实现和自我价值，给予他们更多的选择和自主权利。

另一方面，孔子在其道德教育思想中虽没有明确提出人性善恶的观点，却侧面体现着人性论的因素，如"天生德于予"（《论语·述而》），上天赋予人德性，每个人的基础是相近的。不同于荀子和孟子，孔子不以善恶作为人性的评价标准，而是强调"性相近，习相远"。所谓"性",是指人先天遗传的素质。人的天性大致是相近的,不因出身、贫富、贵贱而有所不同。后天习染的差别,即道德实践的差别才造成了善和恶、君子和小人的区别。孔子对个体能在发展中塑造理想人格和提高自身道德修养持肯定的态度,表现了人人均有向善成仁的可能性。人的天性是与生俱来的、人类的共同本性是相近的、人性是可以改变、塑造的。这些都构成了道德教育的可能性和必要性。"性相近"的底层逻辑,使人能向自觉约束外在行为的方向努力,从而完善自我、形成高尚的道德修养、达到"仁"的境界。基于其关于人性的观点,孔子倡导施加适当的道德教育,使容易受后天影响的人性还原出本真的状态。

这种观点意味着,其一,每个人都有道德潜能和发展空间。当代道德教育应该注重培养受教育者的道德修养,让他们认识到自己具有向善成仁的天赋,在此基础上不断完善和提高。教育者应该通过各种形式的教育活动来引导和激发受教育者的道德潜能,使他们逐渐成为有道德情操和行为规范的公民。其二,每个人都有独特的道德特质。当代道德教育应该尊重受教育者的个性和差异,给予他们更多的选择和自主权利。教育者应该针对不同的受教育者,采用不同的教育方法和手段,帮助他们更好地发掘自身的道德潜力,并将其转化为实际行动。其三,社会对于道德教育亦有着重要的责任。当代道德教育需要社会各界的共同参与和支持,通过各种媒介和平台向公众传递道德价值观念和规范,帮助人们形成正确的道德判断和行为准则。同时,也需要建设良好的社会环境和制度保障,营造公正、和谐、互信的社会氛围,为道德教育提供有力的支撑和保障。只有通过充分发挥学生的主体性和社会的责任性,才能够让道德教育真正发挥它在培育未来公民方面的重要作用。

其次,当代道德教育要注重引导个体更好实现道德自觉。孔子强调满足受教育者需要的同时,亦注重引导个体形成道德自觉。一方面,在道德教育实践中,"孔子发现了人、重视人、尊重人,维护人民的利益"①,提出了"有教无类""因材施教""循循善诱"的主张,认为每个有意加强个人修养的人都应享有受教育的权利。道德教育不应该限制年龄、出身、贫富、贵贱和地区。道德教育应根据学生不同的特点进行不同的教育,同时辅以启发诱导。从不同角度彰显了受教育者的需要。具体而言,有教无类的方法满足了个体接受教育的普遍需求。因材施教的道德教育方法则在满足普遍需求的基础上充分了解受教育者,满足其个性化的要求。另一方面,自觉的意识是道德教育的关键。在进行道德教育的过程中,采取愤启悱发、循循善诱的方法,也发挥了受教育者的能动作用。这有利于引导受教育者形成自觉的道德意识,让他们在实践中自觉地行使自己的道德责任。对于深化认识人的道德需求以及强化社会道德建设理论的建构亦有着很大的启示。

当代道德教育受到实用主义、功利主义、工具理性的影响,维护社会稳定和谐这部分的功用被凸显,对现实的人的关切需进一步加强。当代道德教育应始终坚持以人为本,坚持从人本身来体现道德教育的价值所在。现实的人才是道德教育的出发点和归宿。"'人'是道德的唯一主体,道德则从来都是关于'人'的道德,是关于'实践的人'的道德,所有道德问题的逻辑起点与最终归宿都在于人。"② 继承孔子和马克思对人的关切,新时代的教育者应充分关注、尊重和理解个体的需要,力求在道德教育的目标、内容和方法的设置上契合个体的需要,帮助人成为自由自觉的主体。在道德教育过程中进行主体性的道德教育,充分发挥道德教育的对象的主体性,才能进而增强道德教育的积极性、

---

① 李丽娜. 从历史到未来——孔子德育思想理论研究[M]. 北京:中央编译出版社,2021:257.

② 郑根成,陈寿灿.《新时代公民道德建设实施纲要》的新义解读——基于两个《纲要》比较的研究[J]. 浙江工商大学学报,2020(3):14-21.

有效性。此外，在发扬孔子道德教育思想的积极意蕴的同时应融合当代社会需求。孔子道德教育思想是传统文化，但随着社会的发展，也需要不断更新和适应当代社会需求。在运用孔子道德教育思想的过程中，要结合当代社会的实际需要，深入探索新的道德问题，更好地服务于当代道德教育的发展。

综上，要根据当代社会的发展需求，结合现代道德教育的理念和方法，切实尊重个体的独特性和多元化需求，注重培养每个人的自我认同和自我实现能力，帮助人们更好地实现道德自觉和终身道德修养。

(三) 强化当代道德教育的实践性

当前，新时代公民道德建设在国家治理现代化、文明社会建设、社会信用体系构建、国际影响力提升、未来社会可持续发展等方面有着深层次的时代需求。具体来看，随着中国国家治理体系和治理能力的不断提升，需要有一支具有高度公民素质和道德水平的人才队伍来支撑和推动国家治理现代化进程；新时代对文明社会建设提出了更高的要求，需要公民树立良好的行为规范和生活方式，营造和谐、文明的社会环境；随着我国社会信用体系的逐渐完善，需要公民具备诚实守信、遵纪守法的品德，以保障社会和经济发展稳定；中国作为一个大国，需要在国际上展现出一种具有世界眼光和全球责任的公民形象，这也需要公民有相当高度的文化素质和国际视野；未来社会发展需要有具备社会责任感和环保意识的公民，倡导低碳、绿色、可持续的生活方式。在新时代公民道德建设多元化的时代需求下，人们对于公民道德建设的要求也在不断提高。需要公民具备全面的素质和能力，才能适应社会发展的新要求和挑战。作为公民素质和精神文明建设的重要组成部分，道德教育尤其是道德教育实践在当代社会中具有非常重要的意义。新时代公民道德建设需要更加深入和广泛的道德教育实践来支撑和促进。

道德教育既包含道德认知的问题，也包含道德的践行问题。回溯圣人孔子的道德教育思想，在理论的认知和学习的基础上，孔子更强调道德的实践，认为道德的认识需要通过道德的实践来检验。孔子认为每个人都有践行道德的足够力量，他强调仁的执行，认为仁不仅是一种道德观念，更是一种道德行为。孔子不主张坐而论道，而提倡知行合一、学以致用、身体力行。知行合一，就是把道德认知与道德践行相统一的过程。要做到知行合一，必须把道德认知转化为道德行为。但由于认知水平的限制、行动能力的欠缺等原因，人的行为会不自觉地脱节于自身的道德认知。行在知前、知而不行，都是知行不合一的表现。对于不去践行或言过其行的人，孔子有"巧言令色，鲜矣仁"（《论语·学而》）的评价。认为花言巧语却言而不行之人，算不上仁德之人。"巧""令"都是一种外在的手段，是为后面真正想表达的"言"和"色"服务的。如果我们过度关注外在的修饰，而忽视了内在的道、忽视道德的践行，言行脱节会产生危险的后果。正如亚里士多德所说，"由于我们实行公正的行为，我们才变得公正，由于我们实行节制和勇敢，我们才变得节制和勇敢"。①

知行脱节是新时代道德教育提高实效性面临的一大难题。解决实效性不佳的问题，需从道德实践入手。素质教育普及以来，从中央到地方，从理论研究者到实际工作者，都对如何提高道德教育的实效问题做了许多有益的探索。《新时代公民道德建设实施纲要》指出，新时代公民道德建设要"深化道德教育引导、推动道德实践养成、抓好网络空间道德建设"②。这一部分内容中，从诚信建设、礼仪教化等方面明确了道德实践养成的相关途径、载体和方法。其中还规定了在道德教育

---

① 孔垂谦. 彰显道德教育的实践特征：提高德育的有效性［J］. 高等教育研究，2001（5）：70-71，68.
② 新时代公民道德建设实施纲要［M］. 北京：人民出版社，2019：5-19.

中，要"提高道德实践能力尤其是自觉实践能力，引导人们向往和追求讲道德、尊道德、守道德的生活"①。即注意道德教育的知行合一问题。道德教育不是一个单纯的思想灌输的过程，而是实践的过程。这个实践的过程指的是，既要从人们的生活实践出发，也要通过人们实际的践行使道德内化于心、外化于行。这种强调实践的态度能够帮助受教育者将道德理念转化为实际行动，并在实践中不断完善和提高道德水平。当代道德教育也强调实践和体验，以帮助他们更好地理解和感受道德行为的意义和价值。

在强化当代道德教育实践性的过程中，还要注意把握好新时代道德教育与优秀传统道德教育思想之间的关系，深化道德教育的认知问题。利用好中国古代优秀传统道德教育思想，对其思想内涵进行创造性转化和创新性发展，使其成为新时代道德实践活动中深刻而丰富的理论来源。孔子道德教育思想意蕴丰富，具有许多超越性和创造性的观点，在当代仍能为道德教育提供丰富启迪。新时代的道德教育要充分挖掘孔子道德教育思想中具有时代价值的思想观念和道德规范，并赋予其新的时代印记和人文内涵。在道德教育目标中，继承发扬孔子的君子人格理想，将其与马克思主义实现人的自由而全面的发展这一理想结合起来，推动新时代道德教育以理想信念为核心，来"推动明大德、守公德、严私德，提高人民道德水准和文明素养"②。在道德教育方法中，借鉴孔子因材施教、言传身教、循循善诱等道德教育方法，改革当代道德教育中一些流于形式和表面的方式，并进行道德教育方法创新、手段创新。在道德教育内容中，以孔子道德教育思想中阐述的"仁""义""礼"等内容作为新时代道德教育的创新发展的一面镜子，制定既贴合

---

① 新时代公民道德建设实施纲要［M］. 北京：人民出版社，2019：11.
② 习近平. 高举中国特色社会主义伟大旗帜　为全面建设社会主义现代化国家而团结奋斗［N］. 人民日报，2022-10-26（1）.

中华民族性格又符合当代社会需要的具体文明守则和礼仪规范，营造适应现代文明要求的"重礼节、讲礼貌"的风气。

综上所述，新时代道德教育需要继承和发扬孔子道德教育思想中的优秀传统，强化道德教育的知行合一，在此基础上更好地进行深入探究和创新实践，为实现中国特色社会主义道德建设的新进步，为构建和谐社会、实现美好生活做出新的贡献。

（四）深化当代道德教育的科学性

孔子道德教育思想虽然形成于两千年前，但它经受多次冲击，依然流传至今，对深化当代道德教育的科学性有着重要的启示。

其一是提高理论的科学性。当代道德教育必须建立在科学的理论基础之上，以确保其内容和方法的正确性和有效性。这需要我们对于哲学、伦理学、社会学、心理学等相关学科进行深入研究，从而形成科学、系统的道德教育理论体系。在中国，孔子道德教育思想和马克思主义理论是两个非常重要的思想体系。虽然孔子道德教育思想和马克思主义并不是同一个时空的产物，但二者有许多相通之处。孔子道德教育思想中所强调的"仁爱""诚信"和"和谐"等价值观念，在某种程度上与马克思主义中所提倡的以人为本、共产主义精神、个人利益服从于集体利益的集体主义精神等，有相契合的价值观念。当今社会中，我们需要建立一个和谐、稳定的社会，同时也要承认社会中存在不同的利益群体。我们应该通过政策制定来解决各个群体之间的矛盾，并鼓励民间组织的发展，以实现人与人之间的互助共赢。这样的做法既符合孔子道德教育思想中强调的中庸、和谐的观点，也符合马克思主义认为的通过团结合作来实现共同目标的理念。孔子道德教育思想与马克思主义理论的时代性结合，不仅能够帮助我们更好地理解和应用孔子道德教育思想，而且可以启迪我们对马克思主义教育的深入思考和发展，深化当代道德教育的理论科学性。对二者进行有机结合，亦有利于更好地应对当代社会的发展需求和道德教育的挑战，发挥出更大的教育作用。二者在有机结合的过程中，要关注以下四个方面的内容。

第一，注重人类共性和个性的统一。孔子强调"为人之道"，注重修身、立德、行道，而马克思主义强调社会的阶级矛盾和阶级斗争。在实现二者结合时，应该将其人类共性和个性的统一作为核心，强调每个人都有自己的价值和贡献，同时也要注意到阶级矛盾和阶级斗争的存在和影响。第二，重视历史和现实相结合。孔子道德教育思想和马克思主义都注重历史和现实的联系，对历史和现实的认识有着深刻的见解。在实现二者结合时，既要注重传承和发扬中华传统文化中的道德教育思想，又要关注和研究当下社会的变化和发展。第三，强化价值体系的建设。孔子道德教育思想和马克思主义都具有明确的价值观和道德规范，但二者的价值取向和方法不尽相同。在实现二者结合时，应重视价值体系的建设。通过对比分析和融合创新等方式，形成适应时代的、具有国际视野的道德价值观念。尤其注重培养青少年的自我意识和批判思维，以使其能够自主选择正确的生活方式和行为准则。同时，我们也需要通过各种途径，来向青少年传递正确的道德信息和价值观念，如社会主义核心价值观等。第四，以人为本、注重个性和社会责任。孔子道德教育思想和马克思主义都注重以人为本，强调每个人都有自己的发展和贡献。在实现二者结合时，应注重培养受教育者的社会责任感和公民意识，同时也要尊重和发扬个体个性，让他们在日常生活中体验到道德教育的实践效果。只有通过深入挖掘和综合创新，才能够真正实现二者的有机结合和协同发展。

其二是提高评价的科学性。孔子道德教育思想中强调了"以德为先"的观点，即道德品质是衡量一个人的重要标准。当代道德教育必须建立起科学的评价体系，以衡量道德教育的成效。这需要我们制定出合理的评价标准,并对其进行全面、系统的评估,以发现和解决道德教育过程中存在的问题。科学合理的评价标准需要借鉴中华优秀传统文化中的道德教育思想。以包括"以德为先"在内的优秀传统道德教育思想为评价体系之基,以包括"全心全意为人民服务"的社会主义价值旨归为评价体系之魂。同时,也需要关注主体道德行为的持续性和稳定性。我们需要从整个社会层面上建立起全方位、多层次的道德教育体系,以确保个体在未来的生活中仍然能够持续地接受道德教育的影响,始终坚守道德,并将其融入自己的日常行为中。

只有通过不断的研究和探索,将科学性贯穿于整个道德教育过程中,才能培养出更多优秀的国民,推动社会的和谐发展。

小结

孔子道德教育思想是中国道德教育思想发展的源头活水,对中国和世界产生了极大的影响。道德教育的科学发展,需要对已有道德教育理论进行批判继承,并在批判继承、返本开新中寻求当代道德教育的正确路径。

首先,孔子道德教育思想的形成既与春秋时期的社会大背景息息相关,使其道德教育思想独具特色,又受前人道德观念的影响,有其深厚的理论渊源。同时孔子的家境、家教和从学、从政、从教等经历也为其道德教育思想的形成奠定了基础。其次,孔子道德教育思想的体系涵盖目标、内容、方法等方面。孔子道德教育的目标以"归仁"为核心,包含个人层面上培养"君子成仁"和社会层面上实现"天下归仁"的目标。其中"天下归仁"是孔子道德教育的终极目标。在"成仁归仁"的目标指引下,孔子把仁贯穿于其道德教育内容的始终。仁的教育构成了孔子道德教育内容的核心。义的教育构成了孔子道德教育内容的重点。礼的教育构成了孔子道德教育内容的基础。仁、义、礼三位一体，其他道德教育内容则被囊括于这三个核心的范畴中。在道德教育的方法中，孔子按不同的道德主体，为个人、为师者、家庭和为政者指明了不同的教育方法。最后，基于前面的研究，本章对孔子道德教育思想做出了评价，围绕贡献以及存在的局限展开论述。尽管孔子道德教育思想因社会和历史条件的限制有一定的历史局限，但其在中华民族道德教育思想的形成和发展中有着不可替代的地位，对当代中国道德教育仍具有重要启示。一是当代中国道德教育应汲取孔子"道之以德"的思想智慧，筑牢当代道德教育的重要性；二是借鉴孔子"性相近，习相远""因材施教"等思想观点，肯定每一个个体的受教育权利，尊重受教育者的个性和特点，尊重当代道德教育的主体性；三是立足孔子在道德教育中强调知行合一、身体力行的观点，强化当代道德教育的实践性。坚定历史自信和文化自信，当代道德教育只有根植于历史文化沃土上，才能在新的历史起点上谱写中华民族道德教育的新篇章。

第二章

孟子道德教育思想

孟子，姓孟，名轲，战国中期邹国（今山东省邹城市）人。他生于公元前372年，卒于公元前289年，享年84岁。孟子将自己的一生奉献给了学术研究、教育事业与政治实践。无论是为了实现政治理想而奔走列国，还是以天下为己任而潜心教育，他都无怨无悔，其长达84年的人生旅程充满意义。孟子是继孔子之后、荀子之前的先秦儒家学派代表人物之一，与孔子并称为"孔孟"。孟子宣扬"仁政"，主张"仁义"为安身立命之本。他最早提出民贵君轻的思想，被韩愈列为先秦儒家的正统人物。元朝时，孟子被追封为"亚圣"。《孟子》是以记言为主的语录体散文，较为全面地记录了孟子言行，是研究孟子及其道德教育思想的第一手资料。今存《孟子》共七篇，分别为《梁惠王》《公孙丑》《滕文公》《离娄》《万章》《告子》《尽心》。每篇分上下两卷，每卷又分为多章，全文共十四卷，凡二百六十章。《孟子》一书气势磅礴，记录了孟子的尖锐议论和妙语雄辩，为其塑造了"王者师"形象。孟子虽然没有系统阐述过道德教育，但是他的道德教育思想散见于《孟子》多章，为研究提供了丰富的理论资源。

道德是社会发展到一定阶段的必然产物，它既源于人的社会生活需要，又服务于人的社会实践。我国道德教育经历了几千年的文化积淀，蕴含了丰富的中华传统文化精髓。其中，孟子道德教育思想堪称中华优秀传统文化中的重要瑰宝，至今仍值得我们学习和借鉴。党的十九届六中全会审议通过的《中共中央关于党的百年奋斗重大成就和历史经验的决议》指出,"中华优秀传统文化是中华民族的突出优势,是我们在世界文化激荡中站稳脚跟的根基,必须结合新的时代条件传承和弘扬好"[1]。2022年4月25日,习近平总书记在中国人民大学考察时强调,"要深入挖掘古籍蕴含的哲学思想、人文精神、价值理念、道德规范,推动中华优秀传统文化创造性转化、创新性发展"[2]。党的二十大报告中也再次强调了这一点。由此可见,研究《孟子》及孟子的道德教育思想有其必要性和重要意义,我们必须坚定历史自信、文化自信,坚持古为今用、推陈出新。

第一节 孟子道德教育思想的形成

孟子出生于战国中期,当时正处于雅斯贝尔斯所论及的"轴心时期"。"轴心时期"指的是公元前500年左右较长的一段时期。这一时期,人类文明同时在中国、西方及印度地区得到重大突破,"人类一直靠轴心时期所产生的思考和创造的一切生存,每一次新的飞跃都回顾这一时期"[3]。无论在哪一历史时刻,璀璨的先秦儒家道德教育思想在中华文化史上,乃至在世界文化史上都占有一席之地。任何一种思想的产生都包含必然性和偶然性,孟子道德教育思想的形成也有其必然因素和偶然因素。"在历史的发展中,偶然性发挥着作用,而在辩证的思维中

---

[1] 中共中央关于党的百年奋斗重大成就和历史经验的决议[N].人民日报,2021-11-17(1).

[2] 习近平在中国人民大学考察时强调 坚持党的领导传承红色基因扎根中国大地 走出一条建设中国特色世界一流大学新路 王沪宁陪同考察[EB/OL].新华网.2022-04-25.

[3] 雅斯贝尔斯.历史的起源与目标[M].魏楚雄,俞新天,译,北京:华夏出版社,1989:14.

就像在胚胎的发展中一样,这种偶然性融合在必然性之中。"① 孟子道德教育思想形成的必然性,体现在战国时代动荡不安的社会现状催生道德的反思;偶然性则表现于孟子个人独有的大丈夫气概和远大的胸怀志向铸造了他的道德理想。换言之,孟子道德教育思想与当时的社会背景、文化渊源等历史条件息息相关,也与他独特的个人条件密不可分。

一、孟子道德教育思想形成的社会背景

战国中期的经济、政治、文化背景是孟子道德教育思想形成的最现实的社会土壤。恩格斯指出:"历史从哪里开始,思想进程也应当从哪里开始,而思想进程的进一步发展不过是历史过程在抽象的、理论上前后一贯的形式上的反映。"② 探究孟子道德教育思想的形成脉络,首先要将其置于当时的时代背景。虽然孟子的生活年代为战国中期,但是探究其思想的形成不仅要对这一时期的状况进行研究,还应当放眼于整个大的时代背景。春秋战国时期(约公元前770年—公元前221年)是中国历史上的大分裂时期,其不同历史阶段呈现出不同的特征。春秋末叶,王室衰微、天下大乱、礼崩乐坏;战国中期,诸侯兼并、相互征伐、天下无道;战国末年,齐秦并尊、群雄争霸、趋归统一。剧烈的经济、政治变革和繁盛的文化局面,必然带来思想领域的重大突破,孟子的道德教育思想便孕育和形成于这一大的历史背景之下。

(一)剧烈的经济变革

各种经济时代的划分依据不在于生产的产品种类或数量,而在于用作生产的具体工具,即劳动工具。春秋时期,铁器大量出现。铁器的应

---

① 中共中央马克思恩格斯列宁斯大林著作编译局.马克思恩格斯文集:第9卷[M].北京:人民出版社,2009:485-486.
② 中共中央马克思恩格斯列宁斯大林著作编译局.马克思恩格斯选集:第2卷[M].北京:人民出版社,2012:14.

用是我国农业技术史上划时代的重大变革，为当时农业生产力的提高做出了突出贡献。牛耕的推广是农用动力的一次重要革命，如今在敦煌石窟、榆林石窟和一些墓葬的众多壁画中都可见"牛耕图"。春秋之后，中国社会步入战国时期。在战国中期，铁制农具已广泛用于农业生产，取代了木制、石制农具的传统地位。铁农具和畜力的结合，为深耕细作提供了条件。孟子曾问他的弟子陈相："许子以釜甑爨，以铁耕乎？"（《孟子·滕文公上》）这表明，铁耕在当时是很平常的事情。通过使用铁器牛耕，人们能够更为便利地开发山林、开垦荒地、修建土木水利，极大地推动了农业生产。农业生产水平的提升又进一步带动了手工业和商业的繁荣，冶铁、煮盐、青铜制造等产业也逐渐兴起。值得注意的是，任何时期生产力的形成和发展都需要通过一定社会形式的结合，这一社会形式就是生产关系。因此，"人们生产力的一切变化必然引起他们的生产关系的变化"①。随着铁器和农耕技术的逐步推广，人们不仅不断提高农作物的单位面积产量，还加速开发大片荒芜的土地。如此一来，土地生产关系也随之发生了巨大变化，原来的井田制分崩离析，实现土地公田制到土地私有制的转变。可见，战国中期的经济不仅表现为农业技术和手段的进步，还表现为经济制度的改变。然而封建经济的不断发展并没有给人们的实际生活带来有效改善，反而使得社会矛盾愈演愈烈。新兴地主阶级加快对土地的兼并和掠夺，导致贫富差距问题日渐严峻，普通老百姓生活苦不堪言。封建经济的迅速发展与百姓水深火热的状态之间存在明显矛盾，"争地以战，杀人盈野；争城以战，杀人盈城，此所谓率土地而食人肉"（《孟子·离娄上》）是当时的真实写照。此外，统治者为满足自身私欲，无视民间疾苦，大量征收赋税徭役。沉重的苛捐杂税压得百姓们喘不过气来，致使"民有饥色，涂有

---

① 中共中央马克思恩格斯列宁斯大林著作编译局. 马克思恩格斯文集：第1卷［M］. 北京：人民出版社，2009：602.

饿莩""仰不足以事父母，俯不足以畜妻子"(《孟子·梁惠王上》)。孟子生活在这样一个时代，目睹了百姓民不聊生的惨状，引发了他对底层百姓的同情，开启了"以德治国"的思考。故孟子劝诫统治者要提升自身道德，并发出"爱人者，人恒爱之；敬人者，人恒敬之"(《孟子·离娄下》)的号召。

(二) 动荡的政治环境

宋代朱熹曾言："孔子尊周，孟子不尊周。"① 所谓孟子不尊周，就是不尊周室。孟子力主效法先王，对尧舜禹、汤文武、周公都推崇备至，却不尊周室，这与当时的政治环境有着必然联系。孟子所处的战国中期时局动荡，"天下方务于合纵连横，以攻伐为贤"(《史记·孟荀列传》)。也就是说，当时的诸侯国都致力于"六国联合抗秦"的攻伐谋略，把能攻善伐看作贤能之举。尽管与孔子所处的春秋动荡时期，即"臣弑其君者有之，子弑其父者有之"(《孟子·滕文公下》)的社会状态相比，有些许好转，但也面临着复杂的政治环境。春秋末期，即使社会僭越行为泛滥，周天子在天下人心中仍有一定位置。至于战国中期，天下无道，礼崩乐坏几乎到了无以复加的地步，还出现了各家纷纷变法的情况。可谓"当是之时，秦用商鞅，富国强兵；楚魏用吴起，战胜弱敌；齐威王、宣王用孙子，田忌之徒，而诸侯东面朝齐"(《史记·孟荀列传》)。在天下一片大乱中，周室越发衰落，就连仅存的政治上的象征性存在也不复往日。在不同的时代背景下，孔子教人尊王，孟子教人为王。教人为王即是劝诸侯行仁义，使"天下定于一"。各诸侯国在利益驱使下大肆发动兼并战争，战火连绵导致哀鸿遍野，在儒家看来是有悖于天道的。天道是中国哲学中的重要范畴，指的是万事万物内部固有的稳定联系和运作规律，也可指某种"终极真理"。孟子显然

---

① 熊赐履. 学统：上册[M]. 北京：商务印书馆，1937：92.

对这种违背天道的行为嗤之以鼻，对百姓苦难有着深深共情。怀着"天下定于一"和"救民于水火之中"的政治抱负，孟子开始游说各国，希冀改变当时的社会风貌，创建和谐的、理想的、道德的大同社会。然而，战国时代的政治结构与他所期望的美好状态不啻天渊，这也促使他萌生了对"王道"的向往，加紧了对各国进行"仁政"的宣传。于是，孟子猛烈地批判统治者，揭露其"以土地之故，糜烂其民而战之"（《孟子·尽心下》）的不义行径，提出"民为贵，社稷次之，君为轻"（《孟子·尽心下》）的重民思想。孟子认为，在"仁政"的政治环境下，百姓养生丧死皆须遵循客观规律。纵览其一生，孟子始终关注个人道德与社会秩序，"仁义"在他的道德教育思想体系中占据重要地位。就孟子而言，其对各国诸侯进行游说的过程，其实也就是自身道德教育实践不断积累的过程。孟子在与各国诸侯的对话互动中，不断深化自己的道德教育思想，最终凝练于《孟子》这部经典著作。

（三）繁盛的文化局面

根本而言，任何社会的文化都是由该社会、该时代的现实生产条件所决定，并随之变化和发展。然而，这种变化往往是不同步的，要么超越于现实社会发展，要么落后于现实社会发展，从而呈现出一定的相对独立性。文化作为社会意识的组成部分之一，在社会发展进程中不仅形成了自身发展所需的逻辑起点，也展现出一定时代所要求的价值取向。整个战国时期是一个群星璀璨、蔚然大观的存在，社会政治斗争的激烈和复杂在思想文化领域反映为学术的繁荣，表现为百家争鸣。百家是指学派林立的现象，各学派都有自己鲜明的观点和特征。《汉书·艺文志》把战国时期主要思想学派分为十家，分别为儒家、墨家、道家、法家、阴阳家、名家、纵横家、杂家、兵家、小说家。诸子百家进行论争，在一定程度上也为民间自由讲学和私人传道授业奠定了文化基础。

各诸侯国为了壮大实力,纷纷招揽人才,使原本几乎无法议论政治的庶民也能够发表自己的政见。于是学术出现下移现象,"私学"逐渐兴起,社会舆论较为开明。战国中期,齐国甚至还创建了稷下学宫,专供各地学者著书辩论,其学术活动持续了一百余年。所谓"稷下",即齐国都城临淄的稷门附近。齐王就是在此设立了一所学宫,于是便冠以"稷下学宫"之名。稷下学宫作为中国历史上最早的一所高等学府,本是齐王"出于招徕天下贤士以增加和炫耀国力的政治目的,但一经创办,其活动意义便超越了创办目的本身"①。稷下学宫逐渐成为各家学派的学术交流中心,满足了诸子进行学术讨论的场地需要,加深了各学派之间的相互影响,推动了战国时期文化的繁荣与发展。正是由于战国时期学术氛围的宽松和稷下学宫的创办,这一时期知识分子异常活跃,能够自由发表见地,由此延续了气象宏大的百家争鸣局面。孟子作为儒家学说的代表人物之一,也参与过稷下学宫的争鸣与论辩。与告子展开"人性之辩",很大程度上使孟子对终极问题有了更多的思考,丰富了心性论的基本内涵,促进其道德教育思想不断发展。孟子还对杨朱和墨翟的思想进行了深刻批判,认为"杨氏为我,是无君也;墨氏兼爱,是无父也。无父无君,是禽兽也"(《孟子·滕文公下》)。孟子指出,杨氏和墨氏是两个极端,目无君上和目无父母都是令人深恶痛绝的。由是观之,孟子在学术交流迸发、文化高度繁荣的社会背景下,不仅捍卫并发展了儒家学说,而且不断完善自身的道德思想和教育理念,从而建构出一套独有的道德教育思想体系。

二、孟子道德教育思想形成的重要渊源

孟子的道德教育思想不仅饱含对现实社会的深沉思考,还广泛汲取

---

① 张秉楠. 稷下学宫与百家争鸣 [J]. 历史研究,1990 (5): 79-94.

前人先进的思想营养和文化底蕴。首先，源远流长的齐鲁文化为孟子的道德教育思想注入了深厚内涵。其次，"孔子—曾子—子思—子思门徒"一脉相承的儒家思想和学说成为孟子道德教育思想的直接来源。最后，古史传说与历史叙事蕴含崇高的价值理想，尤其是尧舜之道为孟子道德教育思想的建构和阐发提供了生动素材。由此可见，孟子道德教育思想的形成有着广泛而深厚的渊源。

（一）源远流长的齐鲁文化

齐鲁文化是齐文化和鲁文化的统称，其价值核心是追求"道"的人文理念，"恒产恒心"的人生理想，"知其不可而为之"的韧性品格，"杀身成仁"的牺牲精神，培养了包括孔孟在内的一大批杰出知识分子。孔子首次将齐鲁并称，他曾言"齐一变，至于鲁；鲁一变，至于道"（《论语·雍也》）。齐国和鲁国以泰山为界，"泰山之阳则鲁，泰山之阴则齐"（《史记·货殖列传》）。齐鲁之地以泰山相接，连绵不断，望不到尽头。孟子从小生活在邹国，此地毗邻鲁国，后来并入了鲁国。中年时期，孟子外出游学，居于齐国长达十几年。据此来看，齐国和鲁国的悠久文化在一定程度上会影响和感化孟子。齐文化和鲁文化特色各异，"齐文化依循周礼又多变通，呈现华丽活泼、开放创新的风格；鲁文化依本周礼，质朴务实，尊重传统，成为原始儒学的温床"[①]。不论是何种样貌，齐文化和鲁文化都体现了对周礼的传承。可见将齐鲁并称，不仅是因为二者地理位置上的紧密性，还源于两国文化上血脉相连。后来随着人们的相互交流和借鉴，这两种文化在发展中逐渐融合，形成了具有独特内涵的齐鲁文化。齐鲁文化蕴含着"自强不息的刚健精神、崇尚气节的爱国精神、经世致用的救世精神、人定胜天的能动精

---

① 冯天瑜. 中国文化史纲［M］. 北京：北京语言学院出版社，1994：46.

神、厚德仁民的人道精神、大公无私的群体精神、勤谨睿智的创造精神"①，是孟子道德教育思想发轫的精神养料。一方水土养育一方人，孟子深深感受到齐鲁文化的魅力，为之后成为儒学大家奠定了良好的文化前提和道德基础。齐鲁文化内含豪放的心理特质和深沉的救世情怀，对孟子人文素养和道德人格的形成产生了潜移默化的影响。例如，孟子在进行学术论辩时，即使面对多方诘难也仍然不为所动，而是掷地有声地回应："我亦欲正人心，息邪说，距诐行，放淫辞，以承三圣者。岂好辩哉？予不得已也。"（《孟子·滕文公下》）此外，他还提出"富贵不淫，贫贱不移，威武不屈"的豪言壮语，为后世塑造了一个经天纬地的大丈夫形象，丰富了齐鲁文化中的爱国精神。这表明，孟子在无形中受到齐鲁文化熏陶的同时，还用自己的实际行动创造性地丰富和发展了齐鲁文化。一言以蔽之，正是源远流长、内涵深厚的齐鲁文化，才孕育出胸怀天下、心系苍生的一代儒者，才创造出如此多姿多彩、灿烂辉煌的齐鲁文明。

（二）儒家先贤的道德教育思想

儒学思想是齐鲁文化的核心，产生于春秋时期的鲁国。对孟子产生影响的儒家先贤包括孔子、曾子、子思等人，他们有着关于道德教育的个人创见。孔子是儒学的创始人，他的故乡是鲁国曲阜，那里正是鲁文化的发源地。孟子的出生距离孔子去世百年左右，被后世视为孔子之后的又一位儒家思想集大成者。孟子虽然未曾有机会与孔子在同一时空进行思想对话，但是他自觉地传承孔子思想并尊之为师，故言"予未得为孔子徒也，予私淑诸人也"（《孟子·离娄上》）。他还认为"自生民以来，未有盛于孔子也"（《孟子·公孙丑上》），可见其十分敬仰孔子。《孟子》书中直接引用孔子之言有29次，有39章涉及孔子的言行，

---

① 李宽松，罗香萍. 中国传统文化概论 [M]. 广州：中山大学出版社，2018：264.

光是提及孔子就有 81 处，多方面展示了孔子的人格魅力与思想力量，足以见得孟子的言行举止在很大程度上受到孔子的影响。例如，孟子在回答公孙丑"不见诸侯何义"（《孟子·公孙丑下》）的询问时，直接讲述了孔子见阳货的故事。孟子意欲说明，不主动谒见诸侯是因为不合礼，正如孔子不见阳货是由于阳货不懂礼。如无特殊情况，都得讲礼，否则不可为。

另外，孔子的弟子们也是孟子学习的对象。《孟子》一书中，曾子出现了 22 次，子思出现了 17 次。可见曾子、子思等儒家先贤的思想对孟子道德教育思想的阐发也有着重大影响。曾子是孔子的学生，子思又是曾子的学生，他们的诸多思想一脉相承。子思，名伋，他还有一个特殊身份——孔子的孙子。史料记载，孟子"受业于子思之门人"（《史记·孟子荀卿列传》）。孟子作为子思的再传弟子，即子思门人之弟子，这一传承关系之正统，不言而喻。因此，人们称以子思、孟子为代表的儒学学派为"思孟学派"。后期，孟子还频繁引用儒家先贤的言论来对各诸侯进行道德劝说。例如，孟子认为天下最尊贵的三样东西之一是仁义道德，并引用曾子的话佐证自己的观点。"'晋楚之富，不可及也；彼以其富，我以吾仁；彼以其爵，我以吾义，吾何慊乎哉？'夫岂不义而曾子言之？"（《孟子·公孙丑下》）若没有对曾子道德思想的钻研，孟子在引证相关言论时恐无法做到如此信手拈来。孟子以这些儒家先贤为榜样，逐步形成了自己独特的道德教育思想，丰富了儒家道德教育思想的体系。

（三）蕴含尧舜之道的古史传说

古史传说指的是原始社会时期，各部族在没有文字记录的条件下，通过世世代代口耳相传而保留下来的历史或传说。古史传说有可能是关于远古时期的朦胧记忆或想象，也有可能是古人对自然和宇宙的一种解释。古史传说与历史事实之间，不必做也无法做严格的区分，因而在一定程度上带有玄幻色彩。正如王国维所言："上古之事，传说与史实混而不分。史实之中固不免有所缘饰，与传说无异，而传说之中亦往往有史实为之素地，二者不易区别。"① 中国古史传说的核心人物为三皇五帝，所以一般也将三皇五帝的出现看作中国历史的开端，将其所处的时代称作古史传说时代。三皇主要包括"伏羲氏、燧人氏、神农氏"（《尚书大传》）；五帝通常指的是司马迁记载的"黄帝、颛顼、帝喾、尧、舜"（《史记·五帝本纪》）。焦循在对《孟子·尽心下》注疏时有写："孟子深于《易》，此大人即举《易》之大人而解之也。笃恭而天下平也。惟黄帝、尧、舜通变神化，乃足以当之。"② 孟子十分赞赏"大人者"，即黄帝、尧、舜这一类的大人。其中，尧和舜的伟大事迹给予了孟子诸多道德灵感和素材。相传，尧和舜为了治理好天下，不辞辛苦地带领氏族部落繁衍生息，使其发展壮大。而且在当时社会生产力不够发达的状况下，他们也没有痴迷权力，最终把帝位禅让给有道德、有能力、有担当的贤人，展现了大公无私的道德品质，也寄寓了尧、舜"以民为本"的价值观念。孔子将尧舜之道总结为仁，孟子在此基础上加以发挥，指出尧舜之道是实行"仁政"的"王道"。孟子时常引经据典，利用尧和舜的高尚品格对统治者进行教诲，在《孟子》一书可以找到诸多这样的例子。比如，"孟子道性善，言必称尧舜。"（《孟子·滕文公上》）后来孟子有所补充，认为即使有尧舜之道，如果不施行仁政，也不能平治天下。再譬如，孟子在阐述君子对于君子之师应有的态度，以及臣子尊敬君王的正确做法时，就提及了尧舜之道。孟子认为，不用仁义之言向君王进谏才是对君王的大不敬。于是在别人误会自己不尊敬君王时，孟子解释道："我非尧舜之道，不敢以陈于王前，故

---

① 王国维. 古史新证——王国维最后的讲义[M]. 北京：清华大学出版社，1994：1.
② 焦循. 孟子正义[M]. 石家庄：河北人民出版社，1988：584.

齐人莫如我敬王也。"(《孟子·公孙丑下》)毫无疑问，蕴含尧舜之道的古史传说是孟子道德教育思想的来源之一，对孟子产生了深远影响，增强了孟子道德教育思想的历史底蕴。

三、孟子道德教育思想形成的个人条件

孟子道德教育思想的形成与发展贯穿他的一生，在对道德教育和道德哲学进行探索的过程中，其道德教育理念和方法不断得到提升。因此，探寻孟子的家世状况、家庭教育、个人经历等因素，有利于我们更好地理解孟子道德教育思想的形成和发展脉络。

（一）良好的家风

中华民族历来注重家庭、家风，孟氏一族有着良好的家族传统和家风传承，深刻影响孟子的学习和成长。公元前372年，孟子出生于邹国马鞍山下的凫村，也就是现在的曲阜市。诸多史料都有记载孟子的生卒年月，但是无论是《孟子》本身，还是距孟子相近或稍晚时代的历史文献，都没有关于孟子先祖的详细记录。总体而言，史料确有关于孟子先代世系脉络的记载，但关于其祖父以后的记载甚少，乃至其父只有名字而无传，可知其家道逐渐衰落。孟子是出生于没落贵族家庭的士，在他殁后400余年，东汉赵岐在《孟子题辞》中首次提道："孟子，鲁公祖孟之后。"后来《孟子世家族谱·世谱》中才有记载："亚圣祖系出自鲁桓公允，允生庄公同，同有弟三：长庆父为孟孙氏，庆父四传庄子速，速七传激，字公宜，激娶仉氏，魏公子启女，于周烈王四年四月二日己酉生轲，字子车、又字子舆。"[①] 孟子长期生活于齐鲁之地，其先祖是鲁国贵族"三桓"之一。"三桓"指的是孟孙氏、叔孙氏和季孙氏。孟子是孟孙氏的后代，其父名激，字公宜，其母仉氏。大致在孟子

---

① 杨世洪.遂宁县志校注：光绪五年本（上）[M].成都：巴蜀书社，2019：168.

三岁时，其父激公宜外出谋学求仕，从此便杳无音信。此处史料皆语焉不详，没有关于孟父激公宜情况的详细记载。民间传说孟子幼年丧父，但《孟子》一书又言"后丧逾前丧"（《孟子·梁惠王下》），意欲说明孟子办理母丧比办理父丧隆重得多，这表明孟父并未早故。但是历史一经发生，人们便不可能再完全真实地还原过往场景，不论孟父激公宜扮演着何种角色，为人所津津乐道的始终是孟母仉氏始终坚忍不拔，教子有方。据考证，孟子先祖的谱系如下："庆文——孟穆伯——文伯——孟献子——孟庄子——孺子秋——孟僖子——孟懿子——孟武伯——孟敬子——激公宜。"① 孟孙氏家族是一个英才辈出、底蕴深厚的世家大族。孟献子曾多次代表鲁国国君进行外交活动，"宣公九年（公元前600年）夏，孟献子聘于周，王以为有礼，后贿之"②。《论语》还记载了孟懿子和他的儿子孟武伯向孔子询问"何为孝道"的经历。由此可见，孟孙氏家族重视礼教，好学不倦。这种崇尚礼仪、尊师重教的文化基因已然对孟子的道德观念产生了潜在影响，并深深融入其血脉之中。总之，孟子虽生于平民之家，但是孟氏家族有史以来都十分注重教育，不仅拥有优良的家风传统，还在一代又一代的传承中发扬其家风。

（二）严格的家教

孟子受到的良好家教是孟母给予的宝贵精神财富，也是赠予华夏子孙的无价之宝。宋哲宗延祐三年六月（公元1316年6月）下诏，追封孟母为邾国宣献夫人。其诏书曰："朕惟由孔子至于孟子百有余岁，而道统之传独得其正。虽亚圣命世之才，亦资父母教养之力也。其父夙

---

① 何晓明. 亚圣思辨录——《孟子》与中国文化 [M]. 开封：河南大学出版社，1995：2.
② 杨伯峻. 春秋左传注 [M]. 北京：中华书局，2016：765.

丧，母以三迁之教，励天下后世，推原所自，功莫大焉。"① 由圣诏可知，孟子的个人成就势必离不开孟母的辛勤培育，孟子对道德的认知和道德生活的领悟也正是萌生于孟母对他的教育实践。孟母教子的故事家喻户晓，被世人广为传颂。孟母对孟子的道德教育包括"孟母三迁""断机教子""杀豚不欺""孟母去妻"等。首先，"昔孟母，择邻处；子不学，断机杼"② 的名句传诵的就是"孟母三迁"和"断机教子"的历史佳话，成为天下父母教育子女的素材和榜样。这让孟子深刻感受到环境对人的道德人格发展起到潜移默化的作用，也为孟子日后求学和游说埋下了自律的种子。《孟子》一书开篇便记载了孟子对功利的鄙夷，全文更是多处涉及"义利之辩"，似乎也是受到孟母有意带孟子远离集市牟利活动这一早年经历的影响。其次，"杀豚不欺"讲的是孟子看见邻居家正在杀猪，疑惑不解，便问母亲："东家杀豚何为？"母曰："欲啖汝。"（《韩诗外传》卷九第一章）孟母忙于家中事务，无暇顾及孟子，便随口应道是为了煮肉给孟子吃。孟子十分高兴，期盼着吃肉。孟母随即后悔自己的无意附和，但又不愿意失信于孟子，所以即使家中已十分困难，她还是兑现了自己的诺言。孟子在这样注重诚信的家教中成长，必然加深他对"诚信""信义"的体悟。最后，"孟子去妻"讲的是孟子在孟母的教导下明白自己的行为不合礼法并自我改正的故事。"孟子妻独居，踞。孟子入户视之，白其母曰：'妇无礼，请去之。'"（《韩诗外传》卷九第十七章）按照当时的礼法，孟子认为妻子盘腿坐是违礼，欲休妻。然而孟母指出，不合礼法的人是孟子，孟子登门入室之前应该出声。孟母用礼法和实事求是的态度教育孟子，最终孟子改过，承认自己的不足，休妻作罢。综上所述，正是在孟母潜心教育的家

---

① 孟庙刻石：《圣诏褒崇孟父孟母封号之碑》。
② 三字经・百家姓・千字文・弟子规・千家诗 [M]．李逸安，张立敏，译注．北京：中华书局，2011：7.

庭氛围中，孟子逐渐酝酿出对道德的感悟，立志成为一个有贤有德之人。也正是孟母的道德教育实践，启发了孟子关于道德教育的独有见解。

(三) 深厚的学养

孟子曰："苟得其养，无物不长；苟失其养，无物不消。"(《孟子·告子上》) 唯有得到雨露的滋润，草木才能茁壮繁盛；反之，草木必将枯竭消亡。世间万物的消长进退皆如此般，同样地，一个人的成功也取决于他本人的学养积累。孟子之所以能够取得如此之大的成就，成为战国时期伟大的思想家、政治家、教育家，自然也离不开自身深厚的道德修养与勤奋的学术历练。孟子道德教育思想背后蕴藏着宏大的伦理情怀和人生抱负，他希冀借助道德之力，重建社会秩序，构建和谐社会。东汉·赵岐在《孟子题辞》中有言："有风人之托物，二雅之正言，可谓直而不倨，曲而不屈，命世亚圣之大才者也。"[1] 故而孟子又称"亚圣"，被世人视作仅次于孔子的第二号儒家圣人。孟子有言："天下之本在国，国之本在家，家之本在身。"(《孟子·离娄上》) 只有严于律己，修身养性，才能经营好一个家庭，为国家贡献自己的力量，最终实现天下安定祥和。关于孟子早年生活的情况，史料记载较少。但是从某种程度上可以推测：由于生于战争年代，且家中只有孟母支撑，孟子年少时过得比较艰苦。而且后来，孟孙氏家道衰微，从鲁国迁居至邹国。孟子这一代已没有贵族生活的惬意，而这也恰好锻炼了孟子吃苦耐劳的秉性和坚韧不拔的意志，为"苦其心志，劳其筋骨，饿其体肤，空乏其身"(《孟子·告子下》) 的阐发奠定实践基础。但也正是这段饱受疾苦的生活经历，给予孟子一生难忘的记忆和深刻的生命体验，为他打开了精神世界的大门，可谓"艰难困苦，玉汝于成"。正

---

[1] 焦循. 孟子正义[M]. 石家庄：河北人民出版社，1988：8.

如陆九渊在《象山语录》第七条中所言，"孟子十字打开，更无隐遁"①。坎坷的经历磨炼了孟子的气节和意志，促使孟子形成同情民苦、向往和平、兼善天下的思想感情，从而也孕育出关于道德的真切体会，在系统阐释"王道"的同时，流露出其道德教育思想的大致轮廓。中年伊始，孟子便带领弟子周游列国，传播"仁政"思想，在此过程中也进一步提升了孟子的学术造诣，深化了其道德教育思想的理论内涵。孟子享年84岁，在当时算是高寿，实属不易。他的一生始终践行儒家道德理念，以游说诸侯为业，广收弟子，著书立说，只为国家能够向好发展，社会能够和谐稳定，百姓能够生活安乐。历史雄辩地证明，孟子毕生凝结而成的道德教育思想硕果，经受住了时间的考验，续写了中华文明的卓越与辉煌。

第二节 孟子道德教育思想的理论基础

孟子道德教育思想的理论基础包括"天地生人"的天人论、"人性本善"的心性论和"崇义兼利"的义利论。"天地生人"是孟子对"天人"关系的认知，为道德教育思想的阐发奠定总的基调；"人性本善"揭示对人进行道德教育的可能性，即人可以通过道德教育达到一定的道德境界；"崇义兼利"是孟子关于伦理规范和物质利益之间相互关系的阐述，为道德教育提供价值遵循。

一、天人论

天人论是儒家伦理道德思想的重要组成部分。殷商时代，"天"被

---

① 陆九渊集［M］.北京：中华书局，1980：398.

视为主宰自然和社会的有意志的人格神；周朝初期，对"天"的看法体现了当时注重人事的倾向；西周末年至春秋时期，"天"被赋予某种不可抗拒的必然性特征。① 孟子的天人论深受历史和传统的影响，在继承和发展前人思想的基础上，对"天""人"以及"天人"关系有着深刻的理解。"顺天者存，逆天者亡"语出《孟子·离娄上》，说明人的生存之道是要顺应天的规律。为了进一步阐明道德教育的必要性，孟子将道德的来源追溯至天命。他将人视为万物之灵长，故而引出"天地生人""天人合一"的宇宙道德观，表明人的道德实践受到天的制约，对人进行道德教育是遵循天命的必然。

（一）天是道德之源

原始思维模式对孟子道德教育思想的影响很深，最明显之处体现于孟子对"天"的认识。孔子一直以来秉承中庸之道，主张尽人事而听天命，既不轻举妄动也不无所作为。孟子沿着孔子的思路来阐发"天"的含义。据统计，《孟子》一书谈到"天"或"天命"处高达81次，总的来说有以下几种含义：一是自然之天，二是命运之天，三是义理之天。首先，自然之天即自然界，由此产生万物，与道德或人性无关。孟子在劝诫梁襄王行"仁政"时，将行"仁政"比作"天油然作云，沛然下雨"（《孟子·梁惠王上》）。天下雨可以滋润大地，君王行"仁政"可以厚泽老百姓。此处，"油然作云，沛然下雨"之天显然是自然之天，而孟子也只是想通过打比方来表明行"仁政"的好处，并不旨在以自然之天说明"仁"的来源。其次，命运之天指的是具有主宰意义的天，这类天能够主宰人的命运。例如，"尧荐舜于天，而天受之"（《孟子·万章上》）中的天就有此含义。孟子认为，舜帮助尧治理天下，不是某个人的意志能做到的，而是天意使然。最后，义理之天指的

---

① 刘蔚华，赵宗正. 中国儒家学术思想史［M］. 济南：山东教育出版社，1996：196.

是赋予人之道德性的天。孟子一方面保留了主宰之天的含义，另一方面又从人性论的角度论述义理之天的含义。孟子以天的德性之义作为道德的终极来源，他说仁义礼智是"天之所与我者"（《孟子·告子上》），故人有此四端。在孟子看来，义理之天是论天的主基调。孟子认同"天命之谓性"（《中庸》第一章），天之所命便是人之所性。天道作为道德与义理的源头，只有通过人道才能体现出来。

孟子对于天命采取敬而畏之、亲而顺之的态度，认为上天将降任于有道之士，自己负有拯救天下乱世的责任与担当。因此，他引用伊尹的话来表达自己的心际之愿："天之生此民也，使先知觉后知，使先觉觉后觉也。予，天民之先觉者也；予将以斯道觉斯民也。"（《孟子·万章上》）孟子以奉天命而自任，其欲拯救天下苍生的宣言掷地有声。他慷慨激昂地对外宣告："夫天未欲平治天下也，如欲平治天下，当今之世，舍我其谁也。"（《孟子·公孙丑上》）天虽然没有给孟子创造平治天下的机会，但是天赋予了每个人道德本心。所以发觉了人的道德之心，也就是知道了天意；养护了人的道德之心，也就是顺应了天命。

（二）人是万物之灵

人作为自然存在物，连同社会一起，都是自然界长期进化的产物。人类经过了漫长的蒙昧岁月，才逐渐开启了对自我的认知和审视。先秦时期，儒家极为重视对人的探索，其普遍信念为"人是万物之灵"。"灵"体现在人是有思想、有道德的存在，已然实现对动物生存法则的超越，达至一定的道德境界。孔子的"鸟兽不可与同群"（《论语·卫灵公》），孟子的"人之异于禽兽者几希"（《孟子·离娄下》），荀子的"人有气、有声、有知，亦且有义，故最为天下贵也"（《荀子·王制》），均已表明这一点，充分展现了中国古代思想家极具代表性的人文精神和道德觉悟。概言之，"人是万物之灵"体现在三个方面：其一，人有一种超越生命意义的道德本心，能够肩负起道德主体的责任担当。其二，人性即人之所以为人的特性，是人区别于动物的本质。人与动物相差无几，但恰恰是那些差别铸就了人的独特性和尊贵性。其三，人性不是某种需要在人心之外寻找的东西，人有仁心，有济世之道，所以有道德力量。

儒家传统文化体现了重人生、讲入世的人文传统，人被推崇到很高的地位，使得古代中国避免陷入欧洲中世纪那样的宗教狂迷。卡西尔说："人类伟大宗教导师们发现了一种冲动，靠着这种冲动，从此以后人的全部生活被引导到了一个新的方向，他们在自己身上发现了一种肯定的力量，不是一种禁止而是激励和追求的力量。"① 孟子正是这样一位杰出的人性导师，他以启发世人提高道德觉悟为己任，主张向内求索，挖掘人的本质力量，调动人的主动性和积极性。"天下有达尊三：爵一，齿一，德一。"（《孟子·公孙丑下》）孟子认为，官级、年龄都是外在之物，只有道德品行才是人之最为珍贵的内涵。在他看来，人与禽兽的差异几希，要尽力保存与禽兽无几的差异并不断发扬之。孟子又曰："仁也者，人也。合而言之，道也。"（《孟子·尽心下》）人是天地生成的对象，心灵觉其德性便是"仁"。孟子将"仁"视为人之根本，即人所特有的道德品质，也可以将"人"与"仁"的关系理解为传播的主体与客体在传播过程中的互感关系，二者合而为"道"。② 有仁心的人所行走的路才能称为"道"，正如孔子倡言的"志于道，据于德，依于仁，游于艺"（《论语·述而》）。

---

① 恩斯特·卡西尔. 人论：人类文化哲学引导［M］. 甘阳，译. 上海：上海译文出版社，2004：138.
② 余志鸿. 中国传播思想史古代卷（上）［M］. 上海：上海交通大学出版社，2005：154.

(三) 天道与人性合一

中国古代天人合一的思想既阐发了一种宏大宇宙观，又包含了尊重万物的生态观，强调人与自然和谐一体、共存共荣的双向互动关系。《易传》有言"乾，天也，故称乎父；坤，地也，故称乎母"(《易传》第十章)，形象地说明"人与天地相参"，人类是自然界的一部分。孟子在此基础上深入挖掘其理论内涵，发挥了伦理方面的特色，强调人内心的使命感与责任感是天所赋予的，主张天道与人性合一。一方面，天道赋予人性崇高无上的道德性，使人生来便存有一定的道德本心。另一方面，人性可以发扬天道的价值，在追求德性的自我完善过程中实现对天命的深刻体认。那么天道与人性是如何达成统一的呢？孟子是这样解答的："诚者，天之道也；思诚者，人之道也。"(《孟子·离娄上》)"儒家思想的一个基本假定是：自我完善并不是对物的控制(宰物)，而是以'诚'待物。"① 静心诚意是天道的规律，而人要做的便是在遵循这一规律的前提下进行活动。由此可见"诚"之重要意义：天与人以"诚"相通，天道与人性的统一协调在于人的"诚"。除此之外，孟子还认为人可以通过"尽心——知性——知天""存心——养性——事天"的修养途径，达到"上下与天地同流"和"万物皆备于我"(《孟子·尽心上》)的理想状态。

孟子关于天道与人性之间关系的感悟与阐释颇多，在他的整个道德教育思想体系中展现得淋漓尽致。首先，天是道德的来源，所以人要追求"与天地合其德，与日月合其明，与四时合其序"(《周易·乾卦·文言》)，如此才能将仁爱之心推广于天下。其次，人是多层次、多面向的存在，孟子在阐发道德教育思想时当然也充分考虑了人的能动性和天的必然性，指出人是在遵循天之必然性的基础上发挥自身的能动性。

---

① 徐复观. 中国艺术精神 [M]. 北京：商务印书馆，2010：123.

一个人如果把自己本心所具有的善端加以发挥，即可知道人的本性是什么。在知晓人之本性的基础上可以感知天的本性，既保持了人性的善端，也遵循了天道的规律。最后，孟子将人与天地等量齐观，使得天道与人性的关系明朗化。天道与人性的良性互动可以通过养心得以展现，以实现道德自觉和道德教化的目的，促成天人合一的境界。

二、心性论

孟子的道德教育思想与他的道德哲学思想密切关联，充满哲学意蕴。孟子关于道德哲学的阐述"虽然是围绕天人之际展开的，但天人之际的核心不是天而是人，而人的问题实际上就是心性问题"。① 孟子的心性论以"四心"为出发点，以"心善"言"性善"，以"性善"为核心，以"尽心知性"为归宿。其基本进路为：首先由"恻隐之心""羞恶之心""辞让之心""是非之心"引出"不忍人之心"，接着论述"四心"是人天生所固有善性的体现，再阐述"四心"与"四德"之间的内在联系，最后得出结论，即"万物皆备于我"为道德教育提供了人性依据。孟子道德教育思想的阐发建立在心性论基础之上，故而使得他的道德教育方法更偏向对心性的探索和个人内在的修炼，成为孟子道德教育的一大特点。

（一）"四心"是天生善性的体现

《说文解字》曰："性，人之阳气，性善者也。从心，生声，息正切。"② 意思是人的本性具备生命力和创造力，即"阳气"。"性"属于会意字，从字形来看，"生"加上竖心旁便是"性"，用以表示人类天生萌发或与生俱来的欲求。"性"的读音是由"息"和"正"用反切

---

① 李斌. 儒学与人生［M］. 银川：宁夏人民出版社，2010：46.
② 许慎. 说文解字［M］. 杭州：浙江古籍出版社，2016：349.

法得出的。反切法即取前一字的声母,取后一字的韵母和声调。"善"指的是潜在的可能性,或是道德的种子,也可以把"善"理解为"善端"。① 人的善性即人的道德本性,人一生下来便已经拥有"善端"。孟子认为善性是普遍存在的,人皆有之。孟子曰:"人性之善也,犹水之就下也。人无有不善,水无有不下。"(《孟子·告子上》)本善的人性赋予人一种自然向上的力量。"四心"指的是"恻隐之心""羞恶之心""辞让之心""是非之心",概言之就是"不忍人之心",发自内心地不忍心看见别人受苦蒙难,这种共情是人之善性的最佳佐证。孟子通过讲述几个故事揭示了"人皆有不忍人之心"(《孟子·公孙丑上》)。

故事一:小孩掉落井中,看见的人无不表现出怜悯和同情。他们之所以如此,不是因为要与这个小孩的父母攀结交情,不是希望在乡间邻里博取名誉,也不是厌恶这个小孩的哭声。这一"不忍"说明人的善念超过恶念,善端超过恶端。"无恻隐之心,非人也;无羞恶之心,非人也;无辞让之心,非人也;无是非之心,非人也"(《孟子·公孙丑上》)。"四心"是人之根本所在,倘若没有,则与禽兽无异。不管恻隐之心多么微弱,它的产生都足以证明其纯粹性,这一善念即可证明人性善。故事二:齐宣王看见有人拉着牛走过,准备杀牛祭钟。牛被吓得战栗发抖,哆哆嗦嗦,此景让齐宣王产生怜悯之心。于是齐宣王下令放了这头牛,改用羊来祭钟。孟子指出,"君子之于禽兽也,见其生,不忍见其死;闻其声,不忍食其肉"(《孟子·梁惠王上》),齐宣王以羊换牛是善性的体现。故事三:孟子进行假设,"盖上世尝有不葬其亲者,其亲死,则举而委之于壑"(《孟子·滕文公上》)。上古时期有人不安葬自己的父母,直接把他们抛弃于山沟中。过了一段时间,他经过时发现上面布满了苍蝇,旁边还有狐狸在觅食。那人不敢直视这场景,

---

① 何怀宏. 良心论——传统良知的社会转化[M]. 上海:上海三联书店,1994:95.

只好斜着眼睛望去，不禁流下悔恨的汗。之所以不敢看，是因为于心不忍，其实这就是人的恻隐之心。后来，那人回家去取了锄头，好好埋葬了父母。虽然这并非真实发生过的事情，但也能够说明一定的道理。

由此可见，道德生活的起点并不是零。这种先天心理图式的存在也印证了孟子所讲的"良知"和"良能"。① 当然人性本善并不意味着道德教育的消解，恰恰是为道德教育提供了可能性。由于人性本是善的，所以即使受外界影响暂时迷惑了内心，也能够在道德教育的发力下拾回本心。

（二）"四心"是"四德"之端

在儒家道德教育思想史上，孟子是第一个将"仁义礼智"四者并提的思想家。他通过阐述"四心""四德"的具体内涵来建立起道德教育哲学的基本内核，凸显道德教育的可行性和重要价值。"四心"即"恻隐之心""羞恶之心""辞让之心""是非之心"，其对应的"四德"就是"仁""义""礼""智"。焦循在《孟子正义》中注疏道："端者，首也。人皆有仁义礼智之首，可引用之。"② 这说明"四心"是仁义礼智的道德基础和逻辑起点，这一命题包含两个基本问题：一是"四心"何以成为"四德"之情感基础；二是"四心"如何发展为"四德"。

一方面，"仁义礼智"衍生于人天生就有的道德之心，从道德情感的角度说明了"四心"是"四德"之端或之首。孟子把人性特指为道德心理，从人性的根源来看，其道德起点是善。只有肯定人性本善，才符合天地生人的实际情况。孟子道性善："君子所性，仁义礼智根于心，其生色也睟然，见于面，盎于背，施于四体，四体不言而喻。"（《孟子·尽心上》）"四德"根源于人心，即"四心"；同时，"四心"

---

① 檀传宝. 学校道德教育原理[M]. 北京：教育科学出版社，2000：40.
② 焦循. 孟子正义[M]. 石家庄：河北人民出版社，1988：139.

能够通过一定途径和手段发展成为"四德"。"四德"就像人的四肢、四体,这是人之为人的独特性。与此相关联的是孟子的"良知良能"说,即"人之所不学而知谓之良知也,所不学而能谓之良能也"(《孟子·尽心上》)。人天生即有的"四心"内在地体现为良知,外在地表现为良能,为实现向"四德"的飞跃建构了道德基础。

另一方面,"四心"发展为"四德"需要经过"扩而充之"这道特殊的程序。人都具有"仁义礼智"这四种萌芽,如果能够把它们扩充起来,便会"若火之使然,泉之使达"(《孟子·公孙丑上》)。一是要明晰扩而充之的对象是良知良能,将已有的良知良能尽可能地发挥至最大程度。道德教育起着恢复原有善性和补充善端的作用,在此过程中,人的良知良能也能够得到一定程度的激发,因此人可以通过道德教育和道德实践活出真正的人性。二是要掌握扩而充之的方法,既要诉诸人的内心活动,也要付诸具体的实践活动。孟子用动态的方式描绘人性,为我们呈现了一副蓬勃向上的道德发展景象。从某种意义上而言,这一论证积极回应了"道德教育何以可能""道德教育何以可为"的重大现实问题,也为人们开展道德教育注入了信心与动力。

(三)"万物皆备于我"是道德教育的前提

孟子曰:"万物皆备于我矣。反身而诚,乐莫大焉。"(《孟子·尽心上》)这句话的大致意思是,世上万事万物之理已经由天赋予我,如果能够向内探求,到达天人合一的至诚境界,便是一种最大的快乐。孟子由"四心"的根源出发探求道德教育的哲学,提出了人普遍具有良好的道德本性这一论断。"万物皆备于我"不仅体现了人的主体性意识,展现了人之乐观向上的心态,还为人接受和完成道德教育提供了可能性。正是由于人拥有天生善性,在一出生时便已备好人之本性,才使未来的道德教育有发挥实效性的可能。因此在孟子看来,"万物皆备于我"作为性善论的一种确认方式,是道德教育的前提。它有两个方面的意义:一是给人们注入道德向上的自信;二是鞭策人们在道德方面不断攀登,成就自我。

"万物皆备于我"备的是认知心和道德心。具有思维功能的心便是认知心,"心之官则思,思则得之,不思则不能得也。"(《孟子·告子上》)孟子认为心是供人们思考的器官,具有识别和分辨善恶的能力。孟子还指出,"仁义礼智根植于心"(《孟子·尽心上》)。心包含着道德意识,有向善的自觉。"恻隐之心""羞恶之心""辞让之心""是非之心""不忍人之心"等都体现了人之道德心的存在。

既然"万物皆备于我",那么还有道德教育的必要吗?答案是"有"。"牛山之木尝美矣,以其郊于大国也,斧斤伐之,可以为美乎?"(《孟子·告子上)》孟子指出,我们不能看见牛山现在光秃秃的样子就以为它不曾繁茂过,它是在外部的负面作用下才呈现如今的狼藉样貌。人也是如此,即使万物已经全然备于我心,但是在很多情况下免不了受到外界环境的干扰,所以道德教育仍是十分必要的。教育"如开矿然,泥内含金,金内亦杂有泥。开矿者取泥内之金,去金内之泥,然后称为贵品"[1]。"已备于我"的是金,"被外界干扰"的是泥,我们可以通过道德教育"去泥存金",还原人之本性。正如孟子曰:"吾闻出于幽谷迁于乔木者,未闻下乔木而入幽谷者。"(《孟子·滕文公上》)鸟飞出幽暗山沟迁往高大树木,人也是这般,不会离开光明而迁往黑暗,寓示着无论如何都不会掩盖人向善的趋势。

三、义利论

义利论是孟子道德教育思想的又一大理论基础,在孟子整个思想中

---

[1] 陶行知. 陶行知全集:第1卷 [M]. 成都:四川教育出版社,2005:218-219.

占据着十分重要的地位。传统意义上，"义利之辨"指的是精神与物质发生冲突时的取舍问题。孔子曰："君子喻于义，小人喻于利。"(《论语·里仁》) 孟子在孔子义利论的基础上，把义推到了最高论，导致被后世误以为孟子摒弃利。事实上，孟子对义利的不同阐述都有特定的语境，并不是单纯地崇尚义、反对利。于君王而言，义指的是施行仁政，利指的是征战夺地，代表君王的私利。因此孟子直言不讳："何必曰利。"(《孟子·梁惠王上》) 于一般人而言，义指的是精神方面的需求，利指的是食色利欲，二者可以统一。因此孟子也认同："食色，性也。"(《孟子·告子上》) 总之，孟子的义利论并不是简单地阐述重义轻利，他重义是毋庸置疑的，至于利，在不同境况下，孟子有不同见解。

(一) 批判君王的一己私利

《孟子》一书开篇便是孟子发出的无奈感慨："王！何必曰利？亦有仁义而已矣。"(《孟子·梁惠王上》) 孟子千里谒见梁惠王，针对梁惠王一开口就是"是否有利于扩张国土"的询问，孟子给出了自己的回应。人的欲望是无穷的，倘若全国上下都唯利是图，不仅达不到富国强兵的目的，反而会扰乱社会秩序，导致"上下交征利而国危"的混乱局面。孟子清楚地知道，梁惠王开口即曰"利"，指的是征战夺地，体现了君王的功利心态和自私心理，丝毫没有考虑到老百姓的安危。因此，孟子当即以"何必曰利"来进行反驳。作为极具俗世情怀的儒家传承者，孟子力图改变当时破败不堪的政治局势，怎会舍弃"百姓安乐，国家富强"这一利呢？从当时各诸侯王的治国方面来看，义与利的价值观是异质的，私利并不符合公义。可见，孟子主张要抛弃的利指的是无仁义之私利。在孟子看来，义即是目的，也是手段，在追求义的过程中要注意目的与手段的统一。"未有仁而遗其亲者也，未有义而后其君者也。"(《孟子·梁惠王上》)若以仁义而求公利,摒弃私利代表的功利价值,那么普天之下都将和睦有序、尊君重礼、亲孝忠义,王则不必愁于不王天下。

"何必曰利"贯穿于孟子阐述政治观点和劝谏君王施行仁政的始终,除了与梁惠王进行有关"仁义""义利"的深度交流,孟子还在多处提及义利问题。譬如,孟子进谏齐宣王,在一番对话中,齐宣王流露出自己的真实想法,即"欲辟土地,朝秦楚,莅中国而抚四夷也"(《孟子·梁惠王上》)。很显然,齐宣王的"欲"就是那个时代君王普遍关于"利"的想法。孟子洞悉了齐宣王的内心,但是并没有一味地否定,而是站在齐宣王的角度思考问题。他以"缘木求鱼"比作当时齐宣王的行为,并指出只有倡道德、行仁义、施仁政,才能真正达到无敌于天下。再譬如,宋牼希望通过分析利害得失来劝谏秦楚罢兵言和,孟子对此同样发出喟叹——"何必曰利?"(《孟子·告子下》)秦楚因"利"和,自然也可能会因"利"战,可见"利"并不是一个好理由。由上可知,在特定时代背景下的君王治国领域,利有特殊的含义,此时孟子主张只讲仁义,不讲私利。唯有仁义才能制私利,促使人向着更深远、更博大的道德生活前景进发。

(二)肯定正当的个人利益

上述义利关系的阐发是在治国领域进行的,在育人领域,孟子的"义利之辩"有两种可能的诠释:一是只讲义,不讲利;二是先谈义,再谈利。袁保新主张后者,认为孟子阐述的义利关系是先本后末的关系,而选择义未必就是否定利。[①] 也就是说,孟子主张辩证看待义利关系,而不是盲目地反对利。孟子曰:"仁义忠信,乐善不倦,此天爵

---

① 袁保新.孟子三辩之学的历史省察与现代诠释[M].北京:文津出版社,1992:150.

也；公卿大夫，此人爵也。古之人修其天爵，而人爵从之，今之人修其天爵，以要人爵。"（《孟子·告子上》）此话现实意义很强，颇具讽刺意味。这句话大致意思是：物质生活条件是人们赖以生存和发展的客观基础，人们总是不断追求更好的生活条件，原本只要以仁义道德来约束自我，那么功名利禄自然随之而来。可如今人们所谓道德修炼变了味，全然是为了获取官位，纯属本末倒置。可见，孟子承认义利是可以共存的，在追求美好品德的同时自然而然会收获意想不到的物质成果。正如小原国芳说的"月亮不是有意照水，水也不是有意映月"[①]，人达到一定的道德境界与他在追求道德境界过程中所获得的利而言，就像广泽池中的月与水，一切都是水到渠成的事情。孟子承认个人利益的存在是合理的，这一价值取向时刻指引着孟子的物质生活和教育活动，为孟子崇尚道义的道德观念奠定了实践基础。

孟子用了许多例子来阐述个人利益的正当性。孟子在论证圣人与普通人没什么两样时，说道"口之于味"都喜欢美食，"目之于色"都喜欢美景，"耳之于声"都喜欢美乐，"鼻之于臭"都喜欢芬芳的气味，"四肢之于安佚"都喜欢舒服，当然"心之于理义"也是一样的。这说明，孟子不仅不反对人的基本物质需求，甚至认为它是理所应当的，是天性的必然。接着孟子顺势总结，"故理义之悦我心，犹刍豢之悦我口"（《孟子·告子上》）。美食、美景、美乐、芳香、舒适、刍豢等代表日常生活中的食色利欲，满足人的食色利欲并不妨碍人进一步追求理义。总而言之，孟子认为义利是需要慎重对待的一对范畴，"义与利并非水火不容之物，而是有着自然和合乎逻辑的联系"[②]，人们在追求义理的同时，也可以维护自己正当的利益。

[①] 小原国芳. 小原国芳教育论著选[M]. 由其民等，译，北京：人民教育出版社，1993：151.
[②] 张奇伟. 孟子义利观新解[J]. 北京师范大学学报，1995（4）：75-80.

（三）把握正确的义利关系

既然义与利之间的关系受到较为复杂的现实影响，那么应当如何处理好这一对关系呢？孟子认为要坚持合理谋利的价值取向：其一，尽管义与利都是客观存在的，但如果利妨碍了义，这种利便需要压制，甚至取消，如君王的一己私利；其二，重义轻利需要把握一定的尺度，做到原则性与灵活性相统一。关于义利的取舍问题，孟子也认为枉尺直寻不可取。朱熹《集注》云："枉，屈也。直，伸也。八尺曰寻。"① 屈折的只有一尺，伸直的却有八尺，完全是从利的观点来考虑的，"枉己者，未有能直人者也"（《孟子·滕文公下》）。在孟子看来，自己不正直的人是不可能使别人正直的，这在他的道德教育思想中体现为道德榜样的力量。

从以上分析可以看出，义利是可以并存的，且义总是高于利的。但是仅仅如此，还不足以达到对孟子对义利关系的理解层次。孟子反对天马行空地谈论义利取舍问题，从这方面也体现了以通权达变为准则的价值判断。任国有人问孟子的弟子屋庐子："按照礼节去找吃的便会饿死，那么还要遵守礼节吗？行亲迎之礼便娶不到妻子了，那么还要按照礼节行事吗？"（《孟子·告子下》）屋庐子面对这一诘问哑口无言，于是请教孟子。孟子反驳道："紾兄之臂而夺之食，则得食；不紾，则不得食，则将紾之乎？逾东家墙而搂其处子，则得妻；不搂，则不得妻，则将搂之乎？"（《孟子·告子下》）扭断亲哥哥的胳膊才能得到食物，那么还要扭吗？翻墙去搂抱别人家的姑娘才能得到妻子，那么还要这么做吗？显然答案为"否"。关于"礼"与"食"孰轻孰重，其实也就是"义"与"利"孰轻孰重的问题，需要放在现实生活中进行多维度的衡量。所谓重义轻利是在一般情况下的道德准则，但是义与利的现实关系

---

① 朱熹. 四书集注［M］. 长沙：岳麓书社，1987：361.

是复杂的，应该具体问题具体分析。例如，孟子赞同援手救嫂和舜不告而娶就体现了通权达变。在某种意义上，某些现实利益的价值重于某些礼义规范，但是这并不意味着重义轻利是一种空谈，反而体现了"义利之辩"的具体性和可变通性。

综上所述，孟子关于义利关系的阐释可以概括为崇义兼利、以义为先。在治国领域，孟子批判君王的一己私利；在育人领域，孟子肯定正当的个人利益。孟子在阐发"义利之辩"的同时，也越发加深了要强化道德教育的心愿。

第三节 孟子道德教育思想的体系

孟子在论述天人论、心性论和义利论的基础上，系统地阐发了自己的道德教育思想。孟子把道德教育视为恢复"人性之善"的手段，强调要对学生与生俱来的"良知""良能"进行保护、启发和诱导，由此可以看出孟子道德教育思想具有强烈的"属人"特性。孟子道德教育思想内容丰富、体系完整、逻辑严密、特色鲜明，包括以"不同人格境界"为标准的道德教育目标，以"仁义""孝悌""人伦""恭俭"为重点的道德教育内容，以"守护内心、注重民本、教学相长"为依据的道德教育原则和以"突出人的道德主体性"为特征的道德教育方法。

一、孟子道德教育的目标

目标是指在一定期间内要达到的阶段性成果或境界。道德教育的目标指的是通过道德教育要培养出什么样的人，在某种程度上可以视为在道德教育作用下应达到的人格境界。孟子道德教育的目标与国家政治的需要总是连接在一起的，表现为"推崇诗意的理想人格从而达到以德治国的政治目的"①。孟子道德教育实践所秉持的信念是"人皆可以为尧舜"，这也是道德教育的最终归宿。围绕这一点，可以总结出孟子道德教育目标的三重境界，即"富贵不淫，贫贱不移，威武不屈"的大丈夫人格、"明于庶物，察于人伦"的君子人格和"内圣外王"的圣人人格。

（一）"富贵不淫，贫贱不移，威武不屈"的大丈夫人格

大丈夫人格是孟子道德教育第一层次的目标。综观中华民族史，大丈夫人格哺育和启发了诸多具有高尚人格的有志之士。关于"大丈夫"，孟子这样讲："居天下之广居，立天下之正位，行天下之大道；得志，与民由之；不得志，独行其道。富贵不能淫，贫贱不能移，威武不能屈，此之谓大丈夫。"（《孟子·滕文公下》）该论断脍炙人口，堪称千古名句，无疑为我们塑造了一个顶天立地的"大丈夫"形象。所谓"大丈夫"就是大人物，是值得人们膜拜和效仿的对象。于"大丈夫"而言，富贵、贫贱、威武不过是外在的因素，不足以影响人的本质力量发挥，不淫、不移、不屈的内在精神生活才是应有的追求，体现了理想人格的崇高性。

孟子通过批判纵横家来论证大丈夫人格的具体内涵。公孙衍、张仪都是战国时期著名的说客，与孟子生活在同一时代。公孙衍主张合纵，即联合各弱国以抗衡某一强国；张仪主张连横，即依附秦国以攻众弱国。在当时世人眼里，他们都属于风云人物。景春曾当着孟子的面赞颂他们："一怒而诸侯惧，安居而天下熄"（《孟子·滕文公下》），甚至把他们视为"大丈夫"。孟子对此给予强烈反驳，认为一味地迎合诸侯是没有操守的表现，公孙衍与张仪二人唯利是图，只能算是"小人"。

---

① 杨姿芳. 孟子德育思想的整体架构［J］. 现代哲学，2008（1）：124-128.

在孟子看来，只有以"仁"为"广居"，以"礼"为"正位"，以"义"为"大道"，才能称得上"大丈夫"。首先，"仁"是民族气节的重要内涵，体现了高尚人格的价值追求。"大丈夫"至大至刚，顶天立地，敢于杀身成仁，具有浩然之气。其次，"礼"是维护尊卑秩序的伦理规范，摆正自己的位置就是维护社会稳定的要求。孔子曰："贫而乐道，富而好礼。"（《论语·学而》）"大丈夫"应当要做到贫穷时以获得知识、懂得道理为乐事；富有时也不骄纵无礼。孟子对此十分认同。最后，"义"是每个人都应当承担的道德责任与义务，要负起爱人济世的使命。孟子主张，向君王进言，对诸侯献策，要秉持"我以吾义，吾何慊乎哉"（《孟子·公孙丑下》）的原则，表现出不卑不亢的气度。可见，孟子对于大丈夫人格有着深刻的理解，"仁、礼、义"是大丈夫人格的具体内涵，"富贵不淫、贫贱不移、威武不屈"是大丈夫人格的基本要求。这无形中影响了中国古代诸多知识分子，成为他们人生追求道路上的信念和动力，也铸就了中华民族昂扬向上的宝贵精神财富。

（二）"明于庶物，察于人伦"的君子人格

在大丈夫人格的基础上，孟子提出了君子人格这一更高层次的道德教育目标。孟子对于君子人格的论述贯穿于《孟子》全书，最具概括性的话语出自《离娄》篇章。孟子曰："人之所以异于禽兽者几希，庶民去之，君子存之。舜明于庶物，察于人伦，由仁义行，非行仁义也。"（《孟子·离娄下》）孟子认为人与禽兽的差别不大，一般人舍弃它，君子却懂得保存它。事实上，这也是大丈夫所应具备的能力，然而君子更能明白其中含义。孟子以舜为例，说舜住在深山时，即使周围尽是树木乱石和飞鸟禽兽，也能保有人之为人的本质。当舜在外面听到善言看到善行，便会立马加以肯定并积极施行。他内心向善的力量犹如江河决堤，没有任何其他力量能制止。可见舜有着洞察万物和体察人伦的品格，时刻走在仁义的大道，而不是将仁义视作获取功名利禄的手段。这一例证也清晰展现了君子人格高于大丈夫人格之处：大丈夫行为是"行仁义"，其行为的结果合乎仁义等规范，君子行为则是"由仁义行"，其行为的过程和结果都自觉地遵循了仁义。可见，前一阶段主体尚处于自在的状态，后一阶段主体已趋向于自为。

"明于庶物，察于人伦"简明扼要地总结了君子应有的道德品质。庶物，指的是众物、万物；人伦，即封建礼教所规定的人与人之间的关系。① 君子不仅应该体察人伦，还要把握和洞悉事物发展的规律，这一规律便是天道。"明于庶物"和"察于人伦"是通达天道的修养途径，也是君子人格的完成式。首先，"明于庶物"体现在对"时"的把握。古代人们总是依据天时来进行劳动生产，通过对自然变化的体认，人们逐渐在风霜雨雪中有了对自然秩序概念的认知。"不违农时，谷不可胜食也；数罟不入洿池，鱼鳖不可胜食也；斧斤以时入山林，材木不可胜用也。"（《孟子·梁惠王上》）遵循自然规律来进行劳作体现了人对于自然秩序的内化，展现了一种自觉的思想状态。君子可以将对秩序的体认迁移至道德的领域，将天道变化的感悟内化于心，严格遵守社会生活的道德秩序。其次，"察于人伦"体现在对"礼"的感悟。通过约束自我，君子置身于礼的规范，总是在道德规范的要求内自由生活，将人所持有的道德心理和道德情感运用到社会交往的方方面面。"明于庶物"在"察于人伦"之前，也进一步佐证了对自然秩序的把握是"知"的基础，有利于在"行"的过程中达到对道德秩序的深层次体验。综上所述，君子人格在大丈夫人格的基础上增添了自然秩序与道德秩序的相互关照，其核心内涵是"明于庶物，察于人伦"，同时也内在地包含着"仁义礼智"等内在品德。

---

① 朱祖延. 引用语大辞典［M］. 武汉：武汉出版社，2010：383.

(三)"内圣外王"的圣人人格

圣人人格是孟子道德教育最高层次的目标,也是孟子所极力推崇的道德理想状态。孟子在论述君子与圣人时,都列举过舜良好的道德品行。但其实圣人人格比君子人格的要求更为严苛,内涵也更为丰富。孟子所言圣人人格,可以概括为"内圣外王"。"内圣外王"最早语出庄子:"圣有所生,王有所成,皆原于一(道),此即内圣外王之道。"(《庄子·天下》)意思是"一"即"道","内圣外王"为天下之治道术者所追求。这一学说经过不断发展,逐渐成为儒家的基本观点。在儒家思想范畴内,"内圣"即个体生命通过修身养德,从而造就一个有德性的人;"外王"即把"内圣"外化为道德实践,做到齐家、治国、平天下。这与《大学》所言"身修而后家齐,家齐而后国治,国治而后天下平"(《礼记·大学》)的道理如出一辙。

具体而言,孟子是这样阐述圣人的。首先,圣人是做人的标准。孟子曰:"圣人,人伦之至也。"(《孟子·离娄上》)每个人都应该向圣人看齐。圣人不过是将人伦发挥到极致,君主尽君主之道,臣子守臣子之责,以期促成天道与人道的完美契合。其次,圣人与凡人并无二致。"圣人,与我同类者。"(《孟子·告子上》)圣人虽然超凡脱俗,有着"内圣外王"的道德实践,但究其本源,圣人与凡人都是实实在在的人。一方面,二者都有共同的生理需求,如口、耳、目的欲望;另一方面,二者在道德追求上也是一致的,都喜欢义理。再次,圣人的美好品性由内而外地展现,并付诸实践。孟子曰:"形色,天性也;惟圣人然后可以践行。"(《孟子·尽心上》)人的身材容貌是天生的,圣人应该做到以内在美来充实外在美。最后,圣人作为道德榜样,有示范作用。"尧舜之道,孝弟而已矣。子服尧之服,诵尧之言,行尧之行,是尧而已矣。"(《孟子·告子下》)基于"人人都有道德本心"的心性论,孟子将"圣"人格化，认为圣人并不是一种超验的存在。只要跟随圣人的步伐，做圣人爱做的事，说圣人爱说的话，长此以往便将越发趋向圣人。除尧舜之外，孟子还将汤、文王、孔子、伯夷、伊尹、柳下惠等都称为圣人，使神秘而崇高的圣人回归人间，而不是将圣人当作遥不可及的存在。

圣人超越了大丈夫和君子的道德层次，将"内圣外王"之道深深融入了自己的内心世界，其行为举止达到了自由的状态。总之，圣人并不是高不可攀的道德偶像，"内圣外王"的圣人人格作为理想的人格典范，是每个人都可能达到的道德目标。尽管这一境界比较难达到，但不可否认的是"圣"在孟子眼里成了活生生的"人"，而不是虚无缥缈的"神"，这在一定程度上突出了道德平等的人文价值，具有人性启蒙的意义。

二、孟子道德教育的内容

任何教育内容都是为实现一定教育目标而服务的。孟子道德教育内容翔实，涉及日常生活的多个维度，体现了为"仁政""王道""孝亲"及理想人格的塑造而服务的指向性。具体而言，孟子道德教育的内容包括"仁义"教育、"孝悌"教育、"人伦"教育和"恭俭"教育。

（一）"仁义"教育

儒家的仁义，是一种绝对的道德律。仁义本身就是目的，而不是为了达到别的什么目的的手段。孔子强调"仁"和"义"，尤其注重"仁"的教育，重视培养人的仁爱精神。在《论语》中，孔子言"仁"，有时不仅指一种特定的品德，还泛指人的其他美好品德。"仁不是别的，就是情感，更确切地说，是道德情感。"① 孟子在孔子论"仁"的基础上，结合自己的"性善论"，将"仁"与"义"统一起来，形成了独有的仁义观。孟子认为，"仁"和"义"都是内在于人性之中的，仁义植根于心性自然，是需要人们自觉弘扬的心性之德。② 也就是说，仁义既是人所共有的道德本性，也是每个人都应当遵守的道德规范。根据仁义，人应该具有同情心和社会责任感，知晓人伦生活的准则。《孟子》一书中关于"仁"和"义"的论述十分精辟。孟子曰："仁，人心也；义，人路也。"（《孟子·告子上》）"仁，人之安宅也；义，人之正路也。"（《孟子·离娄上》）大概说的是，"仁"是人心的住所，"义"是人行走的正道。在"仁义礼智"四德中，孟子最为推崇心怀怜悯的"仁"和正气浩然的"义"，将仁义比喻为与人们日常生活休戚相关的住所和道路，足以见得仁义的重要性。

孟子把仁义当作道德教育的核心内容，有着明显的"王道"特色。总体而言，"仁义"教育包括以下几个方面的内容：第一，对君王而言，要将仁义与"爱民""顺民"统一起来。孟子的天人论主张"天"与"民"相通，"顺民"即"顺天"，"违民"即"违天"。在天人论启发下，孟子多次强调君王要"顺天"就必须"顺民"，要"顺民"就必须行"仁政"。君王只有关心百姓疾苦，以义为先，与民同乐，才能"仁者无敌"（《孟子·梁惠王上》）。第二，对臣子而言，仁义就是要做到心存仁爱，讲求道义。臣子在古代社会处于中间角色，对上要为君王负责，对下要为百姓服务。"亲亲，仁也；敬长，义也；无他，达之天下也。"（《孟子·尽心上》）亲近家人是"仁"，且"仁"并不限于

---

① 蒙培元.情感与理性［M］.北京：中国社会科学出版社，2002：9.
② 张广生.天下文明的重建：孟子儒学的仁义政教论［J］.社会科学，2022（11）：102-112.

亲近父母；"敬长"属于义，但"义"不限于尊敬长辈。① "仁"和"义"这两种品德可以通行于天下。若无章法可循，整个社会都将陷入混乱。所以臣子应当做到以内在本心为起点，不断修炼自己的仁爱和正气，追求仁义而不是将仁义作为谋利的手段。第三，对百姓而言，仁义就是要做到与人为善，承担一定的社会责任和义务。孟子曰："居恶在？仁是也；路恶在？义是也。居仁由义，大人之事备矣。"（《孟子·尽心上》）孟子主张"居仁由义"，号召人们修炼道德之心，行事遵循道德义理，将内在德性外化于德行之中。

（二）"孝悌"教育

"孝悌"作为儒家的一种伦理道德思想，也是中华优秀传统道德文化的重要内容之一。"孝悌"简单来说就是孝顺父母，尊敬兄长。孟子将"父母俱存，兄弟无故"（《孟子·尽心上》）视作君子三乐之第一乐。具体而言，"孝顺父母"贯穿父母生前及逝后，应当从诸多方面申"孝悌"。其一，奉养父母不仅要"养口体"，还要"养志"。所谓"养口体"，便是满足父母的口腹之欲，使其生活无忧；所谓"养志"，便是满足父母的情感需要，使其心情愉悦。也就是说，既要满足父母的物质生活，还要尽量满足他们的精神生活。其二，祭葬父母不应节俭，也不必一味奢华。孟子曰："养生者不足以当大事，惟送死可以当大事。"（《孟子·离娄下》）可以看出，孟子既强调对父母生前的奉养，更注重给父母送终，甚至厚葬。孟子还着重指出："君子不以天下俭其亲"（《孟子·公孙丑下》）。他认为埋葬父母用的棺椁，要在财力负担得起的基础上尽量美观。只要不越礼，厚葬是不为过的。不过处理后事尽心竭力即可，不必过分奢华，重要的是真诚表达对亲人的悼念。其三，孝顺父母最应尽的职责是成家立业和娶妻生子。"舜不告而娶，为无后

---

① 陈来. 孟子的德性论 [J]. 哲学研究, 2010 (5): 38-48, 127-128.

也，君子以为犹告也。"(《孟子·离娄上》) 孟子认为在孝与礼面临冲突的情况下，可以不必囿于礼的限制。在当时的情况下，舜如果告诉了父母自己的想法，就没办法成功组建家庭。因此舜不告而娶是为避免无后，也是一种"孝"。孟子同时还列举了五种不孝，"惰其四支，不顾父母之养，一不孝也；博弈好饮酒，不顾父母之养，二不孝也；好货财，私妻子，不顾父母之养，三不孝也；从耳目之欲，以为父母戮，四不孝也；好勇斗狠，以危父母，五不孝也"(《孟子·离娄下》)。五种不孝当中，前三种是"不养父母"，陷父母于无助之地；后两种是"不敬父母"，使父母遭受精神上的创伤，甚至是生命的威胁。这些无论在任何时代都应引以为戒。

孟子心怀天下苍生，他没有将"孝悌"教育的对象局限于单个家庭，而是把"孝悌"上升为一种更为广泛的爱。孟子认为，"孝悌"不仅是个人家庭幸福的前提，还是社会安定和国家富强的重要保证。孟子曰："谨庠序之教，申之以孝悌之义，颁白者不负戴于道路矣。"(《孟子·梁惠王上》) 孟子这一言论蕴含了人格平等观，认为人人享有道德教育的权利。换言之，道德教育不应该被极少数权贵所独享，而应当惠及百姓。只要用孝顺父母、敬爱兄长的大道理来对普通老百姓进行道德教育，那么人人都会敬老尊贤，整个社会就能安然有序，普天之下才能长久和平。孟子还号召年轻人要"壮者以暇日修其孝悌忠信，入以事其父兄，出以事其长上"(《孟子·梁惠王上》)，在闲暇时间学习为人处世，做到孝亲敬长，进而推广到其他人。倘若全国上下起而效之，便能够越发增强国家凝聚力，使其不断发展壮大。

(三)"人伦"教育

社会生活丰富多彩，其中也包括人的伦常生活。《说文解字》中言:"伦,辈也。从人,仑声。一曰道也。"① 人伦是儒家伦理道德学说的基本概念,即人与人之间应当遵守的准则。孟子曰:"夏曰校,殷曰序,周曰庠;学则三代共之,皆所以明人伦也。"(《孟子·滕文公上》)他认为道德教育的目的就是"明人伦",也就是"阐明并教导人与人之间各种必然关系以及相关的各种行为准则"②。此外,孟子还叙述了尧舜时期的圣人事迹。"人之有道也,饱食暖衣,逸居而无教,则近于禽兽。圣人有忧之,使契为司徒,教以人伦:父子有亲,君臣有义,夫妇有别,长幼有序,朋友有信。"(《孟子·滕文公上》)人有为人之道,若只顾吃饱、穿暖、居住和安逸,却不加以"人伦"教育,人就会失去人格,则与禽兽无异。圣人正是有如此忧虑,便设置了主管教育的官,以期教化百姓。可见,"人伦"教育有其必要性,不仅能够祛除人的蒙昧性,使得人类社会从野蛮走向文明,而且对于建立公序良俗、维护社会稳定具有重要意义。孟子在此基础上将最基本的伦理关系概括为"五伦"。《礼记·礼运》对孟子所言之"五伦"做出进一步阐释,提出了"十义",即"父慈、子孝、兄良、弟弟、夫义、妇听、长惠、幼顺、君仁、臣忠"③。

孟子关于"人伦"教育的具体阐述如下。一,父子有亲。孟子将父子关系排在第一,因为在他看来父子关系是自然的、天赋的。"孝悌"教育也涉及父子关系的一些内容,这表明儒家十分注重血缘关系。二,君臣有义。君臣关系是后天的选择,所以孟子将其置于父子关系之下。为君者应当处处为百姓着想,君无戏言;为臣者应当尽忠职守,方可天下太平。三,夫妇有别。夫妇有别之"别"以二者的性别差异为依据,要求夫妇双方各安其分,各尊其德。孟子曰:"男女居室,人之

---

① 许慎. 说文解字 [M]. 杭州:浙江古籍出版社,2016:260.
② 杨伯峻. 孟子译注 [M]. 北京:中华书局,2018:130.
③ 戴圣. 礼记 [M]. 西安:西安交通大学出版社,2013:103.

大伦也。"(《孟子·万章上》) 夫妇关系是否正当合理，不仅关系到家庭是否和睦，也涉及社会和谐的问题。四，长幼有序。人与人之间相处要做到尊老爱幼，"老吾老，以及人之老；幼吾幼，以及人之幼"(《孟子·梁惠王上》)，这也是仁善家风的体现。五，朋友有信。讲求诚信之德是古人待友的重要原则之一，也是社会交往的共通法则。总而言之，"父子""君臣""夫妇""长幼""朋友"之间是一种双向的伦理关系，针对五对人伦关系的每一方都有一定要求，体现了人与人之间的相互理解与尊重。

(四)"恭俭"教育

"恭俭"最早出自《论语·学而》，是儒家倡导待人接物的准则。子禽问子贡："老夫子来到这个国家，一定是听闻了这个国家的政治。是他自己要求过来的呢，还是别人请他过来的呢？"子贡回答说："夫子温、良、恭、俭、让以得之。"子贡认为，自己的老师孔子是凭着"温良恭俭让"的美德而获得各国的敬重和信任。温，指温和，待人处世要温文儒雅。良，指善良或有良心。恭，即恭敬，不仅是要恭敬君主、父母，也要尊重人际交往中的其他对象。俭，即节俭，人不应过分追求生活中的物质需求，不大吃大喝，不奢侈浪费。让，即谦让、辞让，懂得辞让是社会关系和谐的稳定器。

"温良恭俭让"后来成为儒家所极力倡导的优良品格。孟子在此基础上，着重论述了其中的两种："恭"和"俭"。孟子曰："恭者不侮人，俭者不夺人。侮夺人之君，惟恐不顺焉，恶得为恭俭？恭俭岂可以声音笑貌为哉？"(《孟子·离娄上》) 孟子所言之恭俭，与子贡概括的含义相近。一方面，有恭敬之心的人就不会侮辱别人，有节俭之心的人就不会侵夺别人的财产。如此一来，整个社会就会变得井然有序。另一方面，恭俭是发自内心的，而不只是通过声音和举止相貌表现出来的。

恭敬、节俭的品德是处理人际关系的重要依据，应成为每个人内在的追求。《孟子》一书中有关恭俭的内容散见于文本多处。例如，孟子曰："是故贤君必恭俭礼下，取于民有制。"（《孟子·滕文公上》）孟子认为贤明的君王一定会谨慎办事，节省有度，有礼貌地对待臣下，有节制地对待百姓。孟子还在《孟子·公孙丑上》一篇中评价伯夷和柳下惠的处世方式，认为伯夷不大度，柳下惠不恭敬。气量小和不严肃都不是君子所认可的处世方式。但是孟子不主张一味地节俭，"君子不以天下俭其亲"（《孟子·公孙丑下》）就是很好的例证。从现实生活来考虑，恭敬和节俭的确是历代君王应有的最好美德。正如李商隐所言，"历览前贤国与家，成由勤俭败由奢"①。因此，孟子将"恭俭"教育视为道德教育的又一重要内容，展示了君子的处世之道。

三、孟子道德教育的原则

道德教育原则是教育者在实施道德教育过程中要遵循的基本法则。"道德教育规律是制定道德教育原则的客观依据，道德教育原则是道德教育规律的反映和体现。"② 孟子在遵循道德教育反复性、渐进性和实践性的基础上，设定了道德教育的原则。道德教育的原则既是道德教育活动一般规律的反映，也是道德教育方法的依据。孟子道德教育的原则主要包括以下几点：一是坚守内心，求其放心；二是以民为本，德得相通；三是善教乐学，润育相长。

（一）坚守内心，求其放心

孟子的道德教育思想与心性论密不可分，他强调了人的本质是善的，但人的善性需要通过修养和教育来发扬光大。孟子的心性论将

---

① 李商隐. 李商隐诗集 [M]. 朱鹤龄，笺注，田松青，点校，上海：上海古籍出版社，2015：68.
② 余仕麟. 伦理学概论 [M]. 北京：民族出版社，2004：286.

"心"上升到本体论高度，其道德教育思想也突出了对"心"的重视。在孟子看来，"心"不仅是人的精神本体，也是人的道德本体。因此，孟子提倡对"心"的反复修养和培育，以期使人的"心"重归本性，达到天人合一的境界。"坚守内心，求其放心"遵循了道德教育的反复性和长期性规律。一方面，道德教育不是一蹴而就的，道德教育的成果也不是即时显现的，需要持续修炼。另一方面，坚守自己的本原和初心也不是一时之举，求得不慎丢失的善端更是需要反复确认。道德教育应当注重受教育者的自我教育、自我修养和自我提升，关注受教育者的内心状态，充分考虑到受教育者自身对德性的追求。康德曾经说过："只有在自己有意识的活动过程中，那种选择行为才能被称为自由。"① 也就是说，任何外在的规章制度或道德条目的约束都需要人愿意去遵守并确实去遵守，这种行为才能真正被称为道德的行为。孟子关于"心性"的看法与此类似，他认为人应当充分发挥和运用人的本质力量，尽力保存自己内心原有的善良品质。然而现实情况有可能是："人有鸡犬放，则知之求；有放心而不知求。学问之道无他，求放心而已矣。"(《孟子·告子上》) 孟子讽刺人们丢了鸡犬知道去寻回，丢了自己的本心却不知道要寻回。虽然人性中天生已具有种种良善，但是在成长过程中，人可能被各种各样的事物所迷惑，丢失本心其实是一种常态，应当得到正视。正如牛山之上曾经生长着茂密的树林，后来因人为砍伐和牛羊啃啮而变得光秃。可见，倘若稍有疏忽地"学"与"求"，可能就会导致"放"而"失"。道德教育之所以存在，就是要帮助人求其放心，找回原有的美德和品性。因此，在道德教育的实践过程中，要时刻以道德主体的内心感受为准则，尊重主体的道德情感，这有益于个体获得自身的道德感悟和前所未有的道德体验。总之，孟子的道德教育思想强调

---

① 康德.法的形而上学原理[M].沈叔平，译，北京：商务印书馆，2011：30.

了道德修养的重要性,并提出了以"心"为中心的道德教育原则。

(二)以民为本,德得相通

先秦儒家德治思想中始终贯穿着"以民为本"这一理念。孔子有"修己以安百姓"(《论语·宪问》)的论断,孟子则明确提出"保民而王,莫之能御也"(《孟子·梁惠王上》),荀子也说"天之生民,非为君也;天之立君,以为民也"(《荀子·大略》),足以见得先秦儒家学者对民本的重视。将这一核心理念置于道德教育视域下,可视其为孟子道德教育的一大原则。"以民为本"即"以人为本",从道德教育方面来看,要尊重人的道德主体性;从经济生活角度来看,要保障人的基本物质生活。"人们自觉地或不自觉地,归根到底总是从他们阶级地位所依据的实际关系中——从他们进行生产和交换的经济关系中,获得自己的伦理观念。"[1] 因此,在物质生活得到一定保障之后,人才有精力和愿望去汲取社会道德观念。这就是孟子所说的"民之为道也,有恒产者有恒心,无恒产者无恒心"(《孟子·滕文公上》)。普通老百姓如果没有稳定可靠的产业和收入,可能就无法踏实安心地过日子,更不用说培养一定的道德观念和行为准则了。孟子已然认识到,道德生活的追求要以物质生活的满足为基本前提。这与"仓廪实而知礼节,衣食足而知荣辱"(《管子·牧民》)的含义相近。

"以民为本"的道德教育能够实现"德得相通"。老子最早揭示"德得相通",指出"德者,得也"(《老子》三十八章)。儒家的"内圣外王"之道也强调了内心修养和外部行为的相辅相成。"得"有两种含义:一是得"道",即"内圣"。人将美好德性内化于心、外化于行,便获得为人之"道"。二是得"天下",即"外王"。尧、舜、文王有

---

[1] 中共中央马克思恩格斯列宁斯大林著作编译局. 马克思恩格斯选集:第3卷 [M]. 北京:人民出版社,2012:470.

德，所以得天下；桀王、纣王无德，所以失天下。当一个人内心具备高尚的德性，同时也表现出行为端正，才能获得他人的尊重和爱戴，这也是一种"得"。反之，如果一个人无德无才，就无法得到他人的认同和支持。由此看来，"德"既是目的，也是手段，体现了道德在维护社会稳定与和谐方面发挥的重要作用。道德教育应该秉持"以民为本，德得相通"的原则，践行目的与手段相统一的民本理念。

（三）善教乐学，润育相长

儒家很注重培养人的道德情感，如"好德""乐道""善教"等。孟子也十分重视这一点，他认为教育不仅是一种传授知识和技能的活动，更是一种促进道德情感培养和人格塑造的过程。孟子在"以民为本"的基础上提出，贤者要善于对人进行道德教育，同时受教育者也要乐于接受贤德的教育。孟子对于教育饱含热情，他认为君子有三乐，其中"得天下英才而教育之"（《孟子·尽心上》）是第三种乐趣。孟子的言论针砭时弊，"贤者以其昭昭，使人昭昭，今以其昏昏，使人昭昭"（《孟子·尽心下》）。他认为那些浑浑噩噩的"贤者"自己都没弄明白道理，却用他自己都不明白的道理去教导别人，如此行径不是真正的教育。换言之，贤者教导别人必先使自己彻底明白和领悟，然后才去教化别人，这是"善教"的前提。① 孟子在提倡"善教"的同时，也非常关注受教育者的学习体验和快乐。孟子又提出："仁言不如仁声之入人深也，善政不如善教之得民也。善政，民畏之；善教，民爱之。善政得民财，善教得民心。"（《孟子·尽心上》）仁声善教能够深入人心，使人身心愉悦。他认为，不仅要让受教育者在学习过程中掌握道德和技能，还要让他们感受到学习的乐趣和愉悦，这才是真正的教育。因此，孟子强调道德教育要"得民心"，要让受教育者爱上自主学习，而

---

① 杨伯峻. 孟子译注 [M]. 北京：中华书局，2018：372.

不是被迫接受道德教育。可见孟子不仅感受到为人师的快乐，也期望受教育者能够在接受道德教育的过程中获得学习的快乐。《孟子》一书还引用过孔子关于教学相长的言论，如"圣则吾不能，我学不厌而教不倦也"（《孟子·公孙丑上》），孟子也认同这一观点。师从"学习不知满足、教人不嫌疲劳"的教师，对学生而言是莫大的幸运。教师不仅要教导学生，还要倾听学生的意见和建议，根据学生的实际情况和需求来进行教学活动，使得教育更加精准和有效。在这个过程中，教师和学生相互交流，相互润育，共同成长。在这样的环境下，善教的教育者和乐学的受教育者都会受到浸染，这是教学相长的核心要义。

四、孟子道德教育的方法

道德教育方法源于道德实践，又指导道德实践。孟子周游列国多年，广收弟子，据说当时"后车数十乘，从者数百人"（《孟子·滕文公下》）。在长期教徒授业的过程中，孟子基于一定的道德教育原则，总结出一系列极具特色的道德教育方法，对于激发人的内驱力有着积极作用。

对于教育，孟子曰："君子之所以教者五：有如时雨化之者；有成德者；有达财者；有答问者；有私淑艾者。此五者，君子之所以教也。"（《孟子·尽心上》）君子教育的方法有像润物无声的，有成全品德的，有培养才能的，有解答疑惑的，还有流风余韵的。例如，其一，引而不发。孟子认为教育犹如教人射箭，教育者做出跃跃欲试的样子，但不必发箭，也就是说教育者要善于启发受教育者。其二，循循善诱。孟子在开导齐宣王要与民同乐时，采用一问一答的方式，逐渐引入主题。其三，循序渐进。孟子通过"揠苗助长"的故事阐明不可急于求成，强调按规律办事的重要性。其四，由博返约。孟子主张先广泛地学习，打下宽博的基础，再加以精炼。

对于道德教育方法，孟子也有着独到的理解。苏霍姆林斯基认为，"只有能够激发学生去进行自我教育的教育，才是真正的教育"①。孟子实行的正是这种道德教育，他说："教亦多术矣，予不屑之教诲也者，是亦教诲之而已矣。"(《孟子·告子下》)孟子秉持道德本心应向内求索的理念，不倡导通过外在的道德说教对人进行道德教育，所以才说不屑于去教诲也是一种教诲，体现了"无声胜有声"的教育艺术。他强调自我教育是道德教育的关键环节，与之配套的一系列道德教育方法包括尽心知性、扩充四端、尚志养气、推己及人和反求诸己。

(一)尽心知性

孟子在心性论的基础上，阐发了自己的道德教育方法，突出了对"心"的重视。孟子曰："尽其心者，知其性也。知其性，则知天矣。存其心，养其性，所以事天也。"(《孟子·尽心上》)这句话的大致意思是：充分感知人的善良本心，就是懂得了人的本性。懂得了人的本性，继而才能够懂得天命。孟子认为人要修身正己、努力行善，才可能通过"尽心"来知晓"天性"。"知天"的目的在于通过掌握自然运转的规律，以探寻社会和谐发展的规律。所以仅仅知晓"天性"是不够的，还应当"存心养性"，寻求人的安身立命之本，这才是对待天命的正确态度。孟子主张人应该形成一定的道德意识，浑浑噩噩、懵懵懂懂地生活是"尽心知性"的反面教材。孟子又曰："行之而不著焉，习矣而不察焉，终身由之而不知其道者，众也。"(《孟子·尽心上》)一般的人行善却不明白当中的道理，习惯了行善却不深知其所以然，甚至一生都行走于人生大道却并不了解这是什么道路，的确是一件可悲的事情。人的道德实践所探求的对象就是人本身，不仅要谨防失其本心，还

---

① B.A.苏霍姆林斯基.给教师的建议[M].杜殿坤，译.北京：教育科学出版社，1984：341.

要弄明白本心是什么。本心就是道德之心，即"恻隐之心""羞恶之心""辞让之心""是非之心"，也可以说是人的道德意识。如果一个人连自己每天悉心守护的内心之物都不了解，还怎么能够做到"尽心知性"呢？因此，要充分发挥人的主观能动性，"始终生活在心这一意义系统中并且时刻加以扩充，不要自我放逐出心之外而将此心当作某种工具使用"①，以"人人皆可为尧舜"的道德信念照亮每个人的修身之路。

（二）扩充四端

一般而言，可将"恻隐之心""羞恶之心""辞让之心""是非之心"等"四心"视作"四端"。人人都有"四端"，"知皆扩而充之"则可成"四德"。"扩而充之"扩的是"四心"在人内心的分量，使其"若火之始然，泉之始达"（《孟子·公孙丑上》），进而完全地表露出来。韦政通认为，"扩充四端，是一种顺推的功夫。人有先天的善性，所以有恻隐、羞恶、辞让、是非等表现，人如能把自然流露的德性，扩充到生活的每一段和每一面，使实际的生活都能如理，这就是顺推的功夫"②。"扩充四端"应该从以下几个方面着手：首先，体悟内心，形成正确的道德意识。孟子认为道德教育究其本质是关于人心灵的教化，要求人有切己体察的功夫。也就是要做到体悟自己的内心，感悟内心"仁义礼智"的存在。其次，付诸实践，养成良好的道德习惯。人有善端这一本性为实现"扩而充之"提供了现实可能性。扩充四端不仅是要改善人的精神生活，还需要人付诸实践，多思善行、多行善事。最后，持之以恒，形成稳固的道德意志。扩充四端是长期的行为，需要持之以恒。孟子认为，"有为者辟若掘井"（《孟子·尽心上》），掘至六七丈深还不见泉水也是有可能的，如果就此放弃，之前的工作便会前功

---

① 彭文超. 以心观心：中国传统道德教育思想的内在理路[J]. 当代教育科学，2021（1）：19-28.
② 韦政通. 中国思想史·上[M]. 长春：吉林出版集团有限责任公司，2009：192.

尽弃，即使已经挖了六七丈深也犹如废井，但是如果持之以恒，则能成井，故有为者贵在持之以恒，扩充四端也需要长期不懈地坚持和努力。

(三) 尚志养气

孟子曰："从其大体为大人，从其小体为小人。"(《孟子·告子上》)"大体"是心或良心本心，指的是人的理智；"小体"是耳目等感官，指的是食色利欲。先立其大，再配合尚志养气，是成就道德的方法之一。孟子独创性地将志与气结合起来，认为志是气的主帅，气是充满体内的力量，故应坚定自己的思想意志，不滥用自己的意气感情，做到"持其志，无暴其气"(《孟子·公孙丑上》)。首先，"尚志"崇尚的是仁义之志。孟子认为树立道德理想是非常必要的，"尚志"就是树立道德理想，表达向善的决心。有一次，齐国人王子垫问孟子："士何事？"孟子曰："尚志。"王子垫又追问："何谓尚志？"孟子答曰："仁义而已矣。"(《孟子·尽心上》)意思是凡事都要以仁义为依据，仁义是实施道德行为的前提。崇尚仁义之志不仅能够对修炼个人道德起积极作用，还能抵御外界诱惑。人若受到外界的引诱，会使得道德教育的功效和成果大打折扣，所以孟子十分重视"尚志"的运用。其次，"养气"培养的是浩然之气。孟子说"吾善养吾浩然之气"，值得注意的是，养气"以直养而无害，则塞于天地之间"(《孟子·公孙丑上》)。这种气要用正义去培养，与道义相配合，才能充塞于天地之间。而且气不是偶然的正义行为所能养成的，正义事件需要时常发生，否则对于"养气"没有任何帮助。那么"养气"有什么好处呢？孟子曰："居移气，养移体，大哉乎居！"(《孟子·尽心上》)处于人人都讲求浩然之气的环境和氛围中，人的气质也就不自觉受其影响。"既然人是从感性世界和感性世界的经验中吸取自己一切知识感觉等，那就必须这样安排周围世界，使人在其中能认识和领会真正合乎人性的东西，使他能认识到自己是人。"① 这种浩然之气可以鞭策人处理好义利关系，甚至做到舍生取义。因此，要注重优良环境对人的气质风度所产生的积极影响，营造尚志养气的良好氛围。

（四）推己及人

在中国古代传统思维看来，"天人"是互通的，"德得"是互通的，"我"与他人也是可以互通的。儒家思想中的仁要求人们设身处地地为他人着想，做到推己及人。推己及人体现了宽容体谅的道德情操，要求人有较好的共情能力。《孟子》一书中有两个例子很好地说明了这一点。例一，孟子与齐宣王讨论声色货利、寻欢作乐的事情。孟子问齐宣王是否爱好音乐，齐宣王给予肯定回答。孟子接连提问："独乐乐，与人乐乐，孰乐？""与少乐乐，与众乐乐，孰乐？"（《孟子·梁惠王下》）最后孟子推导出"与民同乐"才是最终归宿。孟子认为，齐宣王好乐就应该让全国百姓都感受到这种快乐，好色就应该全国男女都得其良配，好货就应该让天下人都能进行正常的物质生产活动。所谓"己欲立则立人，己欲达则达人"（《论语·雍也》）便是如此。例二，孟子与弟子万章讨论伊尹"割烹要汤"的故事。据说，"昔伊尹为莘氏女师仆，亲为庖人，汤得而举之"（《墨子·尚贤篇》）。伊尹是商周初期著名的丞相，在当丞相之前，他是一名庖人，即厨师。有人质疑伊尹，认为他"做了厨子切肉做菜，以便向汤有所求"②。孟子为其正名，评价伊尹有着强烈的道德责任感，绝不会做不合道义之事。伊尹甚至认为如果自己没有将尧舜之道的惠泽推广至他人，那么就像是亲手把他推进了深渊一样。孟子总结道："推恩足以保四海，不推恩无以保妻子。古之人所以大过人者，无他焉，善推其所为而已矣。"（《孟子·梁惠王

---

① 中共中央马克思恩格斯列宁斯大林著作编译局. 马克思恩格斯全集：第2卷［M］. 北京：人民出版社，2005：166-167.

② 杨伯峻. 孟子译注［M］. 北京：中华书局，2018：248.

上》）古代圣贤的道德境界远超于常人，不过是因为善于推行他们好的行为罢了。因此，为人处世要有一颗向善的心，用推己及人之心温暖他人，也能够实现自己的生命价值。

孟子不仅主张推己及人，还将其延伸至自然社会，提出要推人及物。孟子曰："亲亲而仁民，仁民而爱物。"（《孟子·尽心上》）君子亲近自己的亲人，由此也想到要仁爱自己的百姓，进而意识到要爱惜天下万物。作为道德教育方法的"推己及人"是适用于人类社会的换位思考，而放眼于整个自然界，"推人及物"也显得尤为重要。"亲亲仁民"是推己及人的表现，"仁民爱物"是推人及物的运用，可见孟子有着博大的胸襟。除此之外，孟子还主张将"不忍之心"推及自然万物。他说路人有"不忍之心"，自然会同情掉落井中的孩童；齐宣王有"不忍之心"，所以推恩于禽兽，这才有了"以羊易牛"的故事。

（五）反求诸己

反求诸己是一种深刻地自我反思和自我检讨方法，通过自我审视，人们可以发现自身的不足和错误，并努力改正，不断完善自我。孟子多处提到反求诸己，它是对孔子道德教育内省法的借鉴与继承。孟子认为人要时常反省，欲求仁成人，须反求诸己，多从自己身上找原因，这有利于恢复那些被遮蔽的良知和良能，找回自己的道德本心。众所周知，道德修养的高低必须见诸行动，通过道德行为来检验。当人的道德行为没有取得预期的成果时，不妨停下脚步来进行自我反思。正如孟子曰："反身而诚，乐莫大焉；强恕而行，求仁莫近焉。"（《孟子·尽心上》）没有什么比听从自己的道德本心更快乐的了，也没有比按恕道为人处世而更接近仁德的了。孟子认为，只有反身而诚，听从自己的道德本心，才能得到无比的快乐；只有强恕而行，按恕道为人处世，才能更接近仁德。孟子还喜欢用射箭做比喻，他提出仁者如射，"射者正己而后发；

发而不中，不怨胜己者，反求诸己而已矣。"（《孟子·公孙丑上》）射箭与学习仁义的道理是一样的，射箭要先端正自己的姿态，学仁也是如此。如果没有学到仁义道德，那么就要及时反省。同样地，当我爱他人而他人并不亲近我时，就要用仁德的标准反省自己是否做得不够好；当教师没有教育好学生，就要反省自己的教育方法是否合适；当自认为尊敬别人却没有获得他人的尊重时，就要反省自己是否哪里还有欠缺。在人际交往中，理解和包容他人是非常重要的，只有这样才能建立良好的人际关系，达成共同的目标。反求诸己还能够帮助人们摆脱过度的自我中心，从而更好地与人交往、理解他人。总而言之，"行有不得者皆反求诸己"（《孟子·离娄上》）。当然，若扪心自问后发觉自己并没有过错，那么就可以心安理得地做自己。

第四节　孟子道德教育思想的评价与启示

虽然孟子的杰出言行已经成为过去，但不可否认的是，孟子道德教育思想有着不可撼动的历史地位，其积极因素在当下仍具有理论意义和现实价值。孟子道德教育思想作为一种社会意识，是由先秦时期的社会历史条件所决定的。它是中国特定历史条件下的产物，难免有着时代的局限性，我们应当辩证对待。孟子道德教育思想从道德心理的认同、道德情感的升华、道德意志的确立等方面依次展开，成为中华优秀传统文化涵养的优秀素材，也为当代中国道德教育提供了重要启示。

一、孟子道德教育思想的历史贡献

孟子道德教育思想产生于井田制瓦解、政治环境动荡、诸子百家争鸣的社会历史条件，孕育于齐鲁悠久厚重的人文历史，发展于游说王道和传道授业的过程。虽然孟子的德治思想未能付诸实践，也没有使战国中期的社会发展进程如他所愿，但是孟子道德教育思想在一定程度上感化了中国传统社会，在丰富儒家生态道德教育思想、肯定道德人格平等、影响传统价值观念和促进社会和谐稳定等方面做出了诸多贡献，至今仍然散发着真理的光芒。

（一）丰富儒家生态道德教育思想

生态道德教育是道德教育的重要组成部分，指的是教育者依据一定社会发展要求，从人与自然的道德立场出发，引导受教育者树立全新的生态观，把人与自然的关系也纳入道德的领域，营造人与人、人与自然和谐相处的人文生态环境和自然生态环境。① 儒家十分推崇天人合德的生态观，形成了较为系统的生态道德教育思想。敬畏生命、顺应自然是儒家生态道德的核心理念，是儒家生态道德教育的重要内容，充分体现了我国古代先进的生态观，彰显了古人浓郁的生态智慧。孔子提出："智者乐水，仁者乐山。"（《论语·雍也》）孔子主张从伦理的角度来认识大自然，"高山流水"不仅将大自然的鬼斧神工展现得淋漓尽致，也象征了高洁的人品和气质，由此激发人们热爱自然、向往智慧、崇尚道德的心境。孟子作为先秦儒家的代表人物之一，其道德教育思想也有着丰富的生态伦理内涵。孟子在长期对自然、天道进行感悟和实践的基础上，酝酿出人与自然和谐相处的道德观念，进一步丰富了儒家生态道德教育思想。首先，"顺应天命"倡导不怨天、不尤人的伦理态度。据说，鲁平公本打算拜访孟子，但是由于臧仓从中作梗，鲁平公便取消了与孟子的会面。孟子得知后并未抱怨命运不公，而是将其归之于天命的自然，既不怨天也不尤人。孟子曰："吾之不遇鲁侯，天也。"（《孟子·梁惠王下》）他以天的决定作为人类社会历史活动的前提，也主

---

① 季海菊. 高校生态德育论［M］. 南京：东南大学出版社，2011：18.

张以积极向上的态度来面对天赋予的道德难题。其次,"仁民爱物"强调天地生人的生态观。历史证明,人类要体恤万物,善待自然就是善待人类自身。因此,"仁爱不仅仅是爱人,而且要爱己和爱物,三者不能分离"①。孟子将"爱民"延续到"爱物",将仁爱精神推广到自然界,不仅有利于人际间的友爱,还促进了人与自然的和谐与可持续发展,展现了博爱的道德情怀。最后,"取物以时、取物不尽"为百姓提供了日常生活的操作依据。对大自然的索取要有节制,合理利用自然资源不仅成为规范人们保护生态环境的行动指南,也遵循了按照客观规律办事的要求。综上所述,"顺应天命""仁民爱物""取物以时、取物不尽"等论述丰富了儒家生态道德教育思想的内容,也寄托了孟子对于提升人们和谐意识的愿望。人们只有采取积极的态度去保护生态环境,才能与自然和谐相处,从而合理享受大自然给予的美好生活,充实人们的道德生活。

(二)肯定道德人格平等

平等是人与人之间建立良好关系的基本前提和必要条件,也是发扬道德人格的首要原则。道德人格不外是道德理想的体现,道德理想是概括性的道德人格。孟子的道德理想是"人皆可以为尧舜",在道德教育目标上表现为成就大丈夫人格、君子人格和圣人人格。孔子也有过类似的说法,不过孔子大致将人格典范分为两类,即圣人和君子。孔子曰:"圣人,吾不得而见之矣;得见君子者,斯可矣。"(《论语·述而》)孔子认为能见到君子就很不错了,遑论圣人。孔子从来不敢以圣人自居,他说:"修己以安百姓,尧舜其犹病诸。"(《论语·雍也》)即便是尧舜这样的贤明君主都担心难以做成圣人,自己更是不敢自称圣人

---

① 杜维明. 关于传统文化创造性转化的几点思考[J]. 中央社会主义学院学报, 2019(4):101-108.

了。相较之下,孔子认为君子这一典范体现了更为现实的道德人格,它不像圣人人格那般难以企及。由此可见,孔子与孟子都将圣人视为理想人格的最高层次,不过二者又有显著差异。孔子所说的圣人是理想人格的完美化身,人们可以不断趋于圣人,却难以达到圣人的层次;孟子所言之圣人与一般人有共通之处,并不是可望而不可即的。孟子认为,现实的"我"与理想典范之间没有不可逾越的鸿沟,人应当追求动态的、积极向上的人格建设。孟子肯定人人都可以成为尧舜那样的圣人,也体现了他对人性的乐观与自信。这份道德自信蕴含着对于平等道德人格的肯定,在人人都有可能成为圣人这一点上,人与人之间并无本质的差别。同时,孟子的心性论为道德教育提供了自律的道德基础,主张人对自己、对他人进行道德认同,倡导推己及人的道德实践。孟子肯定了人作为道德主体的积极性和能动性,努力以自我的觉醒唤起每个人的觉醒,充满了道德自信与理性自觉。在中国道德教育史上,"人皆可以为尧舜"的口号在无形中凝聚成一股重要的精神力量,不断激发人们提升道德境界,其影响无疑是深远的。[①] 总的来说,人具有平等的道德人格,人人都有可能通过自身努力达到圣人境界,这不仅在一定程度上避免了人格理想的抽象化,还为人进行道德修炼提供了源源动力,展现了浓厚的人道主义色彩。

(三) 影响传统价值观念

儒家道德文化契合中国社会道德秩序维护的要求,因而成为中华文化的主体部分。孔孟所强调的道德观念早已成为中华民族的道德之魂,对中华传统价值观念的建构起不可替代的重要作用。[②] 孟子的道德教育思想是中华优秀传统文化长河中的一朵奇葩,他关于宇宙、天道、人道

[①] 杨国荣.孟子的哲学思想[M].上海:华东师范大学出版社,2021:119.
[②] 冯文全,冯碧瑛.论孟子对孔子德育思想的传承与弘扬[J].教育研究,2013,34(1):131-138.

的相关阐述影响着中华民族两千多年来的民族性格，为传统价值观念的阐发奠定了重要的文化基础和道德前提。孟子道德教育思想有着深厚的历史逻辑和人文底蕴，对传统社会的价值观念产生了深刻影响。第一，深化天人合一的宇宙观。孟子认为道德教育的归宿是完成内在超越，达到天人合一的境界，即在人伦场域中通过内在修养与自我转化使自己由凡而圣。他强调人内心的使命感与责任感是天道所赋予的，主张天道与人性合一。一方面，天道赋予人崇高无上的道德性；另一方面，人性能够发扬天道的价值，在践行天命的同时又追求德性的自我完善。第二，弘扬胸怀天下的大局观。以民为本是孟子道德教育的逻辑起点和价值旨归，体现了孟子胸怀天下、心系民生的大爱情怀。钱穆指出，中国先哲最喜言"天下"，孟子也不例外。"天下"一词内涵丰富，有使全世界人类文化融合为一、各民族和平共存、人文与自然相互调试之义。① 孟子认为以民为本是道德教育的应有之义，道德教育的目的是使人真正成为人，其道德教育思想彰显了安民的价值追求，顺应了人们对美好生活的期待，为推动中华民族价值观念的发展进步提供了价值支撑。第三，倡导亲仁善邻的道德观。孟子的道德教育思想充满现实关怀。思想也许拯救不了动荡的现实，但智慧的光辉可以照耀一个民族走向理性、走向成熟。孟子曰："老吾老，以及人之老；幼吾幼，以及人之幼。"（《孟子·梁惠王上》）其中蕴含着强烈的助人情怀，促进了中国人道德情愫的萌发，影响了无数人亲仁善邻的价值观念。总而言之，孟子的磅礴气派、宏大人格以及他所阐述的道德教育思想潜在地感染了中华民族，增进了文化认同，影响着中国的传统价值观念。

（四）促进社会和谐稳定

战争造成的民不聊生是孟子道德教育思想萌发的现实根源。孟子所

---

① 钱穆. 世界局势与中国文化[M]. 北京：九州出版社，2011：363.

处的时代是战国中期，当时社会动荡，国家破败，自天子到百姓几乎都没有形成一定的道德意识，也没有养成遵守道德规范的习惯。孟子深深担忧着社会和百姓的未来，于是他积极展开"义利之辩"，决心改变复杂动荡的社会环境。孟子没有对利采取简单排斥的态度，而是将人所追求的利置于较低位置。在他看来，义利观教育应当把握其核心内容——"崇义兼利，以义为先"，做到在维护义的基础上满足对利的需求，深化了义利观教育的内容。余英时说："在西方和其他文化中，只有出世的宗教家才讲究修养，一般俗世的知识分子从没有注意及此的。中国知识分子入世而重精神修养是一个极显著的文化特色。"[①] 孟子极其注重个人的道德修养，他所阐释的"义利""仁义"等思想是优秀知识分子的重要道德依据，也为中华民族长久以来的和平与统一奠定了良好的道德心理基础。孟子依据自身崇高的道德觉悟，在孔子论仁的基础上深化了义的含义。首先，义与利有着重要性区分，"以义为先"体现了义的重要性大于利。孟子多次提到仁义，讲仁义就是以道德规范作为调节利益关系的准则。一般情况下，义总是处于利之上。一旦生活在国家中的人都普遍地确立了道德意识，以仁义为道德准则，那么上下逐利而导致的社会冲突将得到有效缓解。其次，"以义为先"的义利观教育承认了义利同时存在的可能性，体现了道德在维护社会稳定与和谐方面的作用。孟子不是盲目追求义，而是在承认利存在的合理性基础上追求义，尊重了人类社会生活的客观规律。最后，义不仅在义利关系上处于主要方面，与道德的其他方面相比，也处于较高地位。孟子曰："大人者，言不必信，行不必果，惟义所在。"（《孟子·离娄下》）有德之人，其行为只要合乎义即可，不必考虑行为的后果。乍一听，仿佛孟子全然不考虑事情的结果，难道行为最终带来的是不好的结果也不在乎吗？其实

---

① 余英时. 士与中国文化 [M]. 上海：上海人民出版社，2003：98.

不是的。因为在孟子看来，只要在过程中遵循了义，以义本身为目的，那么就不会逾越道德的界限，如此行事并无不妥。尽管孟子对义利观教育方面的思想阐发在他当时所生活的时代没有突出的效果，但长远来看，为维护传统社会稳定提供了一定保障。

二、孟子道德教育思想的时代局限

先秦儒家道德教育思想以奴隶主和封建地主阶级的道德为依据，这是不可避免的时代局限和当时道德教育的通病，孟子道德教育思想也不例外。此外，由于战国时期仍不具备孟子"以德治国"思想的实践条件，以及孟子个人对道德教育认识的偏差，使得其道德教育思想中存在心性论的唯心主义弊端、道德教育方法的理想主义色彩和过分强调道德自律而轻视道德他律等局限性。

（一）心性论有唯心主义弊端

孟子的心性论主张人性本善，其目的是证明宗法道德的合理性与个人道德修养的必要性。一方面，他认为人之性善来源于天，是人天然的道德本质，与社会历史的形成和发展无关，可以看出其客观唯心主义倾向；另一方面，他主张通过自身的内在精神力量来找回丢失了的善端，体现了主观唯心主义。可见，心性论虽然承认并肯定了人性的光辉，但孟子认为"本心""良心""良知""良能"是道德的本原，人们只需向内求索便可找到生命存在的真谛，颇有神秘主义之倾向。[1] 为了证明人的本性是善良的，孟子举了最简单的例子，也是生活中的常识。孟子曰："孩提之童，无不知爱其亲者，及其长也，无不知敬其兄也。"（《孟子·尽心上》）小孩都知道最亲近的人是自己的家人。于是孟子由小孩都懂得爱自己的亲人，推导出人天生就有不学而能的"良能"

---

[1] 冯友兰. 中国哲学史 [M]. 北京：商务印书馆，2011：142.

和不虑而知的"良知"。这一论证逻辑不仅充满漏洞,有以偏概全之嫌,而且就"良能""良知"的先天性这一论断而言,也可以看出它的唯心主义内核。孟子甚至指出,人要达到"仁义礼智"等道德标准,主要不是假于外界之手,而是依赖于人的主观方面,即人的"恻隐之心""羞恶之心""辞让之心""是非之心"。这一方式容易让人陷入道德的谜团,给人的主体性力量蒙上一层超现实色彩的迷雾。除了以上关于"心""性"的论说,《孟子》一书中关于"正人心""格君心""尽其心""知本心"等言论也是屡见不鲜,而这皆从心性论中衍生而来。例如,孟子曰:"生于其心,害于其政;发于其政,害于其事。"(《孟子·公孙丑上》)他认为心术与道德、伦理乃至政治有着极大的关系。人心正,言语就会朴实通达;人心不正,言语就会失之偏颇。人之言论皆生于其心,可见"心"的力量在孟子看来是如此之大。

(二)道德教育方法有理想主义色彩

战国中期,孟子在当时世风日下的社会环境中,迫切寻求能够调节社会矛盾和人际关系的良方,为"王道"政治提供理论素材。除了劝诫君王要施行"仁政"和践行道德,孟子还总结了一系列道德教育方法,旨在为社会每一个人提供道德修养的可能和机会。孟子基于心性论,提出了尽心知性、尚志养气、反求诸己等道德教育方法。尽心知性主要遵循的是"尽心""知性""知天"的逻辑进路,过分强调了"心"的作用,不免带有道德理想主义的色彩。养气这一方法则在一定程度上夸大了个人意志的作用,人固然拥有本质力量,但不应盲目迷信个人意志。孟子还主张凡事皆反求诸己,甚至认为人可以通过自我反省求得仁义,夸大了人的能动性和自觉性。譬如,《孟子》有一章讲述了"伊尹放太甲"的事迹。"太甲颠覆汤之典刑,伊尹放之于桐,三年,太甲悔过,自怨自艾,于桐处仁迁义,三年,以听伊尹之训己也,复归于亳。"(《孟子·万章上》)故事讲的是由于太甲破坏了汤的法律法规，伊尹便流放他至桐邑，令其悔过三年。最终结局十分美好，太甲经过三年的自我道德修养便能够做到以仁居心，唯义是从。孟子意欲援引历史典故来鼓励普通人，只要尽力做到反求内省、改过迁善，最终一定能成为至善的人。暂且不说太甲最终呈现出来的巨大改变和成长，单从这一点来看，即只靠内省是否足以让一个人找回曾经丢失的道德本心，仍然是存疑的。孟子的道德教育方法是建立在对人无比信任的基础上，坚信依靠内在的道德力量足以对道德修养的提升产生积极作用，逐步达到圣人人格的道德境界，直至创造"人皆为尧舜"的大同世界。在孟子看来，道德的力量是无与伦比的，渗透于社会生活的方方面面。孟子甚至做出了"仁人无敌于天下"(《孟子·尽心下》)的论断，表现出泛道德主义倾向。然而历史与现实昭示，孟子的远大抱负并未实现。

（三）过分强调道德自律而轻视道德他律

《孟子》一书重点论述了有关道德自律的内容，"伊尹放太甲"的故事是鲜有的关于道德他律的阐述。道德他律与道德自律相对应，道德他律既指人自身之外的道德行为准则，又指人受到外在准则约束的这一事实，表明人的道德自由和道德选择的能力是受制于外力的。[①] 孟子认为自律是自由的前提和保障，道德的尺度存在于每个人的内心，个体的道德动机和道德行为有着独特的内在源泉。孟子号召人们从"四心"出发去践行仁义，从"行仁义"上升至"由仁义行"。"行仁义"只是行为的结果符合仁义，其动机可能是善的，也可能非善。有一些人甚至以自身利益为依据来判断行事的价值，有价值便践行仁义，无价值或价值少便不践行仁义。然而，社会生活总是充斥着复杂关系，倘若没有道

---

① 罗国杰.中国伦理学百科全书（伦理学原理卷）[M].长春：吉林人民出版社，1993：198.

德他律作为外在手段，较低水平的道德自律可能会不尽如人意。马克思曾说过："道德的基础是人类精神的自律。"① 马克思当然承认道德自律的重要性，同时也不否认道德他律的正当性。社会所提出的一定道德要求规定了道德主体应该如何做，具有外在约束性，不应该被忽视。道德的自律与他律总是相互联系、相互结合的。一方面，个体道德必须是自律的，没有自律就没有提升个人道德修养的可能。例如，孟子所推崇的"仁义礼智"等道德要求的实现，需要通过个体的自律和反省来奠定基础。另一方面，这一自律过程又需要以外部的他律为依据，以确保个体道德修养的提升。无论社会发展到哪一程度，道德他律都以权威为一定表现形式，在个体自律的基础上发挥作用。总而言之，道德是主观与客观、自律与他律的统一。只有道德自律而无道德他律，其道德行为容易走向利己主义；只有道德他律而无道德自律，其道德行为将大打折扣。可惜的是，孟子过分强调了道德自律的作用，没有让道德他律得到应有的重视。

三、孟子道德教育思想的当代启示

孟子穷尽一生追求"仰不愧于天，俯不怍于人"的人格信仰，最终酝酿出系统的道德教育思想，丰富和发展了儒家道德教育思想的理论体系，为后世留下了宝贵的精神遗产。思想与行为相统一是中国传统文化的重要范畴，"思想本身根本不能实现什么东西。思想要得到实现，就要有使用实践力量的人"②。因此，要将孟子道德教育思想用于指导实践与现世生活，如此既能实现孟子道德教育思想的价值，也能从中得

---

① 中共中央马克思恩格斯列宁斯大林著作编译局. 马克思恩格斯全集：第1卷 [M]. 北京：人民出版社，1995：15.
② 中共中央马克思恩格斯列宁斯大林著作编译局. 马克思恩格斯文集：第1卷 [M]. 北京：人民出版社，2009：320.

到诸多启示。孟子在天人论、心性论和义利论基础上建立起来的道德教育思想，能够创造性地转化为可供当代道德教育借鉴的思想资源，为理想人格的建构提供理论支持，对当今家庭道德教育、学校道德教育和个人道德修养具有重要指导意义。

(一) 对家庭道德教育的启示

家庭是个体温暖的港湾，也是其道德人格塑造的"孵化园"，在人的道德成长历程中发挥着举足轻重的作用。家庭道德教育是道德教育的重要环节，指的是父母或长辈依据一定社会所提出的品德要求，对孩子有目的、有计划地实施道德影响的教育活动。孩子对于道德的感悟不是凭空就有的，而是在全体家庭成员对其进行持续恒久的道德教育中熏陶而成的。父母或长辈应当创设良好的家庭环境，深化孝悌教育的内容，加强对孩子的言传身教，不断提高家庭道德教育的实效性。

1. 创设良好环境

从孟子论"牛山之木"可以看出，他虽然否定外部环境对个体道德的决定性作用，但是也充分肯定了外部环境所具有的重要影响。家庭道德教育中，家庭环境对个体的道德影响颇深。家庭环境包括家庭的物质生活条件、家庭成员之间的关系、家庭成员的言行以及呈现出的氛围，这些都能够在无形间对家庭成员产生深刻而持久的影响。良好的家庭环境对人的道德成长无疑是十分重要的，能够引导人的道德品质和行为朝着积极的方向发展，可以从以下几个方面着手。首先，要创设理想的学习环境。稳定而理想的学习环境是教育的基础条件，也是道德教育得以顺利进行的必然要求。"孟母三迁"的故事启示我们要意识到客观环境的优劣对于青少年学习和成才具有重要作用，因而要尽力创设理想的学习环境。其次，要营造温馨的成长氛围。父母对孩子的道德教育奠定了孩子初步的道德观念，影响其世界观、人生观和价值观的形成。由于不可抗因素，孟子幼年缺失了父亲的教育，但是孟母完全承担起了对孟子的教育任务，不仅加强了对孟子的知识教育，也没有忽视道德教育。当前我国已经进入新时代这一新的历史方位，小康社会已然建成，在物质需求得到满足的同时，需要进一步加强对精神生活的追求。但是有些家庭仍然存在一些不良现象，如父母重视对孩子进行智育、美育却忽视德育、体育，抑或父母某一方对孩子道德教育的缺位。殊不知在孩子的成长过程中，父母扮演着极其重要的角色，营造温馨的成长氛围需要每一位家庭成员的合力，自觉承担起对孩子的道德教育责任。最后，要发挥向善的家风力量。家风作为一种精神传承，具有强大的感染力，也可以通过一定手段转化为物质力量。这种力量体现在，长时间储存的道德观念经过世代相传的传承，对家庭成员产生支配其思维模式和行为方式的力量。传承优良家风，发挥向善力量是推进家庭道德教育的有力举措，需要每一代家庭成员为之努力。

2. 深化孝悌教育

不忘本来，才能开创未来。中华优秀传统文化有着深厚的育人资源，家庭道德教育应当深入挖掘其中的道德意蕴，推进孝悌教育的深入发展。孝悌教育，即教育人要孝敬父母和敬爱兄长。孟子主张创办各级学校，用孝悌的大道理来对人进行道德教育。事实上，孝悌教育并不只是学校道德教育应当承担的任务，作为孩子的第一任老师，父母或长辈更应该从小对孩子进行孝悌教育。当前，深化孝悌教育成为社会精神文明发展的时代要求。孝悌教育是家庭道德教育不可或缺的一部分，旨在建立良好的家庭关系，营造和谐的家庭氛围。新时代背景下深化孝悌教育，不仅有利于帮助孩子形成基本的礼仪规范，还有助于促成孩子道德人格的健全，推动和谐社会的进程，向着全面建成社会主义现代化强国的目标进军。新时代孝悌教育与传统孝悌教育略有不同，新时代的孝悌教育强调在民主平等的基础上做到父子有亲、长幼有序。首先，通过识字和阅读故事、古典等渗透孝悌教育。孝悌教育可以知识教育为依托,在识字、朗诵、阅读孝悌故事的基础上,初步习得关于孝悌的基本规范,培养对优秀传统文化的学习兴趣。其次,结合新时代的道德要求来进行孝悌教育。传统的孝道要求晚辈无条件服从长辈,虽然在当时对传统社会人伦关系的稳定与发展起到一定作用,但是当今已无法适应社会的发展,应予以取缔。新时代孝悌教育与社会主义核心价值观中的民主、文明、和谐、平等、诚信、友善等价值观相适应,"要求晚辈对待长辈应尊敬礼貌、不愚孝、不盲从"①。最后,寓孝悌教育于养成教育之中。孝亲敬老并不是嘴上说说而已,而是要付诸具体实践。每个人都应该在日常生活中践行孝悌礼仪,最终达到内心敬重与外在礼仪的统一。综上,孝悌教育作为践行社会主义核心价值观的基本方式,在促进人的人格发展中起到重要作用,应当在家庭道德教育中得到足够的重视。

3. 加强言传身教

孟子认为道德教育不是单纯的说教或强制性的灌输,其精髓在于榜样示范和人格感染,故而将道德教育看作"先知觉后知,先觉觉后觉"的示范过程。孩子作为"后知",最先接触的"先知"便是自己的父母或长辈。家长的道德人格是影响施教效果的核心因素,每一位家长,尤其是父母的言行对孩子的人格形成和塑造起着巨大的潜移默化的作用。习近平总书记强调:"家长要时时处处给孩子做榜样,用正确行动、正确思想、正确方法教育引导孩子。要善于从点滴小事中教会孩子欣赏真善美、远离假丑恶。要注意观察孩子的思想动态和行为变化,随时做好教育引导工作。"②"三个要"的重要表述给予了父母或长辈对孩子进

---

① 张明丹. 新时代的孝悌教育:内涵、价值与实践 [J]. 陕西学前师范学院学报, 2019, 35 (4): 39-43.
② 习近平. 习近平谈治国理政 [M]. 北京:外文出版社, 2014: 184.

行家庭道德教育的理论遵循，为其提供了可行的实施思路。简单来说，可以从言传和身教两方面入手：一方面，言传重在传承优良家风。不论是本家族的家风家训，还是中华民族悠久历史发展过程中孕育而生的其他优秀家风，都蕴含着厚重的文化积淀和精神力量，都能够在一定程度上浸润人的道德心理。另一方面，身教重在教授道德规范。父母或长辈在对孩子进行道德教育之前，必须要加强自身的道德修养，以便在孩子身边树立好身边的道德榜样，以生动具体的、看得见摸得着的、身体力行的方式来实施道德教育。正如洛克所言："后生是可畏的。你不愿意他去仿效的事，你自己便绝不能在他的面前做。"[①] 在家庭道德教育中，言论与身教缺一不可，二者相结合往往能够取得更好的教育效果，孟子的成长轨迹也说明了这一点。"断机教子"虽然讲的是孟母教育孟子用心学习，但也从侧面反映出孟母以身作则的教育态度，对当今时代的家庭道德教育仍有启发。"杀豚不欺"则为我们提供了家庭道德教育中言传身教的直接范例。总之，言传与身教相得益彰，不可厚此薄彼。

(二) 对学校道德教育的启示

学校担负着立德树人的根本任务，发挥着教授学生知识、培养学生品德的主阵地作用。学校道德教育是培养学生形成正确的世界观、人生观和价值观的重要手段，指的是"按照一定社会的道德原则和道德规范，根据学生身心发展的规律，有目的、有计划、有组织地对青少年一代进行的思想品德教育活动"[②]。相较于家庭道德教育而言，学校道德教育的内容更为系统化、组织化，方法也更为多样化。学校道德教育应注重学生道德教育主体性的发挥，倡导教师凭借仁爱之心，善用道德教育方法，致力于培养一代又一代人格健全的好青年。

[①] 约翰·洛克. 教育漫话 [M]. 傅任敢译, 北京: 教育科学出版社, 2014: 184.
[②] 罗国杰. 中国伦理学百科全书 (伦理学原理卷) [M]. 长春: 吉林人民出版社, 1993: 362.

1. 强化人本教育理念

儒家传统文化十分注重人的价值,关注人的道德心理,其中的"仁"体现了人本理念。道德教育的对象是人,其终极目的也在于成"人"。孟子很好地贯彻了这一理念,在道德教育实践中渗透民本思想,倡导以民为本的道德教育。"以民为本"置于当代语境中,也就是"以人为本"。人本教育理念是素质教育下的时代要求,它突出强调了学生的主体地位,强调人的个性张扬与价值实现。道德教育哲学表明,人既是道德教育的目的,也是道德教育的归宿。"那些不运用哲学去思考问题的教育工作者必然是肤浅的。一个肤浅的教育工作者,可能是好的教育工作者,也可能是坏的教育工作者——但是好也好得有限,而坏则每况愈下。"① 因此,要将道德教育的哲学运用于校园教育工作的具体实际。在当前社会多元文化思想喷涌而出的时代,学校道德教育应当借鉴这一理念,促使培养工具人向培养素质人的教育转变。坚持人本教育是实现教育者与受教育者双向平等互动的基础,也是提升学校道德教育实效性的前提。在学校道德教育方面,人本教育理念体现在建设和谐校园、树立道德楷模、开展道德文化活动、加强现实人文关怀等方面。首先,要建设和谐校园,倡导平等沟通,在尊重道德内化规律性和学生主体性、能动性的基础上实现师生平等道德对话。其次,要顺应学生的本性,遵循学生成长成才的内在发展规律,践行"以学生为中心"的培养理念,通过学生群体的道德榜样营造良好的道德氛围。再次,要积极开展道德文化活动,提供学生交流成长心得的文化环境,培养学生分辨是非、善恶、美丑的能力。最后,要以情入理,切实关心和帮助学生解决当前遇到的道德困境,展现学校对学生群体的人文关怀。

---

① GEORGE F. KNELLER Foundations of education [M]. New York: John Wiley and Sons Inc, 1967: 138.

2. 倡导教师仁爱之心

仁爱是儒家思想的重要内容,既展现了一种博大而深邃的道德情怀,又契合当代教师群体的道德需求。早在 2014 年,习近平总书记就提出教师应当有仁爱之心,并号召全国广大教师做党和人民满意的好老师。他在同北京师范大学师生代表座谈时的讲话中强调:"做好老师,要有仁爱之心。"① 教育是一门"仁而爱人"的事业,爱是教育的灵魂,没有爱就没有教育。教师的仁爱之心体现于爱己、爱人和爱物。首先,教师要热爱自己的生活、职业和定位。孟子作为道德教育的模范先生,不仅善教,而且乐教。正是因为他热爱道德教育,并以此为乐趣,才将其一生投入广纳弟子和游说各国的路途。长期从事某一行业可能会出现职业倦怠期,教师也不例外。如何处理好当下的生活,如何看待教师这一行业,如何把握新时代背景下的教师角色定位,是每一位从教者都面临的实际问题。唯有热爱教育,才能支撑漫长职业生涯的平淡日子。其次,教师要热爱学生,将爱与尊重赋予学生。爱学生是教师一切工作的出发点和落脚点,也是教师职业道德的核心要求,要做到处处为学生着想,维护学生的应有权利。孟子对自己的学生秉持着"往者不追,来者不拒"(《孟子·尽心下》)的态度,凡是有求教于他的,他都耐心给予指导。这启示教师应一视同仁,怀着仁爱之心从事教育活动。最后,教师要热爱身边的事物,以乐观信念面对世界。孟子独特的道德教育思想中蕴含着丰富的生活认知,例如,将射箭比作教育,用"孺子将入于井"的故事用来阐发人具有道德本心等。这启示教师从周围生活事物中获得灵感和素材,进而达到道德教育的目的。教师对待世界的态度和看法能够在一定程度上影响学生的世界观、人生观、价值观。因此,教师应该以身作则,自觉地树立好道德榜样,以自己的道德观念、

---

① 习近平. 做党和人民满意的好老师 [N]. 人民日报,2014-09-10 (2).

道德情怀感染学生。

3. 善用道德教育方法

教育是一门艺术，学校道德教育应该要掌握合适的技巧，也可以借鉴一般的教育方法。如前所述，孟子的教育方法多种多样，可供道德教育借鉴的方法有引而不发、循序渐进等。教师在对学生进行道德教育时，应当在明辨学生主体间差异性的基础上，启发学生对道德的认知。除此之外，孟子认为教育者应当饱含对教育的热情与担当，引导受教育者进行触及心灵的自我教育。所谓自我教育，就是指根据一定的道德教育目标，在自我意识基础上通过内在修炼激发进取之心，进而不断促使自己养成良好道德品质的活动。在道德教育的过程中，要把教育与自我教育结合，不断引导受教育者意识到自我教育的重要性。因为"只有通过受教育者积极主动的自我教育活动，社会要求才能内化为受教育者的思想品德"①。回顾之前，我国学校道德教育的方式主要是思想道德知识的灌输和教育者的行为示范。这在很长一段时间内发挥了一定作用，但是随着社会的发展和素质教育的倡导，它存在的不足也日益显现出来。例如，忽视学生主体潜在的能动性，或忽视道德教育的主体内化过程等。当前，人们对道德教育的要求不只停留在协调和规范人的举止方面，更注重发展人的内在潜能，丰富人的精神世界，完善人的价值建构。因此，发挥自我道德教育的作用显得尤为重要。教师是连接过去和未来之间的重要环节，不仅要向学生传递前人创造的精神财富和道德力量，而且要启发、引导学生萌发新的自我道德感悟。一方面，教育者应在对受教育者原有道德水平进行评估的基础上，依据受教育者在不同阶段身心发展的规律，进行有目的、有计划、有组织的道德教育；另一方面，教育者要鼓励受教育者进行自我道德教育，不断提升受教育者的道

---

① 张耀灿，陈万柏. 思想政治教育学原理［M］. 北京：高等教育出版社，2015：225.

德境界。

(三)对个人道德修养的启示

家庭道德教育与学校道德教育在人的成长中都占据重要地位,但是二者终归是外部条件,还需要配合内部条件才能更好地发挥道德教育的作用。道德教育与其他教育相比,其特殊之处在于更需要激发主体自觉,也就是主体对自身存在、活动和责任的自我意识。因此,道德教育的关键环节是要加强个人道德修养,将外部因素与内部因素相统一,以期达成更高的道德境界。

1. 严于律己,注重自我道德修养

中国传统道德精神的核心是严于律己,要求人的行为服从理智,而不是情欲。倘若人在社会交往中服从情欲的使唤,便是放纵的体现,不仅不利于社会关系和谐发展,更无益于个体人格的塑造和培养。人的行为可能是节制的,也可能是放纵的,是否自律是判定人的行为节制与否的决定因素,也是影响人的道德水平能否得到提升的关键因素。概括而言,需要从正反两个方面加强自我道德修炼。一方面,要充分发挥主观能动性,重视自我道德修养。道德认知可以后天习得,道德修养也可以通过教育来提升。然而事实上,教育者的施教活动只是外因,需要通过影响受教育者认知系统内部各要素间的关系,从而推动其变化、发展。因此,外部作用永远不能代替受教育者的心理活动和自我教化。只有将被动的道德教育转化为主动的道德修养,最终才能实现人的全面发展,在自我教化中实现个体价值,升华道德境界。另一方面,要运用好底线思维,进行自我道德约束。不良的外界环境会对人的道德内心产生一定负面影响,即便如此,自我修养水平与道德境界的高低却不应完全归结于环境所致。当今世界不同以往,在百年未有之大变局的时代背景下,可能会出现许多鱼龙混杂的错误思潮与信息。孟子曰:"人有不为也,而后可以有为。"(《孟子·离娄下》)也就是说,懂得取舍,才能养成浩然之气;知晓分寸,方能成就经纬之才。人在现实生活中可能会遇见纷繁琐碎的选择,有的是机会,有的是陷阱。因此,我们要保持清醒的头脑,杜绝被欲望所左右。只有坚定"有所为,有所不为"的信念,牢记自己的原则和底线,人生才可能会绽放出别样光彩。总而言之,人应该在遵守各类规则的基础上,以内在的道德规范严格约束自己,重视个人道德修养,主动为社会主义社会和谐发展贡献自己的力量。

2. 以义为先,追求高尚道德生活

1993年,世界宗教会议在美国芝加哥召开,此次会议通过了《全球伦理宣言》。这一宣言以孔子的"己所不欲,勿施于人"为理论来源,回顾和反思了世界以往的各种人为灾难,指出如果没有一种全球伦理,便不会有更好的全球秩序。在21世纪的现在,《全球伦理宣言》已过去了30年之久,世界却并未走向和平与安定。在复杂变幻的全球局势下,挖掘传统文化,尤其是挖掘中华优秀传统文化的精神内核,能够为维护世界和平提供支撑,为道德生活提供遵循。影响人与人之间、国与国之间关系的最根本因素就是利益关系,具体来说就是义与利的关系。孟子的义利论较为完整地阐述了道德生活中应当遵循的义利关系,即以义为先。这一重大论断为人们道德生活的有序展开提供了可参考的依据和准则。孟子强调道义重于声色安逸,他将"义"隐喻为人行走的大路或大道,认为人行走于大路或大道之上,也就是人生命价值之所在。孟子对"义"最为生动而形象地论述,非"鱼与熊掌"和"生与死"的取舍问题莫属。孟子曰:"生,亦我所欲也,义,亦我所欲也,二者不可得兼,舍生而取义者也。"(《孟子·告子上》)孟子为了全面论述合乎道德的义利关系,提出了道德两难的问题:若保全自我生命与坚守道德原则之间产生了不可调和的矛盾,该如何对义与利进行抉择?对普通人而言,这的确让人难以决断。但是对圣贤而言,这并不令人纠结，其道德立场之坚定足以使其当即做出舍生取义的抉择。尽管孟子这一虚拟的道德两难在现实生活中并不一定会发生，但是这一难题背后隐藏的道德价值和道德选择值得我们深思。纵观中华民族几千年的历史长河，正是在孟子所倡导的"义"的道德原则感染下，才有了司马迁、范仲淹、林则徐等一大批忠贞义节者前赴后继的感人事迹。他们追求高尚的精神生活，毅然决然地将"义"置于自身利益之上。如今生活在这样一个物质生活较为丰富、科学技术十分盛行、数字革命席卷而来的时代，人们似乎更加容易为精神生活的不如意所困扰，亟待由向外寻求物质满足转为向内探求精神富足。因此，我们应当将"义"作为日常生活的行为准则，不断满足精神生活需求，提升精神生活质量。当人找寻到生存的意义，实现了自我对道德的追求后，便能够不断改造现实、超越现实，达到较为理想的境地。

3. 反省内求，培养主体道德自觉

孟子认为道德自觉是人的主体性确证和自我完善的结果，他将道德教育与天人论、心性论相结合，使他的道德教育思想充满了哲学意味。"哲学的秘密在于人，而哲学的教育功能不单是增进人们的知识和技能、影响人们的思想和品德，而是从哲学批判与反思的视角，以教育之名，行'使人称为其人'之实，并自成独特的人生境界。"[1] 在孟子所构建的人格谱系中，圣人人格为人的道德修炼提供了最高的道德目标，指引了前进方向，不断激励着人不断开发自我的本质力量，最终达到道德的彼岸。孟子认为"仁义礼智"植根于人的内心，也是人之为人的根本所在，因此道德人格的不断完善依赖于道德本心的持续扩充，一旦内心被蒙蔽，便要及时向内索求。由此看来，时常进行体察反省是十分必要的。道德自觉形成的标志是人能够在道德实践中达到知、情、意的

---

[1] 韩璞庚，吴嵩倩. 哲学的理论境界与现实观照——论哲学的教育维度[J]. 学习与探索，2016（10）：53-56.

统一。首先，"知"即道德意识，要求心存"仁义礼智"等道德规范。按照孟子的说法，"仁义礼智"是天赋予的、人生来就有的，不必向外探索。道德意识并不是外在之物，需要靠道德主体自身的体验与感悟，自主觉察到道德本心的存在。其次，"情"即道德情感，要求人在原有道德心理的基础上加深对"仁义礼智"的道德感悟。既然与情感、感悟相关，那么必然也少不了人的自我反省和体察，达到对社会要求的价值规范和高尚行为的道德认同。最后，"意"即道德意志，要求形成向善从善的道德倾向，增强道德自觉的坚定信念。如果凡事都需要外界给予支援，那么不仅对个体的心路成长无益，甚至还会害了自己。只有时常反身内求、反求诸己，才会真正使人持续而稳定地行进在正确的道路上，使善的可能变为现实。因此，人应该用"心"培养自我的道德自觉，在洞察内心和体察内省的基础上构筑崇高的道德人格。

4. 扩充四端，塑造健全道德人格

孟子道德教育有着深厚而丰富的内容，最具代表性的是"仁""义""礼""智""孝悌""人伦""恭俭"等。扩充四端，扩的是仁义礼智等道德教育内容。扩充四端应与时代发展相结合，实现中华优秀传统文化的创造性转化，相应地也应该实现传统道德教育及内容的创造性转化。道德教育内容的创造性转化依赖于生活世界，只有在现实的道德困境和价值冲突中，个体才能真正对道德教育的内容产生共鸣，留下深刻印象，为完善道德人格提供契机。"生活世界"即同人相关的所有世界，指的是个体和群体生活于其中的现实环境，它是一个开放的、动态的、多向度的人文世界。[1] 以生活世界作为道德教育的现实场域，是契合道德教育内容创造性转化的时代需要。但是在当今如此快节奏发展的社会，如何将这些道德内容创造性地转化为大众所喜闻乐见的、通俗

---

[1] 张庆熊. 熊十力的新唯识论与胡塞尔的现象学[M]. 上海：上海人民出版社，1995：119.

易懂的、易于接受的内容,需要再三思考。

一方面,要贴近新时代生活实际,构建生活化道德教育内容体系。人是生活世界中的存在,生活世界是形成道德观念的场所,所以道德教育应利用好生活世界提供的条件,贴近新时代的生活实际。道德教育的内容不应该是束之高阁的道德规范,而应该与蕴含在实际生活中的道德体验相结合,与人日常生活可能遇到的道德困境相联系。例如,通过社区劳动或义工实践,将"尊老爱幼""诚实守信""热爱劳动"等相关道德教育内容渗透进个体生活的方方面面。只有切身经历了种种道德体验,才会激发共情的产生,体会到道德的价值与魅力。另一方面,要关注个体生命和现实生活,塑造健全道德人格。道德教育绝不能限于文化传递的过程,而要致力于对人格心灵的唤醒,激发人的内在意识和潜能。同时,道德教育的内容应更多地关注个体内在需求,为陌生人社会注入"友善""开放""包容"的交往动力。除此之外,还要注重以一种尊重人之道德主体性和关爱人之道德心灵的姿态来促使自我道德教育的实现和个体道德人格的完善。总之,要通过对孟子道德教育内容的创造性转化和创新性发展,紧贴时代的要求,在充分体现孟子道德教育思想独特性、厚重感的同时,实现扩充四端,从而使中华优秀传统文化散发出新的光彩。

小结

孟子作为先秦儒家的代表人物之一,在传承先秦儒家优秀道德文化的基础上,创造性地提出了自己的道德教育思想,为启发人性思考和发展道德教育做出了杰出贡献。虽然其道德教育思想在内容及倾向上有争议之处,但其中蕴含的人文关怀与自强精神对当今家庭道德教育、学校道德教育和个人道德修养而言都具有诸多借鉴价值。

孟子道德教育思想的形成有着多方面因素。首先，艰难时势孕育出孟子对和谐社会的渴望，催化其道德教育思想的产生；其次，齐鲁文化、儒家先贤的道德教育思想以及蕴含尧舜之道的古史传说都启发了他的道德情感；最后，孟子有着不俗的家世和良好的家风，其自身较高的学养也为成就道德提供了精神养料。

孟子道德教育思想蕴含深刻的理论基础。其中，天人论主张天是道德之源，人的道德教育是遵循天命之所为，以实现"天人合一"；心性论主张人有先天的道德心理，即使道德之心被蒙蔽，也可以求其放心，寻回自己的道德本心；义利论主张义利可以共存，并且将"义"置于"利"上，凸显了道义的重要性。

孟子道德教育思想拥有完整的体系脉络。一是道德教育目标，"富贵不淫、贫贱不移、威武不屈"的大丈夫人格是最基本的道德人格；"明于庶物、察于人伦"的君子人格是较高级目标；"内圣外王"的圣人人格是最终目标。二是道德教育内容，包括"仁义""孝悌""人伦""恭俭"等。三是道德教育原则，包括"坚守内心，求其放心""以民为本，德得相通"和"善教乐学，润育相长"。四是道德教育方法，包括尽心知性、扩充四端、尚志养气、推己及人和反求诸己。

孟子道德教育思想有着诸多历史贡献，也有不可避免的时代局限。一方面，孟子道德教育思想中的"仁民爱物"丰富了儒家的生态道德教育思想，"人皆可以为尧舜"肯定了道德人格的平等性，宇宙观、大局观和道德观影响了传统价值观念的建构，对义的强调促进了社会的和谐稳定。另一方面，孟子道德教育思想存在唯心主义成分、理想主义色彩和过分强调道德自律而忽视道德他律等局限性。在新的历史条件下，社会生活纷繁复杂、变幻不定，道德乱象仍然存在，需要增强道德教育的实效性。孟子孜孜以求的天人和谐状态和崇高理想人格具有跨越时空的当代价值,对于家庭道德教育、学校道德教育和个人道德修养都有着重要启示。结合当前我国道德教育面临的情况,可以从以下几个方面着手。首先,家庭道德教育应该创设良好环境、深化孝悌教育、加强言传身教;其次,学校道德教育要强化人本教育理念、倡导教师仁爱之心、善用道德教育方法;最后,个人要主动加强道德修养,做到严于律己、以义为先、反省内求,为提高道德境界付诸不懈的努力。

本章主要以大量史料搜集与体系脉络分析为主,为孟子道德教育思想的研究提供来源和基础。孟子道德教育思想散见于《孟子》多个篇章,且文言文较为晦涩难懂,笔者可能存在理解不够彻底、归纳不够完整等问题。其实孟子所提出的道德教育思想远不止本章提到的这些内容,但是囿于篇幅和笔者学术水平的有限,只能对孟子的道德教育目标、内容、原则和方法进行简单的阐释。笔者深知本章在广度和深度上都有所欠缺,在接下来的研究中,将本着实事求是、客观辩证的态度进行更为深入的研究。

第三章

荀子道德教育思想

荀子生活在战国末期，各诸侯国间征战不休，社会道德秩序崩塌。面对礼崩乐坏的局面，荀子吸收借鉴百家学说，提出了以"礼"为核心的道德教育思想。

随着社会转型的出现、道德体系的重构，"精神返祖"现象的频繁发生，构建社会主义精神文明所面临的道德问题已然不容忽视。荀子作为儒家思想的集大成者，其道德教育思想内涵深刻，富有哲理且论证清晰，对当代道德教育具有极佳的借鉴价值。作为中华优秀道德教育思想的重要组成部分，荀子道德教育思想在吸收"百家之学"的基础上发展了自己的理论学说，他的道德教育理论体系具有鲜明的独特性，并在道德教育目标、道德教育内容和道德教育方法上提出了独到的见解。例如，在道德教育目标上，荀子将理想人格分为具有连续性的三个层次："士""君子""圣人"；在道德教育内容上，荀子关于"礼""义""孝""诚"的教育对于社会成员道德修养水平的提高有着至关重要的作用；在道德教育方法上，荀子根据长期的道德实践，总结形成了外在教化之法以及内在修养之法。

因此，研究荀子道德教育思想，挖掘其中丰富的哲学思想、人文精神、教化理念，可以为当今道德建设提供有益启发。

<<< 第三章 荀子道德教育思想

第一节 荀子道德教育思想的形成

荀子道德教育思想的形成，与其所处的时代背景息息相关。荀子道德教育思想的发展，离不开荀子的个人条件，对孔子、孟子道德教育思想以及其他学派的继承、吸收与借鉴。因此研究荀子道德教育思想的形成，应根植于其时代背景、个人条件与重要渊源三大方面。

一、荀子道德教育思想形成的时代背景

任何思想的产生都离不开一定的时代背景，受到社会时代背景中政治、经济、文化等各种因素的影响。春秋战国时期是中国历史上的一个大变革时代，是思想交汇的时代，是向封建中央集权过渡的关键转折点。思想家们在大变革时代的背景下，反思这个变革中的社会，思考关于社会发展、个体道德教育等一些重大问题。荀子道德教育思想在这个伟大的变革中产生，但是更加关注现实，体现了战国末期大变革时代的特性。

（一）礼崩乐坏的社会现状

战国末期，随着铁质农具和牛耕的出现，农业生产水平的提高，生产力的发展，必然导致旧的生产关系的逐步瓦解，新的生产关系以及新的社会阶层逐渐兴起。一方面，周王室的地位逐渐衰微，周王室对诸侯国的层层分封的等级制度逐渐瓦解，另一方面，诸侯国等不同等级和阶层的崛起，必然要在政治制度上有所变革。《史记》记载："管、蔡、武夷等率淮夷而反。"[1] 此时西周所构建的等级制度名存实亡，所构建

---

[1] 司马迁. 史记 [M]. 长沙：岳麓书社，2012：496.

的天下共主的社会逐步瓦解，诸侯国势力增长，兼并与战争成为时代的主题。

社会失序状态从春秋开始，到战国时期愈演愈烈，西汉刘向在《战国策书录》中阐述道："仲尼既没之后，田氏取齐，六卿分晋，道德大废，上下失序。……晚世益甚，万乘之国七，千乘之国五，敌侔争权，盖为战国。贪饕无耻，竞进无厌；国异政教，各自制断；上无天子，下无方伯；力功争强，胜者为右；兵革不休，诈伪并起。"① 各国之间互相争夺权力，发展军事，战争不断。各诸侯国之间政治制度各不相同并各自割据，形成了一种"上无天子、下无方伯"的政治格局。可以看出，战国末期，用道德、礼义廉耻作为约束力的社会已完全失序，背信弃义、四处伪诈的恶劣社会环境已占上风。如何维持良好的社会秩序是摆在思想家面前的时代课题。在这个崇尚武力争夺强权的时代，荀子看到了孔子所提出的"仁"已经不能维持社会秩序，其只具有理想性而不具有现实性。战国末期的现状是：西周礼乐制度不复存在，僭越事件不断发生。在这一背景下，荀子道德教育思想更加关注现实环境，因为他看到单纯地依靠道德自觉无法形成一个合理的社会，形成和维护良好的社会秩序单纯靠道德自觉也是不够的，必须突出强调"礼""法"制度层面上的约束，因此他提出礼法并用的主张。

（二）百家争鸣的思想环境

春秋战国时期，出现了中国古代史上的思想大解放——百家争鸣。思想大交汇下，诸子奔走在各国之间，对社会问题进行反思，提出各自的政治主张以及方案，试图用各自的理念来维持社会的良好秩序。为什么会出现百家争鸣？社会存在决定社会意识。百家争鸣的出现反映了春秋战国时期社会的客观现实。战国时期礼崩乐坏，各个诸侯国各自发展

---

① 刘向. 战国策[M]. 上海：上海古籍出版社，1998：1196.

本国经济,力求在诸侯争霸中兼并他国,社会处于动荡之中,各阶层矛盾不断地激化。战国七雄并存的时代,由西周建立的封建宗法制度被破坏,多元政治格局构建,为思想和学术的发展提供了前所未有的自由和民主的氛围。[1] 此时新的阶级在原有的政治制度中被解放出来,游走在各国之间,成为百家争鸣的文化主体。

百家争鸣经历了三个阶段,由最初的"道术将为天下裂"到"诸子各执一端",最后到"殊途同归"。在"道术将为天下裂"阶段,"诸子之奋起,由于道术既裂,而各以聪明才力所偏,每有得于大道之一端,而隧欲以之易一天下"。[2] 可以发现在这个阶段,儒家、墨家、法家、道家各个学派不断地分化,各学派的代表人物表达自己对社会发展的意见,异彩纷呈,各学派为争夺正统地位相互攻击和责难。冯友兰称:"上古时代哲学发达,由于当时思想言论之自由,而其思想言论之所以能自由,就因为当时为一大解放时代,一大过渡时代也。"[3] 可见,诸子各学派学说持不同的社会主张,思想解放达到高峰。在"诸子各执一端"阶段,战国后期,诸子各学说体系较成熟。当时受到秦国重用的是法家,法家代表人物商鞅提倡:"故明主慎制,言不中法者,不听也;行不中法者,不高也;事不中法者,不为也。"(《商君书·君臣》)法家希望"重法"来谋求国家富强,事事依靠法律来保障。言论不符合法律的,不要去轻易听信;行为不合法的,不高明不长久;做事业不合法的,必不成事不可为。在战国后期,与法家相比,儒家所提倡的"仁义学说"很难被统治者采纳。墨家所提倡的"兼爱非攻"和道家所提倡的"至德之世",即人与人之间要相爱的主张和人与自然、人与人之间和谐相处的主张同样被统治者所忽视。这是由当时的社会背

---

[1] 吕文郁.春秋战国文化志[M].上海:上海人民出版社,1998:43.
[2] 章学诚.文史通义[M].北京:中华书局,2004:171.
[3] 冯友兰.中国哲学史[M].上海:华东师范大学出版社,2000:23.

景所决定的,在战国七雄相互争夺霸权地位的社会背景下,统治者想在较短时间内实现国家的富强,自然倾向选择以刑法的方式来治理国家。在"殊途同归"阶段,诸子之间各学派相互交流,相互争斗的趋势日益减少,逐渐走向交汇,吸收与借鉴其他学派思想丰富自己的学说。"各家各派都在坚持自身学说的基础上,批判百家而又兼容百家,相争又相融,吸收别家学说来丰富自己的理论,使之对社会发展更有发言权。"[1]也正基于此,荀子有选择性地继承了儒家、道家、法家的道德教育思想,在诸子各学派学说的影响下形成了自己独特的道德教育思想。

二、荀子道德教育思想形成的个人条件

据钱穆先生《先秦诸子系年》中的考订:"荀卿在齐殊久""前后可得二十许年",晚年又在楚国受到春申君的推崇和赏识,可知荀子人生大部分时间在各国游学,在此期间的经历,对荀子道德教育思想产生了重大影响。

(一) 游学经历

荀子自幼聪明好学,曾经在家乡学习《诗经》《尚书》等经典文献,并广泛阅读各种书籍,对于各种学问都有所涉猎。后来,荀子离开家乡开始了漫长的游学之路。荀子先后游历了齐、楚、秦、赵、燕、韩等地,广交朋友,参观名胜古迹,向各地的名士请教学问。荀子在游学经历中,亲身目睹了社会现实的残酷和人性的丑恶,加深了他对于道德教育的重视和反对私欲、贪婪、权力欲的认识。在此期间,荀子受到了不同学派的影响,如儒家、道家、墨家、法家等,他分析批判各学派的学说体系,吸收借鉴各家学派的学术思想。这些思想相互作用、相互促

---

[1] 陈荣庆. 荀子与战国学术思潮[M]. 北京:中国社会科学出版社,2012:19-20.

进，为其学术体系的建立提供了丰富的理论基础，最终形成了荀子独特的道德教育思想。

（二）从政感悟

荀子"先后到过齐、秦、赵、楚诸国"[①]。齐襄王时，荀子曾在齐国稷下讲学，三为祭酒（学宫之长）。在秦国，荀子曾游说秦昭王及秦相范雎；至赵国，荀子曾与临武君议兵于赵孝成王前，但秦、赵二国俱不能用。及游楚国，楚相春申君黄歇任之为兰陵（今山东省枣庄市）令。在其从政期间，儒家学说得不到统治者的重用。在特殊的时代形势下儒家所提倡的仁义学说，不适应时代的发展需求，荀子作为儒家思想的代表人物，不得不在混乱的社会现实中思考，对儒家学说进行深入的反思，要重新思考如何构建新的道德秩序社会秩序。荀子吸收诸子百家的思想对儒家思想进行重新地审视和继承，对儒家思想进行一个时代性的发挥与改造，在诸子学派中重建儒家的道德教育思想体系。

综上所述，荀子道德教育思想形成的个人条件，包括游学经历和从政感悟，这些条件相互作用、相互促进，形成了荀子独特的道德教育思想。

三、荀子道德教育思想的重要渊源

百家争鸣的学术氛围影响了荀子道德教育思想的形成。荀子道德教育思想主要在吸收与借鉴儒家、墨家、道家、法家道德教育思想的基础上形成。

（一）孔子、孟子道德教育思想

荀子作为儒家学派的代表人物，其道德教育思想体系离不开对儒家道德教育思想的继承与批判。荀子继承孔子"礼"的思想，进行外向

[①] 王先谦. 荀子集解［M］. 北京：中华书局，2012：1.

性发展，批判孟子"性善论"思想，强调"天之就"的性没有善恶之分。

1. 继承孔子的道德教育思想

荀子是战国末期人士，孔子是春秋人士，年代跨度相隔久远。虽在相关文献中没有明显记载孔子与荀子的师承关系，但从荀子著作中可以找到其与孔子的思想渊源。在《荀子》一文中出现孔子的称呼多达82次，例如，《荀子·王霸》中"仲尼无置锥之地，诚义乎志意，加义乎身行，著之言语，济之日，不隐乎天下，名垂乎后世"[①]。

"仁"与"礼"在孔子的道德教育体系中占据着重要的地位。孔子十分注重道德教育，孔子的道德教育目标是培养有德才的君子，有德才的可称为君子。在道德教育的内容上，孔子提出了"仁"，君子要具备"仁德"的特质。"仁德"在道德教育的具体条目中可以体现为"孝、礼、忠、信"等。在道德教育的方法上，孔子提倡"君子克己"，通过约束和克制自己的言行，使之合乎"仁""礼"的规范。可以看出，孔子的"礼"是实现道德教育的一种规范和标准，是内心道德的约束，是一种自觉的内心德行修养。

荀子推崇孔子的道德教育思想并继承其中的"仁"与"礼"部分。荀子曰："君子养心莫善于诚，致诚则无他事矣，唯仁之为守，唯义之为行。"（《荀子·不苟》）[②] 从中可以看出，荀子十分推崇"仁"，继承孔子"仁"的道德教育思想，培养社会成员成为有仁义的君子。但荀子认为实现"仁"的方式——"礼"，并不是孔子所认为的内心道德的约束，而是外在制度的约束。荀子将孔子实现"仁"的方式进行外向性的拓展。荀子强调："礼者，法之大分、类之纲纪也，故学至乎礼

[①] 王先谦. 荀子集解 [M]. 北京：中华书局，2012：201.
[②] 王先谦. 荀子集解 [M]. 北京：中华书局，2012：37.

而止矣。夫是之谓道德之极。"①（《荀子·劝学》）"礼"在荀子的眼中具有了制度的色彩，有了法的特性。荀子所强调实现道德教育的方式是依靠外在"礼"的约束，从而实现维持社会秩序的稳定。总之，荀子道德教育思想继承孔子"仁""礼"的观点，并将孔子对内在道德的约束——"礼"进行外在性的拓展。

2. 批判孟子的道德教育思想

儒学在孔子之后，出现了许多派别。韩非子在《显学》中这样说，"自孔子之死也，有子张之儒，有子思之儒，有颜氏之儒，有孟氏之儒，有漆雕氏之儒，有仲良氏之儒，有孙氏之儒，有乐正氏之儒"。"孟氏之儒"——孟子，他的道德教育基础是"性善论"，其认为社会成员先天就具有仁、义、礼、智四个善端，人的道德品质是与生俱来的。因此，在道德教育方法上主张存心养性，通过启发善端来提升社会成员的道德修养水平。

对于孟子的"性善论"，荀子在性恶篇中对其进行了犀利的批判，如："今孟子曰：'人之性善'，无辨合符验。"②（《荀子·性恶》）荀子认为孟子的"性善论"无辨合符验，如果社会成员性善，那么圣王的存在以及圣王制定的礼仪法度就没有任何意义了。因此，在荀子的道德教育理念上，"天之就"的性是没有善恶之分，是人的自然属性，不存在仁、义、礼、智等道德因子。当"天之就"的性被人的欲望所蒙蔽时，就要通过后天的道德教育来约束人的欲望，最终达到"化性起伪"，由恶转化为善。

（二）墨家、道家道德教育思想

荀子批判墨家的"兼爱"学说同时在道德教育上吸收墨家道德教

---

① 王先谦. 荀子集解［M］. 北京：中华书局，2012：11.
② 王先谦. 荀子集解［M］. 北京：中华书局，2012：420.

育思想，荀子对道家的思想在批判的同时，又积极地吸取了道家的合理成分，将道家的"虚静"思想转化为道德修养功夫。

1. 墨子的道德教育思想

墨子有着强烈的社会责任感，在宗法制瓦解、土地兼并、战争频繁、动乱不安的社会背景下，墨子希望通过"兼相爱，交相利"的道德教育培养"厚乎德行"的兼士、"以行为本"的贤士来建立无等级差别的社会道德秩序。此外，墨子十分提倡节俭之德，大力宣扬"节用""非乐"等道德思想。在《墨子·辞过》中提出"俭节则昌，淫佚则亡"，意思是节俭就会兴盛，奢靡就会灭亡。在道德教育方法上，墨子提出"素丝说"，认为素丝放进不同的染料就会变成不同的颜色。这与人的道德成长是相似的，社会成员在后天不同的道德环境影响下，其道德水平、思想觉悟会有差别。

墨子的道德教育思想对荀子道德教育思想产生了一定的影响，荀子认同在道德教育领域要选取贤能、任用贤能，以培养"圣人"为道德教育目标来治理国家。同时，荀子的道德教育思想吸收墨子提倡的"素丝说"，例如，荀子劝学篇中提出"玉在山而草木搁，渊生珠而崖不枯""蓬生麻中，不扶而直"。[①]（《荀子·劝学》）荀子用植物受到环境的影响来比喻作为社会成员的人，其道德必定会受到后天环境的影响。然而，对于墨子所宣扬的"兼爱""节用""非乐"等道德教育思想，荀子则是鲜明地予以批判。荀子曰："分均则不偏，势齐则不一，众齐则不使。有天有地而上下有差，明王始立而处国有制。"[②]（《荀子·王制》）荀子认为社会和谐的道德秩序必须建立在"等差之爱""礼义"的基础之上。"兼爱"并不能解决社会当中之间的道德矛盾，礼义规定了人与人的等级差别，荀子认为"礼"可以养天下之本，使

[①] 王先谦. 荀子集解 [M]. 北京：中华书局，2012：5.
[②] 王先谦. 荀子集解 [M]. 北京：中华书局，2012：147.

社会成员之间达到一种和谐的状态。此外，墨子十分关注百姓的现实生活，主张"非乐"，提倡"节俭"。对此，荀子提出批判："故乐者，治人之盛者也，而墨子非之。且乐也者，和之不可变者也。"①（《荀子·乐论》）荀子认为，"乐"在道德领域起到了一个情感调和作用，与"礼"具有相互补充的作用，"礼"与"乐"可以共同规范协调社会的道德教育。

2. 道家的道德教育思想

在诸侯国争霸的战国末期，道家学派主张"无为而治"。道家学派主张的顺应自然，在道德上体现为追求"至人无己"的精神境界，即追求内心的超脱。道家在道德教育的内容上主张"绝仁弃义"。在道家看来，儒家学派提倡的"仁""义""礼""信"等道德教育规范仅仅只具备道德教育之名，违背人的本性。因此，道家在道德教育方法上提出了"虚静"概念，强调心要在"虚""静"的状态下，其道德境界才可提高。

荀子批判道家道德教育的内容中的"绝仁弃义"，把道家的"无为而治"回归到了人本身，关注现实的社会道德，积极为社会道德秩序出谋划策，更侧重"人道"。但是，荀子吸收了道家"虚静"的道德教育方法。荀子认为，每个人都会受到"人之欲"的影响，人的欲望是邪恶的，当"天之就的'人之性'"与客观对象相接触时，会产生"人之欲"。"人之欲"会影响社会成员做出错误的道德判断，衍生出错误的道德行为，使社会秩序混乱不堪。只有"心"达到"虚静"的状态才能够解蔽，让"心"去领悟"道"，发挥"心"的功能使社会成员的道德修养向上提升。

---

① 王先谦. 荀子集解［M］. 北京：中华书局，2012：368.

（三）法家道德教育思想

战国末期，荀子游历各国，特别是荀子进入齐国、秦国游学期间，受到了管仲学派法学思想的影响。

1. 吸收法家"重法"思想，对法之效力的重视

战国末期，正是奴隶社会向封建中央集权制度过渡的时期，各诸侯国为争夺霸权展开激烈的竞争，此时以管仲学派为代表的法家思想顺应时代的要求，主张"法、术、势"，在道德教育上重视法之效力对社会成员的约束作用。

"重礼者，儒家固有之见解，而重法者，荀子随环境而变化之一种结果。"① 在孔子、孟子的学说中，法没有被单独列出来，而在荀子的学说中，法是荀子探讨的重要对象。荀子认为战国末期社会秩序崩塌，孔子、孟子学说提倡的心性修养难以被各国君主所重视。在当时的社会背景下，荀子游历各国，特别是在游历齐国期间，接触到以管仲学派为代表的法家思想，发现了法之效力。法作为一种外在制度，可以约束社会成员。荀子认识到，仅仅依靠道德的心性修养，在当时社会秩序崩塌的背景下难以实现社会的道德教育。

2. 保持自身的儒家立场，礼法并用，礼是根本

秦国之法是一种"霸"，只依靠武力的强势，而没有真正"王"。荀子曰："佚而治，约而详，不烦而功，治之至也，秦类之矣。虽然，则有其諰矣。兼是数具者而尽有之，然而县之以王者之功名，则倜倜然其不及远矣。是何也？则其殆无儒邪！"② (《荀子·强国》) 此处荀子认为秦国只强调对社会成员的法制，达到了对社会成员的强制约束，而无"儒者""礼""仁义"的道德教化，最终必会导致国家灭亡。因此，

---

① 陈登元. 荀子哲学 [M]. 上海：商务印书馆，1928：127.
② 王先谦. 荀子集解 [M]. 北京：中华书局，2012：285.

荀子对礼法关系进行了进一步的思考。荀子的道德教育思想建立在礼本位上，始终坚持儒家立场。荀子将孔子的道德规范"礼"进行外在性发展，主张"礼"是根本，"法"是由"礼"产生的外在规范。荀子曰："国家无礼则不宁。"①（《荀子·修身》）"凝士以礼，凝民以政。"②（《荀子·议兵》）"彼贵我名声，美我德行，欲为我民，故辟门除涂以迎吾入。因其民，袭其处，而百姓皆安，立法施令莫不顺比。"③（《荀子·议兵》）可以看出，在荀子的道德教育思想——"隆礼重法"当中，其更为提倡"隆礼"思想，强调国家实行"仁义"，用道德教育之"礼"作为根本，国家社会百姓皆安宁。

第二节 荀子道德教育思想的体系

任何思想都具有一个完整的结构体系。荀子道德教育思想体系包括道德教育的依据、道德教育的目标、道德教育的内容、道德教育的方法。荀子道德教育思想体系的内容十分丰富、结构完整，而且逻辑严密。

一、荀子道德教育的依据

综观荀子道德教育思想，可以发现荀子道德教育的出发点和逻辑起点建立在人之性、人之欲、人之群、人之心的基础之上，并由此说明荀子道德教育何以必要和何以可能，为道德教育的目标、内容、方法提供了原则性的指导。人之性是荀子道德教育的主要理论基础；人之欲是荀

---

① 王先谦．荀子集解［M］．北京：中华书局，2012：25.
② 王先谦．荀子集解［M］．北京：中华书局，2012：266.
③ 王先谦．荀子集解［M］．北京：中华书局，2012：267.

子道德教育的必要依据；人之群是荀子道德教育的重要依据；人之心是荀子道德教育可能的依据。

(一) 人之性：荀子道德教育的主要理论依据

人性论是荀子道德教育的出发点，道德教育的目标、内容、方法皆以此为基础。荀子认为："散名之在人者：生知所以然者谓之性。性之和所生，精合感应，不事而自然谓之性。"①（《荀子·正名》）这句话的意思是，人具有各种本质属性，其中生来即有的称为天性。天性是由阴阳之气相合而产生的，精神与万物相互感应，不需要人为干预，自然而然地存在于人之中，这就是本性。从中可以看出，"性"最初的含义，是指与生俱来的，未经任何加工的存在，是"性之和所生"，所以荀子提出的"性"是不带任何道德因子的，任何的道德善恶都是后天赋予的。这与孟子所说的先天拥有道德意识的"性"是不同的，孟子认为性天生就具有善端，从善端出发，可以去认知和实践道德。荀子从"性"的天然属性出发，认为"性"是与生俱来的，人的好、恶、喜、怒、哀、乐只不过是天之就的"性"与客观世界产生的反应。正如牟宗三所说："荀子所见人之性者，一眼只看到此一层，把人只视为赤裸裸之生物生理之自然生命。此动物性之自然生命，就其本身之所是而言之，亦无所为恶，直自然而已。"②所以我们可以把荀子的人性论看作"性朴论"，即人的天性是淳朴的，不分好恶。因此，荀子不承认"性"当中有礼义善端。人所具备的礼义善端皆不出于"性"，而在于"伪"，即"人为"。如果"性"不通过后天的道德教育进行加工与改造，就无法达到道德的善。《荀子·性恶》第一句"人之性恶，其善者伪也"就说明后天的道德教育对道德向善起着至关重要的作用。因此，人之性是

---

① 王先谦. 荀子集解 [M]. 北京：中华书局, 2012.
② 牟宗三. 名家与荀子 [M]. 长春：吉林出版集团有限责任公司, 2010：150.

荀子道德教育的主要理论依据。

(二) 人之欲：荀子道德教育的必要依据

要深入了解荀子的人性论，就要分析荀子对"性""情""欲"关系之间的阐述。荀子在正名篇强调，"性者，天之就也；情者，性之质也；欲者，情之应也"。①（《荀子·正名》）从中我们可以看出，"性"与"情"密不可分，"性之好、恶、喜、怒、哀、乐谓之情。"②（《荀子·正名》）人的本性有好、恶、喜、怒、哀、乐叫作感情，这就说明了人的感情是"人之性"的状态或者载体。又如"若夫目好色，耳好听，口好味，心好利，骨体肤理好愉佚，是皆生于人之情性者也，感而自然，不待事而后生之者也""夫好利而欲得者，此人之情性也"③（《荀子·性恶》），这表明眼睛喜爱美色，耳朵喜爱音乐，嘴巴喜爱美味，内心喜爱私利，身体喜欢愉快安逸等都是产生于人的情性，不依靠人为产生。由此可见，性与情合二为一，"没有性，情无所出，没有情，性无由见"④，性情并存，是一种先天的状态。但是，有情必然会有欲望。"凡人有所一同：饥而欲食，寒而欲暖，劳而欲息，好利而恶害，是人之所生而有也，是无待而然者也，是禹、桀之所同也。"⑤（《荀子·荣辱》）在人之性和客观世界接触的过程当中，就会有欲望。欲望不加以抑制或控制，就会导致"淫乱生而礼义文理亡焉"⑥（《荀子·性恶》）。

概言之，荀子视人性是淳朴的，需要道德教育，即后天的人为使人的本性向善提升。但是，荀子视人之欲是恶的，如果顺从欲望，任由欲

---

① 王先谦. 荀子集解 [M]. 北京：中华书局，2012：342.
② 王先谦. 荀子集解 [M]. 北京：中华书局，2012：349.
③ 王先谦. 荀子集解 [M]. 北京：中华书局，2012：431.
④ 石洪波. 论荀子的性情观 [J]. 管子学刊，2006（2）：27-32.
⑤ 王先谦. 荀子集解 [M]. 北京：中华书局，2012：56.
⑥ 王先谦. 荀子集解 [M]. 北京：中华书局，2012：433.

望的发展就会导致"争夺生而辞让亡焉"①（《荀子·性恶》）。顺从欲望，个人、社会、国家最终会因欲望的膨胀而丧失道德。因此，道德教育十分必要，要发挥道德教育对人之欲的控制作用，通过后天的道德教育将人之性控制在合理的范围之内。

（三）人之群：荀子道德教育的重要依据

荀子认为人和动物是最大的区别在于"人能群"，人是从自然界中发展起来的，但又不同于自然界的诸物种。荀子认为："水火有气而无生，草木有生而无知，禽兽有知而无义，人有气、有生、有知，亦且有义，故最为天下贵。"②（《荀子·王制》）在荀子看来，人与自然界诸物种（水火、草木、禽兽）的一个重要区别就在于人具有"义"，即具有道德性，而自然界诸物种就不具有"义"，即没有道德性。正是从"义"出发，荀子提出人与动物的根本区别在于"人能群，彼不能群。"③（《荀子·王制》）这里的"群"，即社会。"人能群"，指人能根据"义"组织成社会，以社会的形式生存和发展。"彼不能群"指动物不具有"义"，因而不能根据"义"组织成社会，不能以社会的形式生存和发展。人的"有义"与"能群"，即具有道德性和社会性，正是人与动物的根本不同。

正因为人与动物的不同，人具有独特的文化世界，说明人在社会当中具备"能群"的意识，即人在社会当中可以不断提升道德水平，向"圣人"目标看齐。这种"能群"的意识成为道德教育的重要依据。

（四）人之心：荀子道德教育可能的依据

什么能对"欲"进行节制？荀子认为是"人之心"。荀子在《性

---

① 王先谦. 荀子集解［M］. 北京：中华书局，2012：433.
② 王先谦. 荀子集解［M］. 北京：中华书局，2012：160.
③ 王先谦. 荀子集解［M］. 北京：中华书局，2012：147.

恶》篇论："人之性恶，其善者伪也。"荀子认为善良的行为是人为的。"为"字上为下心，其表示行为是心之作为、心之思虑的活动。①"其善者伪"中的"伪"，即是"为"。荀子认为未经加工的"性"会产生情欲，如果不对其加以节制的话，在个人道德发展上会起倒退作用，表示为以"性"为代表的向下堕失的力量，这时候就需要发挥"心"的作用。荀子认为"心"不仅仅是认知心，而且是道德智虑心，可以好善、知善、为善，具有道德判断能力。②"性"代表了个人道德向下堕失的一方面，而"心"代表了个人道德向上提升的一方面，荀子认为"人之心"的向上提升能力可以扭转"人之欲"向下的趋势。人可以发挥"心"的好善、知善、为善的能力，学习礼义，化性起伪，使"人之欲"的恶转变为善。圣人是荀子道德教育的高级目标，圣人通过"化性起伪，伪起而生礼义"③（《荀子·性恶》）发挥"心"的能动性。"心"的智虑作用使人能通过道德教育实现化性。"人之心"的主观能动性使道德教育在改造人性方面成为可能，因此是荀子道德教育之所以可能的依据。

二、荀子道德教育的目标

道德教育的目标是指通过道德教育将社会成员塑造成为一定社会历史时期下"有道德的人"，使之具有崇高的理想人格。荀子的道德教育的目标是在"隆礼贵义"的基础上形成的，并将理想人格分为三个层次：拥有初级道德人格的为"士"，拥有中级道德人格的为"君子"，

---

① 梁涛. 荀子人性论辨正——论荀子的性恶、心善说 [J]. 哲学研究, 2015（5）：71-80.
② 施凯文，梁涛. 荀子思想新论纲 [J]. 清华大学学报（哲学社会科学版），2021, 36 (6)：165-171, 209.
③ 王先谦. 荀子集解 [M]. 北京：中华书局，2012：421.

拥有高级道德人格的为"圣人"。荀子云:"其义则始乎为士,终乎为圣人。"①(《荀子·劝学》)荀子强调从"士"到"圣人"是循序渐进的,是一个发展的过程,具有连续性和过程性,即人人皆可为圣人,关键在于后天的道德修养。

(一)"士":初级道德教育目标

"士"是荀子道德教育的初级目标。关于"士",荀子提出"好法而行,士也"。②(《荀子·修身》)"士"具有以下三个品格:首先,最基本的是遵行"礼","法礼,足礼,谓之有方之士"。③(《荀子·礼论》)其次,"士"坚守个人修养道德,不会因为贫穷就懈怠道义,不会因为权势而懈怠道义,"士君子不为贫穷怠乎道"④(《荀子·修身》);最后,"士"注重学习,向"圣人"学习。"故学者,以圣王为师,案以圣王之治为法,法其法,以求其统类,以务象以效其人。向是而务,士也。"⑤(《荀子·解蔽》)概言之,荀子认为"士"是初级道德教育目标,是成长为"圣人"的第一层次,对于"士"的基本要求是:遵循礼仪法度,不做不合道义的事。并且,"士"可以通过不断学习来提高自身的修养。

(二)"君子":中级道德教育目标

"君子"是荀子道德教育的中级目标。在"士"的基础上,荀子提出"君子"品格这一中级教育目标。

首先,对比"士"的遵行"礼","君子"以"礼"为原则。"君

---

① 王先谦.荀子集解[M].北京:中华书局,2012:11.
② 王先谦.荀子集解[M].北京:中华书局,2012:33.
③ 王先谦.荀子集解[M].北京:中华书局,2012:347.
④ 王先谦.荀子集解[M].北京:中华书局,2012:28.
⑤ 王先谦.荀子集解[M].北京:中华书局,2012:394.

子行不贵苟难，说不贵苟察，名不贵苟传，唯其当知之为贵。"①（《荀子·不苟》）这句话强调君子立身行事要以"礼"为准则，不能苟且；君子做事不以苟且难能为可贵，辩说不以苟且明察为可贵，名声不以苟且流传为可贵。君子说话有一定的界限，对政治的要求不能低于使百姓安定和生存。君子不论是在为人处事，还是在政治生活中均以"礼"为本。

其次，对比"士"坚守个人修养道德，"君子"在追求道德的过程中勤勉努力。"君子"将学到的东西付诸行动。"人乎耳，箸乎心，布乎四体，形乎动静，端而言，蝡而动，一可以为法则。"②（《荀子·劝学》）这说明君子的学习贯穿于全身，进入耳中心中，表现在行动上。君子细微的一言一行、一举一动都可以成为别人的榜样。

最后，"君子"具备很多优良的道德品质。"君子养必莫善于诚，致诚则无它事矣。"③（《荀子·不苟》）君子坚守诚信的品格，守诚是君子为人处世的根本。在《非相篇》中荀子曰："故君子贤而能容罢，知而能容愚，博而能容浅，粹而能容杂，夫是之谓兼术。"④（《荀子·非相》）君子严以律己、宽以待人，君子对待自己处处以"礼"为原则，以高标准严格要求自己，但是"君子"待人接物时，以耐心、包容之心为德。

概言之，荀子道德教育的中级目标是将"士"塑造成"君子"，使社会成员可以修身正己，进一步提高道德修养。

（三）"圣人"：高级道德教育目标

"圣人"是荀子道德教育的高级目标。"圣人"是礼义的制定者，

---

① 王先谦. 荀子集解 [M]. 北京：中华书局，2012：37.
② 王先谦. 荀子集解 [M]. 北京：中华书局，2012：12.
③ 王先谦. 荀子集解 [M]. 北京：中华书局，2012：45.
④ 王先谦. 荀子集解 [M]. 北京：中华书局，2012：85.

是荀子所说的至上之人、至美之人、至全之人。

首先,圣人是"礼"坚定的拥护者、践行者。荀子云:"能虑,能固,加好者焉,斯圣人矣。""圣人者,道之极也。"①(《荀子·礼论》)"圣人"在"士"遵行"礼","君子"以"礼"为原则的基础上进一步进阶。"圣人"在遵循礼掌握礼的过程中能不变,能够坚定,做坚定的拥护者、践行者。

其次,圣人在知识方面十分丰富,并且能够做到知行合一。"短绠不可汲深井之泉,知不几者不可与及圣人之言。"②(《荀子·荣辱》)荀子将圣人的知识储备比喻成深井之泉。此外,圣人还能够做到知行合一。"行之,明也。明之为圣人。圣人也者,本仁义,当是非,齐言行,不失毫厘,无它道焉,已乎行之矣。"③(《荀子·儒效》)圣人本着仁义的原则,说到做到,不失毫厘,言行和处事处于同一条道路上。

再次,圣人在为人处事方面具有灵活性和原则性。"佚而不惰,劳而不慢,宗原应变,曲得其宜,如是,然后圣人也。"④(《荀子·非十二子》)圣人在处理任何事情上,都恰得其宜。

概言之,"圣人"是人人可以效仿的榜样,是具有卓越品德的人,是荀子道德教育的最高目标。

三、荀子道德教育的内容

道德教育对个人品质提高、社会稳定发展起到了重要的作用,是个人修养完善的重要形式,也是社会安定的重要途径,道德教育可以教化人心、塑造品格以及树立良好的社会风气。荀子道德教育的内容,主要

---

① 王先谦. 荀子集解 [M]. 北京:中华书局,2012:348.
② 王先谦. 荀子集解 [M]. 北京:中华书局,2012:69.
③ 王先谦. 荀子集解 [M]. 北京:中华书局,2012:141.
④ 王先谦. 荀子集解 [M]. 北京:中华书局,2012:104.

包括"礼"的教育、"义"的教育、"孝"的教育和"诚"的教育。

(一)"礼"的教育

在战国末期,以"仁"为核心内容的儒家思想不再被各诸侯国所采纳,主要原因是以孔孟为代表的儒家思想已不再适应即将到来的"大一统时代"。荀子对儒家思想进行改造,形成了以"礼"为核心内容的道德教育,为各诸侯国维护社会秩序以及最后的国家统一提供了蓝图。

1. "礼"之本质

"礼"即"礼义",自古以来,中国都十分注重礼,礼可谓渗透社会生活的各个环节。"荀子论学论治,皆以礼为宗,反复推详,务明其旨趣,为千古修道立教所莫能外"[1],荀子道德教育的内容皆是围绕遵"礼"而展开。荀子的"礼"(礼之本质)不仅指道德规范,而且还有规则制度的意蕴。荀子继承了孔子"礼"的思想并进行一个外在拓展,赋予礼以规则制度的含义,类似于"法",但不同于"法"。孔子在为政篇强调:"道之以政、齐之以礼,民免而无耻;道之以德、齐之以礼,有耻且格。"[2](《论语·为政》)孔子之礼,强调的是"礼"的德性作用,但在具体的实施方案中没有论述。对此,荀子对"礼"与"法"进行了一个辩证分析。"礼者,法之大分,类之纲纪也。"[3](《荀子·劝学》)荀子说"礼"是法律的规范,条例的纲领,礼与法密不可分,但又相互区别。一方面,礼与法相互联系。礼是纲领,法依据礼而产生;另一方面,礼与法又有区别。礼具有教化、引导性,"积文学,道礼义者为君子"。[4](《荀子·性恶》)积累文化知识,遵循礼仪

---

[1] 王先谦. 荀子集解[M]. 北京:中华书局,2013:1.
[2] 杨伯峻. 论语译注[M]. 北京:中华书局,1980:59.
[3] 王先谦. 荀子集解[M]. 北京:中华书局,2012:11.
[4] 王先谦. 荀子集解[M]. 北京:中华书局,2012:421.

的就是君子。在这里,"礼"是引导人们成为君子的一个导航,不具有强制性。然而,法具有强制性,如"百吏畏法循绳,然后国常不乱"①(《荀子·王霸》)。"明礼义以化之,起法正以治之,重刑罚以禁之。"②(《荀子·性恶》)荀子突出强调了"法"的国家治理功能,"法"具有国家约束力及国家强制力。在《礼论》篇中,荀子更是深入探讨了"礼"的本质和作用。他认为,"礼"不仅仅是外在的仪式和习惯,更是一种内在的道德规范和价值观念。他说:"故绳者,直之至;衡者,平之至;规矩者,方圆之至;礼者,人道之极也。"③(《荀子·礼论》)在这里,荀子认为,"礼"是一种法律和规则,是一种对人类行为的约束和规范。同时,"礼"也是人类伦理秩序的重要组成部分,是一种对人际关系的调节和规范。通过"礼"的规范,人类才能够建立有序的社会秩序,实现和谐共处。荀子道德教育的突出亮点是将孔孟之礼进行外在的转化,提出了具体的操作方案,主张礼法的相互结合,礼与法的环环相扣,最终达到"隆礼至法则国有常"④(《荀子·君道》)。

2. "礼"之功能

荀子的"礼"作为道德教育的核心内容,不仅是个人的最高行为准则,而且是国家和社会的最高道德规范。"礼"对于个人有修身功能,对于国家政治来说,具有整治整合功能。首先,"礼"是个人修身之根本。"人之欲"得不到满足,就会导致社会的纷争。"礼"可以调节物欲矛盾。生活在社会之中的成员,每个人都有自己的欲望,如果不用"礼"来修身,必定会导致个人的行为违反道德规范。荀子十分强

---

① 王先谦. 荀子集解 [M]. 北京:中华书局,2012:225.
② 王先谦. 荀子集解 [M]. 北京:中华书局,2012:425.
③ 王先谦. 荀子集解 [M]. 北京:中华书局,2012:347.
④ 王先谦. 荀子集解 [M]. 北京:中华书局,2012:234.

调"礼"的"养心"作用。"凡治气养心之术，莫径由礼。"①（《荀子·修身》）对于个人，如果不以礼义修身，个人的行为得不到规范，个人的素养得不到提高，人们的行为得不到矫正，必将会破坏和谐的人际关系。由此得出，"礼"对于个人的修身养性具有极大作用。其次，"礼"是治国安民之基。"人之群"必"分"，以何"分"？荀子曰："制礼义以分之，使有贵贱之等，长幼之差。"②（《荀子·荣辱》）荀子强调要用"礼"来进行社会成员之间的分工，使社会成员之间有贵贱、长幼的等级差别，"君君、臣臣、父父、子子、兄兄、弟弟、一也。"③（《荀子·王制》）"一"是指"统一"，"礼"使君像君、臣像臣，父像父……"贵贵、尊尊、贤贤、老老、长长，义之伦也。行之得其节，礼之序也。"④（《荀子·大略》）这是"礼"使社会成员之间处于伦理道德有序的社会秩序当中。另一方面，通过"礼"分的作用可以做到社会成员各尽其职。"农农、士士、工工、商商，一也。"⑤（《荀子·王制》）对于整个国家治理来说，"礼"的作用非常突出。荀子曰："礼之所以正国也，譬之犹衡之于轻重也，犹绳墨之于曲直也，犹规矩之于方圆也，既错之而人莫之能诬也。"⑥（《荀子·王霸》）荀子用比喻的方法，将"礼"对于国家治理的作用，比喻成衡之轻重、绳墨之曲直、规矩之方圆，深入浅出，道出"礼"对于治国安民的重要性。国无"礼"，会出现"人无礼则不生，事无礼则不成，国无礼则不宁"。⑦（《荀子·修身》）这句话从反面例证国无"礼"的

---

① 王先谦. 荀子集解［M］. 北京：中华书局，2012：27.
② 王先谦. 荀子集解［M］. 北京：中华书局，2012：70.
③ 王先谦. 荀子集解［M］. 北京：中华书局，2012：162.
④ 王先谦. 荀子集解［M］. 北京：中华书局，2012：475.
⑤ 王先谦. 荀子集解［M］. 北京：中华书局，2012：162.
⑥ 王先谦. 荀子集解［M］. 北京：中华书局，2012：206.
⑦ 王先谦. 荀子集解［M］. 北京：中华书局，2012：24.

后果。在《性恶篇》中，荀子提出了"礼治天下"的观点，认为通过礼仪规范人的行为，可以达到天下安定的目的。他说："故曰：'礼乐之邦，无敢不从。'言利之也。'礼乐之邦，刑罚轻少。'言威之也。故曰：'礼乐之邦，无敢不服。'言德之也。"①（《荀子·性恶》）他认为，一个实行礼仪的国家，可以得到人民的拥护和支持；同时也可以通过威严的刑罚来维护社会秩序；最重要的是，通过推崇崇高的道德标准，塑造出一个具有高尚品德的国家，从而获得人民的敬仰和尊重。

3."礼"之来源

荀子不仅论述了"礼"对于个人和国家的重要性，还阐述了"礼"的起源。在春秋战国时期以前，人们对天十分崇拜，认为社会祸福与天相依；在春秋战国以后，人们的关注逐渐由天转向人自身，荀子主张："天行有常，不为尧存，不为桀亡。应之以治则吉，应之以乱则凶。"②（《荀子·天论》）在荀子这里，天与人是两个完全不同的主体，天代表了客观的规律，它是不以人的意志为转移的，具有客观规律性；人则代表了道德主体，人的祸福，以及社会治理的得失，并不在天，而在于行为主体的道德性，即人的行为是否符合"礼"，以及为政者的政令是否劳财伤民、是否符合礼义。总结来说："在荀子的理论框架中里所赖以存在的思想根源——天道信仰已经消亡。"③ 礼从何而来？荀子论："使欲必不穷乎物，物必不屈于欲，两者相持而长，是礼之所起也。"④（《荀子·礼论》）这句话就道出了礼的起源，从这段话，我们可以了解到"礼"产生于因"欲不得"而导致的"争与乱"。人是有欲望的，荀子认为，人性之所以是恶的，是因为"天之就"的人性（没有善恶

---

① 王先谦．荀子集解 [M]．北京：中华书局，2012：421．
② 王先谦．荀子集解 [M]．北京：中华书局，2012：300．
③ 卞修全，朱腾．荀子礼治思想的重新审视 [J]．哲学研究，2005（8）：31-37．
④ 王先谦．荀子集解 [M]．北京：中华书局，2012：337．

之分)与客观世界相接触必然会产生欲望,这是生存需求。纵"欲"则必会导致社会的"争与乱",需要"礼"分之才能达到社会的和谐稳定。"故先王案为之制礼义以分之,使有贵贱之等,长幼之差。"①(《荀子·荣辱》)"人何以能群?曰;分。"②(《荀子·王制》)"分"指在群体中要明确的规定成员的权利和义务。荀子构建的这个群体是一个层级分明、井然有序的社会群体,群体社会有一定的规则,成员之间有一定的等级。进一步追问,"分何以能行?"荀子曰:"义。故义以分则和,和则一,一则多力,多力则强,强则胜物。"③(《荀子·王制》)从中可以看出以"礼义"来"分"。概言之,"人'群'需'分',礼为'分'生。"④

(二)"义"的教育

儒家道德教育思想当中关于"义"的教育在荀子道德教育当中是一个重要的内容。"义"代表道德伦理、礼义法则,是荀子道德教育当中的核心标准。荀子的"义"即"道义",规定着"应该或不应该"。"义"是一个道德标准,在"义"这个标准下,可以去选择个人的行为方式。"行之得其节,礼之序也。仁,爱也,故亲。义,理也,故行。礼,节也,故成。"⑤(《荀子·大略》)这一段中,荀子阐述了"义"的基本作用和内涵。道德行为应该符合情理,即符合人们内心的正义感和道德观念。他认为,"义"是一种能够促使人们产生发自内心的正直、纯粹的道德力量,有助于我们克服邪恶、陋习,做出正确的选择,从而不断修身养性,不断提高自身的品德素养。

---

① 王先谦. 荀子集解 [M]. 北京:中华书局,2012:70.
② 王先谦. 荀子集解 [M]. 北京:中华书局,2012:162.
③ 王先谦. 荀子集解 [M]. 北京:中华书局,2012:163.
④ 陆建华. 荀子礼学研究 [M]. 合肥:安徽大学出版社,2004:53.
⑤ 王先谦. 荀子集解 [M]. 北京:中华书局,2012:475.

荀子强调"义"对于人性的纯洁和道德修养的重要性，比喻"仁义"为人的双眼，指出"贪"是实现"义"的障碍和人性中的弱点等。"仁义者，人之两目也。目盲则不可以视物，仁义失则不可以行道。"①（《荀子·性恶》）这一段中，荀子使用了生动的比喻来说明"仁义"的重要性。他将"仁义"比作人的两只眼睛，认为如果一个人的"仁义"丧失了，就好比眼睛失明，无法看清前方的道路和目标，无法正常行走人生之路。"故曰：'百善之首为一义，万恶之源为一贪。'"②（《荀子·性恶》）这一段中，荀子阐述了"义"的重要性和"贪"的危害。他认为，"百善之首为一义"，也就是说，在所有的善良行为中，"义"是最为重要的，是其他行为的基础和核心；而"万恶之源为一贪"，也就是说，所有的恶劣行为都源于人性中的贪欲，如果无法克制贪欲，就难以实现"义"的追求。荀子曰："以义变应，知当曲直故也。"③（《荀子·不苟》）社会上的成员可以根据形势的变化，或屈或伸，这是根据"道义"随机应变、刚柔并济。荀子关于"义"的教育包括以下两方面的内容。

1. "隆礼贵义"

"隆礼贵义"是荀子道德教育贯穿的主线。《荀子》一书中，"礼"与"义"常常在一起使用，可以发现，荀子道德教育的内容都离不开"礼义"。荀子曰："行之得其节，礼之序也。仁，爱也，故亲。义，理也，故行。礼，节也，故成。"④（《荀子·大略》）"礼"是在"义"的标准下产生的，"礼"是"义"的表现形式，两者密不可分，辩证统一于社会的道德实践中。对于规范个人的道德行为、维护良好的社会道

---

① 王先谦. 荀子集解［M］. 北京：中华书局，2012：422.
② 王先谦. 荀子集解［M］. 北京：中华书局，2012：423.
③ 王先谦. 荀子集解［M］. 北京：中华书局，2012：41.
④ 王先谦. 荀子集解［M］. 北京：中华书局，2012：475.

德秩序、巩固国家的安定,"礼"与"义"发挥着重要功能。"礼"体现着"义"的内在原则和精神,是道德教育的重要标准。在《荀子》一书中,有几种不同的"义"。首先是"义"的自我实现。这种"义"指的是人们自己为了实现道德而采取的行动,如自律和自我修养。关于这种"义",荀子说:"盖天下之人,莫不自为其善者也。"① (《荀子·儒效》) 即所有人都会自觉地为自己的善行而努力。其次是"义"的社会实现。这种"义"指的是人们为了社会的和谐与利益而采取的行动。荀子认为,这种"义"包括人们对父母、君王、朋友、配偶等不同关系的道德义务。他说:"入孝出弟,人之小行也。上顺下笃,人之中行也;从道不从君,从义不从父,人之大行也。"② (《荀子·子道》) 最后是"义"的普遍实现。这种"义"指的是人们对所有人的道德义务。荀子认为,每个人都应该有"天下为公"的心态,为了整个社会的利益而努力。他说:"先王之道,仁之隆也,比中而行之。曷谓中?曰:礼义是也。"③ (《荀子·儒效》)

2. "义利两有"

荀子强调"义利两有",教育社会成员"义"是我们追求的终极的道德之善。孔子讲"义":"君子喻于义,小人喻于利。"④ (《论语·里仁》) 孟子讲"义":"何必曰利,亦有仁义而已矣。"⑤ (《孟子·梁惠王上》) 孔孟所讲的"义"指"仁义",是仁义道德,是"利"的对立面,所坚守的道德追求是"取义弃利"。然而,荀子的"义利观"与孔孟所倡导的"义利观"有着不同的意蕴。人是一种自然的存在物,

---

① 王先谦. 荀子集解 [M]. 北京:中华书局,2012:122.
② 王先谦. 荀子集解 [M]. 北京:中华书局,2012:511.
③ 王先谦. 荀子集解 [M]. 北京:中华书局,2012:120.
④ 杨伯峻. 论语译注 [M]. 北京:中华书局,1980:55.
⑤ 杨伯峻. 孟子译注 [M]. 北京:中华书局,2018:1.

人有利欲是十分自然而然的。①荀子并不否定"利",强调"利"是"义"的内容和目的。"义"代表着道德行为规范当中的"应该与不应该",每个人在社会生活当中都会有欲望,荀子将"性"与"欲"相结合。"欲"代表着"利",面对"义"与"利",荀子曰:"养人之欲,给人之求。"②(《荀子·礼论》)荀子注重养"欲",主张"'义'的目的不在自身,而是指向'利',以'利'为事。"③荀子肯定正当的欲望,同时要求按照礼义的规范去践行,这样人的功利、欲望也可以得到满足和实现,这与孔孟有着极大的差别。荀子又云:"礼者,以财物为用。"④(《荀子·礼论》)荀子强调社会成员的生存离不开基本的生存资料,"欲"是人生存之根本。因此,在实现道义、提高道德修养的同时,荀子肯定满足"财物"的需求。概言之,即"义与利者,人之所两有也"。⑤(《荀子·大略》)在义利之辩当中,荀子突出的"性伪合"指的就是"义利两有","性"代表着社会成员趋利的倾向,"伪"代表着"心之虑"在趋向"义"的方向,荀子把两者统一了起来,使原本割裂开来的"义"与"利"得到了统一。

(三)"孝"的教育

孝的观念在人们心中尤为重要,中华传统文化对孝文化的论述非常之丰富,正如梁漱溟所言,"此不惟中国人的孝道世界闻名,色彩最显……中国文化自家庭生活衍来,而非衍自集团。亲子关系为家庭生活核心,一'孝'字正为其文化所尚之扼要点出。"⑥孔子、孟子都提倡

---

① 王正平. 中国传统道德论探微 [M]. 上海:上海三联书店,2004:103.
② 王先谦. 荀子集解 [M]. 北京:中华书局,2012:337.
③ 李海英,路德斌. 从孟子"寡欲"说到荀子"养欲"说——儒家新义利观之形成及其意义 [J]. 东岳论丛,2008 (6):168-173.
④ 王先谦. 荀子集解 [M]. 北京:中华书局,2012:348.
⑤ 王先谦. 荀子集解 [M]. 北京:中华书局,2012:485.
⑥ 梁漱溟. 中国文化要义 [M]. 上海:上海古籍出版社,1987:307

孝，孔孟所提倡的孝道是发自于人内心的情感，认为孝是纯粹天然的感情。荀子则不同，荀子认为孝是以"礼义"作为基础的。在此基础上，荀子提出了"孝子之道，礼义之文理"。荀子关于"孝"的教育主要包含以下三方面的内容。

1. "孝"是一种基本的道德原则，是所有德行的起点

"孝"是一种广泛的道德品德，不仅体现在孝顺父母上，还包括尊敬长辈、关心家族、忠于国家等多个方面。荀子道："入孝出弟，人之小行也。上顺下笃，人之中行也；从道不从君，从义不从父，人之大行也。""尊其父母，爱其兄弟，敬其长者，怜其幼弱，是谓本立，道生之德也。"[①]（《荀子·子道》）意思是说，尊重父母、爱护兄弟、敬重长者、怜悯幼弱，这是道德行为的基础，是道德生命的源泉。"无父母何以谓人？无君何以谓臣？无夫妇何以谓子？无兄弟何以谓友？"[②]（《荀子·儒效》）这是在强调"孝"的重要性，它是家庭、社会关系的基础。没有"孝"，就没有家庭、社会关系，也就没有人与人之间的互动和关系。"孝之为义，仁之所由出也。""孝者，所以养其亲也。""孝子之行，惟其至诚，可以感天地。"[③]（《荀子·子道》）荀子认为，"孝"是一种价值观和道德准则，是人类社会的基石。同时，"孝"也是"仁"的源头，只有在尊重长辈、关心家族、爱护亲人的基础上，才能体现出真正的"仁"。荀子强调，"孝"不仅仅是一种道德准则，更是一种行为方式。人们通过孝顺父母、尊敬长辈、关心家族等行为，来表达对亲人的爱和关怀。这种行为方式也能够带来家庭的和谐与幸福。"孝"不是简单的礼节或形式上的尊敬，而是一种内心真诚的情感表达。只有真正地孝顺父母、尊敬长辈、关心家族，才能感动天地，得

[①] 王先谦. 荀子集解 [M]. 北京：中华书局，2012：511.
[②] 王先谦. 荀子集解 [M]. 北京：中华书局，2012：114.
[③] 王先谦. 荀子集解 [M]. 北京：中华书局，2012：513.

到天地的庇佑和祝福。总的来说，荀子非常强调"孝"的重要性。他认为，"孝"不仅是家庭、社会关系的基础，也是忠诚和道德品质的基础。在荀子看来，"孝"是一种深刻的道德原则，是人们在生活中必须遵循的准则。

2."孝"以"礼"为核心

荀子强调"孝"一定要用"礼"来维持，"孝"的感情需要用"礼"来加以控制。荀子曰："孝子所以不从命有三：从命则亲危，不从命则亲安，孝子不从命乃衷；从命则亲辱，不从命则亲荣，孝子不从命乃义；从命则禽兽，不从命则修饰，孝子不从命乃敬。"①（《荀子·子道》）《子道》整篇围绕着"道义"，即"礼"来展开论述，提出核心观点："从道不从君，从义不从父。"也就是"顺从大道而不顺从君主，顺从道义而不顺从父亲"。在这里，荀子强调孝子要明白从与不从的道理，如果听从父母的命令，父母就危险，那么不听从父母的命令就是道义。这里的"道义"即"礼义"，荀子认为，礼义是调节社会关系秩序的核心。

3."顺亲"和"谏亲"相互融通的"孝"

在对待家庭道德教育上，荀子主张"顺亲"和"谏亲"相互融通，不主张愚孝。从化性起伪的角度，荀子以"礼"为核心，突出礼义等外在规范对家庭道德教育的引导和矫正，这不同于孔孟的孝道观。孔孟主张"顺亲"，即"顺从父母"，认为顺从父母才符合孝道，十分重视以血缘为基础的伦理关系。荀子则在"顺亲"的基础上提出"谏亲"。荀子曰："入孝出弟，人之小行也；上顺下笃，人之中行也；从道不从君，从义不从父，人之大行也。"②（《荀子·子道》）这里荀子划分了上中下，认为对父母"养敬顺"这只是下中的层面，如果能做到以

---

① 王先谦.荀子集解[M].北京：中华书局，2012：511.
② 王先谦.荀子集解[M].北京：中华书局，2012：511.

"礼"为核心，以"义"为准则，是大孝。荀子又云："父有争子，不行无礼。"①（《荀子·子道》）在这里很明显荀子强调"谏诤"的作用。"谏诤"对于家庭来说，如果儿子对父亲能够提出谏诤，就不会做不合礼的事。进一步追问，荀子否定亲情血缘的重要性吗？答案是否定的。荀子并没有否定血缘亲情的重要性，他的价值取向是以义和道为中心，但他强调爱、衷、义、敬等情感和德性对于社会稳定和个人成长的必要性，将亲情置于礼义之道的框架下，以实现正义平治为目标，并让这些情感欲望得以普遍化。②

（四）"诚"的教育

战国末期，各诸侯国力争好强，欺诈之风猖獗，传统的诚信道德教育遭到破坏。面对此现状，荀子提出"诚"的教育。"诚"在《荀子》出现有50次，荀子曰："君子养心莫善于诚，致诚则无它事矣……诚也行义则理，理则明，明则能变矣。"③（《荀子·不苟》）其中，"诚"即诚信。荀子提出的"君子养心莫善于诚"强调诚信教育在塑造君子人格中十分重要。荀子关于"诚"的教育主要包含以下三方面的内容。

1. 诚信乃"仁人之质"

荀子曰："若夫忠信端悫，而不害伤，则无接而不然，是仁人之质也。"④（《荀子·臣道》）其中，"忠信端悫"即"忠信"和"端悫"，"忠信"释为忠诚诚恳地对待他人、恪守诺言，"端悫"释为正直诚谨。"忠信端悫"整体的意思是对待他人诚实，为人正直。"诚"是社会成员赢得尊重的道德品质，是"仁人之质"。通过"诚"的道德教育，社

---

① 王先谦. 荀子集解 [M]. 北京：中华书局，2012：512.
② 张奇伟，吴宝红. "性恶"之人何以为善——基于荀子孝观念的考察 [J]. 中国哲学史，2019（6）：18-23.
③ 王先谦. 荀子集解 [M]. 北京：中华书局，2012：45.
④ 王先谦. 荀子集解 [M]. 北京：中华书局，2012：250.

会成员可以做到更好地立身处世。在《荀子》一书中，对道德教育中"诚"的教育内容进行了详细的阐述，包括诚实守信、忠诚信义、责任担当、正直不阿、恭敬谦虚等方面。"体恭敬而心忠信，术礼义而情爱人；横行天下，虽困四夷，人莫不贵。"①（《荀子·修身》）这段话强调了"诚"的重要性。荀子认为，"诚"是天之道，是造物主的品质，同时也是人之道，是人应该具备的品质。他认为，"诚"不仅是自我修养的必要条件，也是人际交往的基本准则，只有以"诚"为基础，才能成为真正的人。"端悫诚信，拘守而详；横行天下，虽困四夷，人莫不任。"②（《荀子·修身》）端庄谨慎诚信，谨守而明白礼义，横行天下，虽然会被四方夷族围困，但没有人不信任他。这段话强调了责任担当的重要性。荀子认为，一个人应该言必行，行必果，对自己的行为负责，并承担自己的责任和义务。只有在取得成果之后，才能够表达自己的功绩和名声。责任感和担当精神是培养人的重要品质，只有拥有了这些品质，才能够成为真正的人。

2. 诚信乃各行各业之本

荀子关于"诚"的教育不仅关乎个体的道德提升，而且可以让社会各行各业更好地践行职业道德操守。荀子曰："百吏畏法循绳，然后国常不乱。商贾敦悫无诈，则商旅安，货财通，而国求给矣。百工忠信而不楛，则器用巧便而财不匮矣。"③（《荀子·王霸》）荀子强调只有整个社会各行各业的人遵循"诚"的道德要求，社会道德秩序才会有条不紊。具体地说，商人遵循"诚"的道德要求，商业行为就没有欺诈；工匠遵循"诚"的道德要求，器就不会粗制滥造。

---

① 王先谦.荀子集解［M］.北京：中华书局，2012：28.
② 王先谦.荀子集解［M］.北京：中华书局，2012：28.
③ 王先谦.荀子集解［M］.北京：中华书局，2012：225.

3. 诚信乃关系国家兴衰的"政事之要"

诚信教育对于国家兴衰十分重要，荀子在诚信缺乏的局面下提出："故用国者，义立而王，信立而霸，权谋立而亡。"①（《荀子·王霸》）"信"，即诚信。国家的统治者只有确立诚信才能兴盛。国家的统治者重"诚"，上信方能下信，统治者重视诚信教育，整个国家的社会成员才会同样地重视诚信教育。"与端诚信全之士为之则霸，与权谋倾覆之人为之则亡。"②（《荀子·王霸》）这进一步表达了守信用的重要性。荀子认为，信用是社会稳定和经济繁荣的基础，如果一个人或者一个国家失去了信用，就会失去他人的信任，导致社会动荡和经济衰退。因此，守信用是道德教育中最基本的一环。

四、荀子道德教育的方法

道德教育方法是实现道德教育内容的途径。荀子道德教育的方法是在长期的道德教育实践中总结经验形成的，他提出了外在的教化之法与内在的修养之法。荀子既注重外在教化对道德教育的作用，同时也坚信道德教育要发挥主体的作用。根据长期的道德实践，荀子总结了具有特色的道德教育之法，对于提高社会成员的道德修养有着积极的作用。

（一）外在的教化之法

教化是"以教化民"的简称，意为"通过道德教育来感化人民，转移世间的人心风俗"③。在外在教化上，荀子提出了"注错习俗"的环境陶冶法、"仪正而影正"的身教示范法、"乐以导志"的情感教育法。

---

① 王先谦. 荀子集解 [M]. 北京：中华书局，2012：199.
② 王先谦. 荀子集解 [M]. 北京：中华书局，2012：206.
③ 张锡勤. 试论儒家的"教化"思想 [J]. 齐鲁学刊，1998（2）：72-78.

1. "注错习俗"的环境陶冶法

"注错习俗"在《荀子》一书中共出现三次,何谓"注错习俗"?注错,谓所注意错履也,亦与措置义同。习俗,谓所习风俗。① "注错习俗"指人的行为举止和所处环境的风俗习惯。荀子认为"天之就"的人性是没有善恶之分的,只有当"天之就"的人性与客观环境相接触时才产生了情感欲望,"情"与"欲"是恶的。荀子在此观点的基础上,提出了依靠道德教育来达到"化性起伪"。荀子认为"心之虑"可以用于约束欲望、控制行为,使社会成员的行为符合礼仪。人虽然具有"化性起伪"的能力,但不能保证每个人都能做到"化性起伪",达到理想中的人格,这是因为外界环境对人有巨大的影响。荀子曰:"材性知能,君子小人一也。好荣恶辱,好利恶害,是君子小人之所同也,若其所以求之之道则异矣……则君子注错之当,而小人注错之过也……譬之越人安越,楚人安楚,君子安雅。"②(《荀子·荣辱》)荀子认为君子与小人的资质才能是一样的,不一样的是他们的行为方式:君子的行为举措得当,小人的行为举止错误。比如,越国人安居在越国,楚国人安居在楚国,君子安居在中原地带,这并不是智力、才能、资质秉性造成的,而是由于行为举止和习俗不同所形成的。荀子认为人和人之间的不同,在于"注错习俗之节异也"。"君子注错之当,而小人注错之过也。"③(《荀子·荣辱》)即环境习俗的不同影响社会成员行为。因此,荀子提倡"注错习俗"的环境陶冶法,即把社会成员安置进好的习俗环境里,便于他们养成良好的道德。马克思说:"人创造环境,同样,环境也创造人。"④ 说明环境对人的影响是巨大的,人是社会性的

---

① 王先谦. 荀子集解[M]. 北京:中华书局,2012:62.
② 王先谦. 荀子集解[M]. 北京:中华书局,2012:62.
③ 王先谦. 荀子集解[M]. 北京:中华书局,2012:62.
④ 中共中央马克思恩格斯列宁斯大林著作编译局. 马克思恩格斯选集:第1卷[M]. 北京:人民出版社,2012:92.

动物，人生活在社会之中，不可能不受到环境的影响。正所谓"玉在山而草木搁，渊生珠而崖不枯。""蓬生麻中，不扶而直；白沙在涅，与之俱黑。"①（《荀子·劝学》）荀子用自然植物受环境的影响而改变，来表明社会成员要养成良好的道德情操，必须"谨注错，慎习俗"②。（《荀子·儒效》）荀子的"注错习俗"方法反映了他对人的行为和思想受环境影响的看法。他认为人们的行为和思想都受到周围环境的影响，如果环境中存在错误的习俗和陋习，就会导致人们的道德观念和价值观念扭曲和偏差。因此，要通过改变环境中的不良习俗和陋习，来引导人们树立正确的道德观念和价值观念。

概言之，荀子肯定了环境这个外部因素对社会成员道德的塑造起到了潜移默化的作用，我们可以主动去选择和作为。荀子曰："故君子居必择乡，游必就士，所以防邪辟而近中正也。"③（《荀子·劝学》）在日常的生活中，要谨慎注意我们身边的社会环境，积极主动地选择居住地和职业，与贤师良友交往，让良好的社会环境塑造高尚的道德人格。

2. "仪正而影正"的身教示范法

道德教育是教人以道德，它不同于一般的知识教育，是一种人格的教育。道德教育注重教育者在道德施教的过程中做到言行一致，要起到榜样的作用，供社会成员效仿。荀子十分注重教师的作用，多次提出了"贵师重傅"的思想。荀子所提倡的"仪正而影正"，正所谓"身教示范"。"身教示范"是教育者在实施道德教育的过程中，坚持以"自身做楷模，给受教育者以示范启迪作用"的教育方法。④荀子同孔孟一样特别注重身教示范。孔子曰："其身正，不令而行；其身不正，虽令不

---

① 王先谦. 荀子集解［M］. 北京：中华书局，2012：5.
② 王先谦. 荀子集解［M］. 北京：中华书局，2012：143.
③ 王先谦. 荀子集解［M］. 北京：中华书局，2012：6.
④ 黄钊. 儒家德育学说论纲［M］. 武汉：武汉大学出版社，2006：85.

从""苟正其身矣,于从政乎何有?不能正其身,如正人何?"①(《论语·子路》)这就是说如果教师没有做到言行一致,就不能感化受教育者,引导受教育者践行教育内容。孟子曰:"吾未闻枉己而正人者也。"②(《孟子·万章上》)"上有好者,下必有甚焉者矣"③(《孟子·滕文公上》)从中可以看出,孟子强调统治者要以自身作为楷模,用仁义的言语和仁义的行动来感化社会成员,使社会成员自觉遵守其教育内容。荀子继承了孔孟身教示范法。荀子曰:"礼者所以正身也,师者所以正礼也。无礼,何以正身,无师,吾安知礼之为是也?"④(《荀子·修身》)荀子提出的"身教示范"这一道德教育方法,强调教育者应该以自己的言行为榜样,通过自己的行为来影响和引导社会成员的行为。荀子认为,人们更容易从身边的人中受到影响,因此身教示范法是一种非常有效的道德教育方法。教师与"礼"教紧密联系,道德教育由教师通过"正礼"来实施。教师身行示范"正礼",引导社会成员"正身",不断提高道德修养。荀子提倡"国将兴,必贵师而重傅;贵师而重傅,则法度存;国将衰,必贱师而轻傅;贱师而轻傅,则人有快,人有快则法度坏"⑤(《荀子·大略》)。这句话的意思是只有重视教师,整个社会才会有崇尚礼义法度的氛围,社会成员才会以遵循礼义法度作为自身的行为准则,这样国家才将兴盛。荀子认为一个国家,一个社会要有道德则必须要有"礼"的存在,"礼"是个人修身之根本,是治国安邦之利器。教师是"礼"的化身,教师将"礼法之道"传授给受教育者,帮助受教育者正确认识礼法,那么国家就会兴旺。其中荀

---

① 杨伯峻. 论语译注[M]. 北京:中华书局,1980:92.
② 杨伯峻. 孟子译注[M]. 北京:中华书局,2018:35.
③ 杨伯峻. 孟子译注[M]. 北京:中华书局,2018:108.
④ 王先谦. 荀子集解[M]. 北京:中华书局,2012:34.
⑤ 王先谦. 荀子集解[M]. 北京:中华书局,2012:494.

子所认为的"师"必须做到身教示范,"师"是"礼法"的化身,是"礼法"绝对无误的标准,对社会成员有着引导作用。

荀子认为教师是"以身为正仪而贵自安者也"①(《荀子·修身》)。教师对社会成员个人品质的提高起着至关重要的作用,通过教师的正确引导,社会成员才能够成为有道德、有礼法的社会人才。

概言之,荀子认为道德教育之"仪正而影正"的身教示范法是非常重要的,可以培养社会成员的高尚品德和正确行为方式。"仪正而影正"的身教示范法有两个关键要素:一是要做出好的榜样,即教育者本身要具有高尚的品德和行为,言行要与道德规范相符合;二是要让社会成员看到自己的好榜样,即要在社会成员面前展现自己高尚的品德和行为,让他们能够从中受到启迪和感召。这样教育者的好榜样才可以对社会成员产生积极的影响,使他们不仅受到道德教育的启示,而且在实践中能够更好地将道德规范落实到自己的行为中去。同时,荀子也强调,教育者本身也应该不断地自我反思和提高自己的品德修养,以便更好地发挥身教示范法的作用。

3."乐以导志"的情感教育法

在中国传统文化中,乐教的由来已久。梁漱溟先生讲:"周孔教化自亦不出于理知,而以情感为其根本。"② 蒙培元先生也指出:"情感是全部儒学理论的基本构成部分,甚至是儒学理论的出发点。"③ 荀子非常重视乐教对人的影响,他认为乐教通过艺术感染力可以培养人们对礼仪道德的情感,从而使人格在一种自由的、和谐的美的境界中得到完善。④

---

① 王先谦. 荀子集解[M]. 北京:中华书局,2012:34.
② 梁漱溟. 中国文化要义[M]. 上海:学林出版社,1987:119.
③ 蒙培元. 情感与理性[M]. 北京:中国社会科学出版社,2002:1.
④ 郜爱红. 试论荀子乐教与成人之道[J]. 孔子研究,1999(4):64-72.

荀子的道德教育思想是以人性论为根基的，荀子认为"天之就"的人性是淳朴的，不带有任何的道德因子，在与客观世界相接触的时候会产生"情""欲"，"情""欲"是使社会成员向道德的末端堕落的因子。此时，需要"礼"来发挥制度规范的作用，"礼"规定社会关系、等级差别，具有国家强制性。在用"礼"规定社会关系的同时，荀子突出强调"乐"的情感功能。荀子认为音乐不仅可以使个人达到"修其行，正其乐"①（《荀子·乐论》）。而且，音乐可以使社会和谐稳定，使社会达到"移风易俗，天下皆宁""顺气应之，顺气成象而治生焉"。②（《荀子·乐论》）荀子不否定"人之情""人之欲"，认为"性之好、恶、喜、怒、哀、乐谓之情"③（《荀子·正名》），他承认人的"情欲"是符合人之性，但是需要"乐"来调人的情感，引导人性情欲。主张通过"乐以导志"的情感教育法来引导社会成员的情感和意志，从而塑造出高尚的品格和性格。

首先，荀子认为乐可以影响人的情感和意志，使人在愉悦和舒适的情感氛围中接受道德教育。他认为，乐的旋律、节奏和情感能够让人的情感得到调节和升华，使人的心灵受到启迪和滋养，从而塑造出积极向上的品格和性格。其次，荀子认为"乐以导志"的情感教育法可以促进人的思想和行为的道德修养。他认为，乐教可以激发人的感情，让人产生强烈的情感体验，这种情感体验可以让人的思想和行为趋向于美好和高尚。通过乐教，可以让人在感受美好的情感体验的同时，体验到道德的价值和意义，从而形成正确的道德观念和意识形态。此外，荀子认为乐教还可以培养人的审美能力，让人学会欣赏美好的事物和价值，从而提高人的道德素质和修养。

---

① 王先谦．荀子集解［M］．北京：中华书局，2012：370.
② 王先谦．荀子集解［M］．北京：中华书局，2012：370.
③ 王先谦．荀子集解［M］．北京：中华书局，2012：399.

概言之,"乐"是一种可以直接影响人的情感和意志的艺术形式。人的情感具有强大的驱动力,是影响人行为的重要因素,只有通过调动人的情感,才能引导人的意志和行为。其中"乐"可以在潜移默化中影响人的情感和意志。荀子注重情感对道德的引导和培养。乐的情感功能使"礼"的强制功能刚中有柔,积极引导社会成员向善,提升其道德品格。

（二）内在的修养之法

成为一个有道德品质的社会成员不仅需要外在教化的保障,更需要自我修养,自我修养亦即自我修身之道。荀子继承了孔孟的"为仁由己"思想,在道德教育方面强调"成人之道"需要社会成员做到虚壹而静、慎其独者、积善成德与躬行践履。

1. 虚壹而静：发挥心虑作用

荀子认为,"虚"是人类天性中的一部分,是追求和谐、和平、平等、公正的本能,而"壹"则是整体、一体的意思。在荀子看来,"虚壹"是一种人类内在的美好状态,是一种能够使人们摆脱私利和私欲束缚的境界。而"静"则是指心灵平静、安定、纯净的状态。只有在虚壹而静的状态下,人才能够真正地理解道德,并且有能力去践行道德。

所谓虚,谓心能兼容万物;所谓壹,谓心能兼知不偏;所谓静,谓心能澄明清净。"虚壹静"之心乃指心处于无所遮蔽之清明之境。[①] 在认识客观事物时,我们要虚心专一,全面地把握事物,切忌片面解读任何事物,除此之外内心要宁静,掌握万事万物的规律。只有这样,个人的道德修养才能得到提升。荀子认为,虚壹而静是一种高妙的境界,可

---

① 陈林."化性起伪"何以可能——荀子工夫论探析[J].道德与文明,2012（2）：75-84.

以让人摆脱私欲的困扰，摆脱功名利禄的诱惑，追求更高层次的人生境界。在荀子看来，只有在"虚壹而静"的状态下，人才能够摆脱自身的私利和欲望，真正做到无私奉献，才能体现出真正的道德境界。

荀子在道德教育方面提出的"虚壹而静"是指在学习道德的过程中，社会成员在道德修养的过程中要做到虚心专一，"虚壹而静"法是基于荀子"心"论。荀子认为"心"的功能有："心有征知""心可知""心可虑"。首先荀子提出"心有征知"，荀子认为心可以感知事物，这是荀子道德教育内化于心的前提。其次，荀子提出"心可知"，是将"心有征知"进一步深化，指出"人生而有知，知而有志。志也者，臧也"①。(《荀子·解蔽》) 荀子认为心可以认知不同的事物，并且将不同的事物进行区别，形成记忆。再次，荀子提出"心可虑"，发挥心虑的作用可以"化性起伪"。人心会产生恶的欲望，容易被欲望所蒙蔽，从而对客观事物形成错误的、片面的、静止的认识。正所谓"凡人之患，蔽于一曲而暗于大理。"②(《荀子·解蔽》) 荀子认识到"心"容易被欲望所蒙蔽，另一方面荀子也认识到"心"的上升功能，"涂之人也，皆有可以知仁义法正之质，皆有可以能仁义法正之具，然则其可为禹明矣"③。(《荀子·性恶》) 其"知仁义法正之质""能仁义法正之具"中的"质"与"具"，皆是指"心"。社会成员想发挥心的作用必须解蔽。荀子曰："心何以知？曰：虚壹而静。……虚壹而静，谓之大清明。"④(《荀子·解蔽》) 社会成员在提升个人修养的过程中，心容易被情欲所蒙蔽，被蒙蔽之后个人修养就难以得到提升。这时候荀子提出需要发挥"虚壹而静"法。

---

① 王先谦. 荀子集解 [M]. 北京：中华书局，2012：383.
② 王先谦. 荀子集解 [M]. 北京：中华书局，2012：374.
③ 王先谦. 荀子集解 [M]. 北京：中华书局，2012：428.
④ 王先谦. 荀子集解 [M]. 北京：中华书局，2012：383.

在《解蔽》篇中，荀子指出："故为蔽：欲为蔽，恶为蔽，始为蔽，终为蔽，远为蔽，近为蔽，博为蔽，浅为蔽，古为蔽，今为蔽。凡万物异则莫不相为蔽，此心术之公患也。"①（《荀子·解蔽》）这段文本中，荀子认为很多事物会造成内心的蒙蔽，例如，爱好会造成蒙蔽，憎恶也会造成蒙蔽；只看到开始会造成蒙蔽，只看到终了也会造成蒙蔽等。大凡事物有不同的对立面的，无不会交互造成蒙蔽，这是思想方法上的一个局限性。因此，需要发挥"心"的作用，让"心"处于虚心专一的状态，这样才可以提升个人的道德修养。在解蔽篇的后半部分，荀子继续阐述了他的"虚壹而静"的道德教育方法，对"虚壹而静"的道德教育方法具体展开。荀子曰："心未尝不臧也，然而有所谓虚；心未尝不满也，然而有所谓一；心未尝不动也，然而有所谓静……未得道而求道者，谓之虚壹而静"②（《荀子·解蔽》）这段文本中，荀子具体解释了"虚壹而静"的道德教育方法，即虚心、专心和静心。具体而言，不让已经储藏在心中的见识去妨害将要接受的知识就叫作虚心；不让那一种事物来妨害对这一种事物的认识就叫作专心；不让梦幻和繁杂的胡思乱想扰乱了智慧就叫作静心。

概言之，荀子认为，在道德教育中，"虚壹而静"是一种非常重要的境界，是追求道德高峰的必备条件。只有在这种状态下，人才能真正理解道德的内涵，践行道德的要求。因此，在道德教育中，应该注重培养社会成员的"虚壹而静"的心态，让他们在追求道德的过程中更好地发挥自己的潜能。

2. 慎其独者：提高道德自觉性

荀子在《不苟》篇中言："君子至德，嘿然而喻，未施而亲，不怒

---

① 王先谦. 荀子集解 [M]. 北京：中华书局，2012：376.
② 王先谦. 荀子集解 [M]. 北京：中华书局，2012：383.

而威。夫此顺命，以慎其独者也。"①（《荀子·不苟》）强调君子有极致的德行，因为君子一个人的时候"慎其独者也"，即谨慎自觉。"慎其独者"的内涵是谨慎、自觉，主要强调社会成员在独处时也要提高道德自觉性，保持良好的道德行为，不做违背道德的事情，以达到自我修养和道德提升的目的。孔子十分强调道德的反省，在《论语》中有许多关于内省和反省的论述。例如，"仁远乎哉？我欲仁，斯仁至矣。"②（《论语·述而》）孟子同样十分强调反省和内省的作用。孟子认为人有"四端之心"，道德之善是从四端之心演变而来，因此在道德教育方法上十分强调"反求诸己"，并把"反求诸己"上升到一定的高度。孟子曰："仁者如射：射者正己而后发；发而不中，不怨胜己者，反求诸己而已矣。"③（《孟子·公孙丑上》）孟子的道德教育方法十分强调一切的行为结果都要从主观上找原因，把"反求诸己"提升到了一定的高度。荀子继承孟子"反求诸己"思想，在道德教育方法上进一步提出了"慎其独者"，注重道德主体，提高道德自觉性。在荀子看来，一个人的道德行为应该是自觉的，而不是受外界环境的影响。他认为，在独处时，一个人往往没有外界的干扰和监督，能够更加真实地展现自己的本性和道德水平。因此，如果一个人在独处时也能保持良好的道德行为，就说明他已经真正懂得了道德的真谛，具备了自我约束的能力。

荀子在《不苟篇》中说："君子大心则敬天而道，小心则畏义而节；知则明通而类，愚则端悫而法；见由则恭而止，见闭则敬而齐；喜则和而理，忧则静而理；通则文而明，穷则约而详。"④（《荀子·不

---

① 王先谦. 荀子集解［M］. 北京：中华书局，2012：46.
② 杨伯峻. 论语译注［M］. 北京：中华书局，1980：45.
③ 杨伯峻. 孟子译注［M］. 北京：中华书局，2018：35.
④ 王先谦. 荀子集解［M］. 北京：中华书局，2012：42.

苟》）这里的"慎其独者"是强调在任何时候都应提高道德自觉性，保持良好的道德行为。例如，君子在被起用时会恭敬而不放纵，不被起用时会恭敬而整理自己。荀子进一步强调："心者，形之君也，而神明之主也，出令而无所受令。自禁也，自使也，自夺也，自取也，自行也，自止也。"①（《荀子·解蔽》）这段话说明了一个人如果在独处时做出违背道德的行为，那么这种行为的根源不在于外界的干扰，而是源于自己的本性。荀子认为，一个人只有在独处时也能保持良好的道德行为，才能算得上是真正懂得了道德的真谛。荀子曰："见善，修然，必自存也。见不善愀然，必自省也。善在身介然，必以自好也。不善在身灾然，必以自恶也。"②（《荀子·修身》）君子独自一人时，要能做到谨慎不苟、自我反省，这样才会受到世人的敬仰。

概言之，荀子强调的"慎其独者"，告诉社会成员在独处、无人监督时，应该提高道德的自觉性，时刻做到谨慎不苟，提升道德境界。道德主体在见到良好道德行为时应该虚心学习，在见到反映道德不好的行为时应该自我反省。这并不是仅仅在意外表的形象，而是要内化于心，做到真正的道德自律。这种自律不仅仅是为了追求外在的名誉和地位，更是为了内心的平和和道德境界的提高。

3. 积善成德：发挥主观能动性

荀子在《劝学篇》中明确了"积善"的定义，"积土成山，风雨兴焉；积水成渊，蛟龙生焉；积善成德，而神明自得，圣心备焉。故不积跬步，无以至千里；不积小流，无以成江海。骐骥一跃，不能十步；驽马十驾，功在不舍。"③（《荀子·劝学》）荀子认为，"积善"的内涵在于"功在不舍"，即行善积德，有始有终、长期坚持。首先要有始有

---

① 王先谦. 荀子集解［M］. 北京：中华书局，2012：385.
② 王先谦. 荀子集解［M］. 北京：中华书局，2012：348.
③ 王先谦. 荀子集解［M］. 北京：中华书局，2012：7.

终，从一开始就要十分注重，坚持到最后才能算真正做到。其次，荀子强调"善之为道者，不诚则不独，不独则不形，不形则虽作于心，见于色，出于言，民犹若未从也；虽从必疑"①（《荀子·不苟》）。做善事要长期坚持，只有在长期的积累中才能够产生深远的影响。一个人要修身养性，首先需要树立正确的志向和道德标准，确立诚实守信的原则，然后才能按照这些标准去行动。因为这些方面的会与否，直接影响到一个人行善积德的效果。同时，荀子认为，行善积德是一个渐进的过程，必须先正心修身，才能够积极地行善。只有通过一点点的努力和实践，不断地积累自己的善行，才能真正做到"积善"。社会成员良好道德的形成，不仅要良好的外在环境，更需要社会成员主体发挥主观能动性。良好道德的形成要"积善"，道德上的"积"关乎个体道德的成长发展。荀子的人性论思想是其道德教育思想的基础。荀子承认"人之性"是不带有任何道德因子的，发挥"人之心"的思虑作用，可以将"人之欲"进行规范化，最终达到"性伪合"。荀子认为通过不断地行善积德，可以逐渐提升社会成员的道德品质，最终达到成为有道德的人的目的。

荀子围绕不断提升道德人格这一目标，深入探讨道德之"积"在引导社会成员不断攀升道德的阶梯时可以发挥的作用。通过"积善"，社会成员不断攀升自身的道德境界，最终成为圣人。具体表现为以下三方面。一、在《劝学篇》中，荀子说："锲而不舍，金石可镂。蚓无爪牙之利，筋骨之强，上食埃土，下饮黄泉，用心一也。蟹六跪而二螯，非蛇鳝之穴无可寄托者，用心躁也。"②（《荀子·劝学》）这段话表明，一个人的道德品质需要"锲而不舍"，即需要长期的积累和坚持，只有在日常生活中不断地行善积德，才能逐渐提升自己的道德品质。荀

---

① 王先谦. 荀子集解 [M]. 北京：中华书局，2012：47.
② 王先谦. 荀子集解 [M]. 北京：中华书局，2012：8.

子还指出,一个人的道德品质的提高是需要坚定不移的信念和毅力的支持。二、在修身篇中,荀子进一步阐述了"积善成德"的道德教育思想。他说:"见善,修然必以自存也;见不善,愀然必以自省也。善在身,介然必以自好也;不善在身,菑然必以自恶也。"①(《荀子·修身》)这段话强调了要懂得看见别人的善恶来反省自己。一个人的善行不仅仅是自身的修养,还能影响周围的人,甚至影响整个社会。荀子要求社会成员反省当下的自己,作为修身之道,即看见别人善的行为,一定会认为这个善行值得修养而把这善行自我保存起来;看见不善的行为,一定会心怀忧惧地自我反省。善的行为在自己身上,一定会坚定地自我爱好,不善的行为在自己身上,一定会认为是灾害而自己厌恶这些不善行为。因此,荀子认为,一个人只要能够始终坚持行善积德,才能逐步提升自己的道德品质,甚至对整个社会产生正向的影响。三、《性恶篇》中,荀子说:"故必将有师法之化,礼义之道,然后出于辞让,合于文理,而归于治。用此观之,人之性恶明矣,其善者伪也。"②(《荀子·性恶》)这段话强调了"积善成德"方法的重要性,所以一定要有老师法制的教化,礼义的教导,然后才会有辞让的德行出现。因为只有通过长期的行善积德,一个人才能逐步形成自己的道德品质,最终成为具有高尚道德品质的人。荀子十分强调学习的重要性,并且强调"积"在学习过程中的重要地位。在开篇《劝学》中点明:"学不可以已。"荀子强调,学习对于道德的成长具有重大影响,学习礼义,在学习的道路上不断"积善",最终达到高阶目标"圣人"。

概言之,荀子认为,"积善"是成为圣人的重要方法。社会成员要不断地提高主观能动性,不断地在道德境界过程中"积善",道德上的"积"就是礼义的积累、德行的积累、善的积累、人格的积累,积习与

---

① 王先谦. 荀子集解 [M]. 北京:中华书局,2012:21.
② 王先谦. 荀子集解 [M]. 北京:中华书局,2012:421.

习惯的养成,最终的目标是成为圣人。① 通过不断的行善积德,逐渐提升社会成员的道德品质,使其成为有道德的人。

4. 躬行践履:注重道德实践性

荀子曰:"道虽迩,不行不至;事虽小,不为不成。"②(《荀子·修身》)荀子强调道德的形成关键还在于实践,社会成员的"道德之积"在于社会成员的"道德之为",只有我们反复实践在心中形成的"道德之善",才有可能达到预期的目标。在修身篇中,荀子强调了实践的重要性:"好法而行,士也;笃志而体,君子也;齐明而不竭,圣人也。"③(《荀子·修身》)他认为,一个人要想影响到他人,必须首先以自己为例,实践自己所信仰的道德准则,并将其融入自己的生活中。荀子列举了三种道德目标,分别为"士""君子""圣人",这三层次的道德境界都注重道德实践性,都强调躬行践履对道德提升的重要性。具体而言,爱好礼法而能依其行事的,是士;意志坚定,而又亲身实践的,是君子;思虑敏捷而智慧又永不枯竭的,是圣人。只有通过自己的实践,才能够真正地感受到其中的道理,将其转化为自己的品德。

学在于"行",荀子曰:"不闻不若闻之,闻之不若见之,见之不若知之,知之不若行之。"④(《荀子·儒效》)荀子十分强调,在学习的过程中必须去实践,不听不如听到,听到不如亲眼看到,看到不如知道,知道了不如亲自实践。通过实践,就能明白事理,明白事理,就能成为圣人。只有实践才会解开心中的疑惑,而实践是一个长期的过程,唯有把道德理念付诸实践,才有养成道德习惯的可能,才能够促进道德

---

① 卫建国. 探寻"积"的伦理学意蕴——荀子论道德之"积"[J]. 伦理学研究, 2012(5):29-34.
② 王先谦. 荀子集解[M]. 北京:中华书局,2012:33.
③ 王先谦. 荀子集解[M]. 北京:中华书局,2012:33.
④ 王先谦. 荀子集解[M]. 北京:中华书局,2012:141.

人格的形成。这并没有其他的窍门,就在于把学到的知识切实地付诸实践。荀子提出:"学之为道也,必得其实。"他认为,学习不是纸上谈兵,而是要将所学的道理实践出来。只有在实践中,一个人才能够真正理解其中的道理,并将其融入自己的生活中。他进一步提出:"吾尝终日而思矣,不如须臾之所学也;吾尝跂而望矣,不如登高之博见也。"[①](《荀子·劝学》)意思是说,一个人在实践中需要有所坚持,这样才能够真正领会其中的道理,将其转化为自己的品德。古希腊哲学家亚里士多德把"行为实践"等同于"实现活动",非常重视"实现活动"在道德生成中的作用,并强调道德习惯养成的重要性,就像其他技能一样,我们必须通过实践来掌握这些德性。我们必须先行动起来才能学会。[②] 就像黑格尔所说的那样,个体的本质就在于其行为。如果这些行为毫无价值,那么个体的主观意志也是毫无价值的。反之,如果个体的行为具有实体属性,那么其内在的意志也具有实体属性。[③] 这明确地说明了,只有道德主体反复地把道德理念付诸实践,并在此过程中形成自己的行为方式,那么主体的意志就具有了真正实体性的意义。

概言之,荀子的道德教育中的"躬行践履"方法,强调了道德教育的实践性和社会成员的责任感。他认为,只有通过自己的实际行动来践行所学的道德准则,并不断地完善自己的品德,才能够真正地理解其中的道理,并将其内化为自己的行为准则。只有通过道德实践,才能够真正成为一个有道德的人。

---

① 王先谦. 荀子集解[M]. 北京:中华书局,2012:4.
② 亚里士多德. 尼各马可伦理学[M]. 苗力田,译. 北京:中国社会科学出版社,1999:28.
③ 黑格尔. 法哲学原理[M]. 北京:商务印书馆,1961:126.

第三节　荀子道德教育思想的评价与启示

习近平总书记指出:"中国传统文化博大精深,学习和掌握其中的各种思想精华,对树立正确的世界观、人生观、价值观很有益处。学史可以看成败、鉴得失、知兴替;学诗可以情飞扬、志高昂、人灵秀;学伦理可以知廉耻、懂荣辱、辨是非。"① 要正确地评价荀子道德教育思想,并从中汲取当代道德教育的启示,是我们探讨这一问题的首要前提。荀子道德教育思想高扬了主体性道德教育理念、强化了情感道德教育特色、丰富了中华民族道德教育的内容,但其思想受到社会历史条件的影响,有自身的局限性。我们必须密切结合现时代的新发展、新实践,在克服其局限性的基础上进一步弘扬优秀的荀子道德教育思想,为当代道德教育提供参考借鉴。

一、荀子道德教育思想的历史贡献

为了弘扬荀子道德教育思想,我们需要全面了解并准确评价它,以便在继承中有所取舍。荀子道德教育思想的历史贡献主要表现在以下方面:

(一) 高扬了主体性道德教育理念

道德教育的根本使命,就是要引导人走上"成人之道"。② 因此道德教育要回归到人本身,积极地引导人向善。一个人的道德境界是由自身决定的,重点在于发挥人的主观能动性,发挥人自身的内化作用。只

---

① 习近平论中国传统文化——十八大以来重要论述选编 [J]. 党建, 2014 (3): 7-9.
② 鲁洁. 道德教育的根本作为: 引导生活的建构 [J]. 教育研究, 2010, 31 (6): 3-8, 29.

有道德主体将道德内容内化于心，从心底真正地认同并自觉地向善靠拢，才能使客观的道德与主观自觉的善达到统一，从而提升自身道德修养，成为社会成员中有道德的人。儒家道德教育的代表人物孔孟，他们关注道德教育的主体。孔子强调"为仁由己"①（《论语·颜渊》），肯定了道德修养在于人自身，认为应该发挥人自身主体的主观能动性，通过自身的道德修养来实现"仁"。孟子将孔子的"仁"的思想进一步内化，"心之官则思，思则得之，不思则不得也"。②（《孟子·告子上》）孟子认为人有"四心"，即"恻隐之心""羞恶之心""辞让之心""是非之心"，孟子认为在"成人之道"上要充分发挥"四心"的善端，需要人靠自身的自觉充分发挥"四心"的职能。荀子同样十分强调"心之虑"的作用，认为"成人之道"在于发挥道德主体"心之虑"的作用，认为"心"是"形之君""神明之主""出令而无所受令"③（《荀子·解蔽》）。从"心之虑"的角度，荀子也有力地论证了道德教育主体的重要性，高扬主体性道德教育理念，揭示出道德教育的关键在于发挥人的主观能动性，这是引导社会成员走上"成人之道"的决定性因素。

（二）强化了情感道德教育特色

"重情"是荀子道德教育思想的重要特色，荀子适当肯定人的情欲，肯定人的正当欲望，认为"情欲"是人性之根本，人之性存在着好、恶、喜、怒、哀、乐。人天生的自然禀赋就是"性"，"情"不过是"性"的实际内容，"欲"则是情的具体要求。④ 荀子认为人有"情欲"，需要发挥"心之虑"的作用来达到"化性起伪"。那么，什么使

---

① 杨伯峻. 论语译注 [M]. 北京：中华书局，1980：43.
② 杨伯峻. 孟子译注 [M]. 北京：中华书局，2018：37.
③ 王先谦. 荀子集解 [M]. 北京：中华书局，2012：351.
④ 鄯爱红. 试论荀子乐教与成人之道 [J]. 孔子研究，1999（4）：64-72.

"心之虑"发挥作用呢？荀子认为礼乐教化可以疏导"人之欲"，"情欲"是"礼"出现的依据和归宿。在道德教育方法上，荀子提出了"乐以导志"的情感教育法，通过"乐"来积极引导社会成员的情感向善。

（三）丰富了中华民族道德教育的内容

荀子在吸收"百家之学"的基础上，创造性地提出了以"礼"为核心的道德教育思想，从道德教育的依据、目标、内容和方法四个层面构建了道德教育思想体系，内容丰富，结构完整。荀子以"礼"为核心着力点，探索形成了"注错习俗""仪正而影正""乐以导志""虚壹而静""慎其独者""积善成德""躬行践履"的修身之道，丰富了中华民族道德教育的内容，对当代道德教育目标、内容、方法具有重要启示。在中华民族的历史长河中，荀子的道德教育思想所涉及的仁、义、礼、智、忠、信、端、悫等道德品质，对于中华民族道德文化和道德品格的培养产生了深远的影响，是中华民族道德教育的精神宝库，为涵养中华民族的不断发展提供了源源不断的精神力量。

二、荀子道德教育思想的局限性

每个时代都有每个时代的精神，每个时代都有每个时代的价值观念。① 荀子道德教育思想诞生于战国末期，其思想内容不可避免地受到当时政治、经济、文化等方面的影响，因此存在局限性。荀子道德教育思想的局限性表现在以下三方面：

（一）对人性论的片面理解

在先秦儒家视域中，人性论是先秦儒家代表人物的哲学基础。荀子将人性论作为其道德教育思想的基础，荀子认为人性论中的社会成员仅

---

① 习近平. 习近平谈治国理政：第1卷［M］. 北京：外文出版社，2014：168.

仅是依附于政治的人伦关系，并没有考虑到社会成员之间的社会关系会因物质生产的发展而变化，对人的理解具有片面性。荀子的道德教育思想往往忽视社会结构对道德教育的影响，将道德教育的责任归结于单一的政治的人伦关系。但实际上，社会结构和环境也会对个体的道德发展产生一定的影响。如果社会环境存在严重的道德问题和道德沦丧，个体的道德发展很难得到有效的保障和支持。在这里，需要提及人的本质。"人的本质不是单个人所固有的抽象物，在其现实性上，它是一切社会关系的总和。"① 荀子所理解的社会关系仅局限于封建等级制度中的血缘人伦关系，在血缘关系视域之外，无别的社会关系。以马克思主义的视角观之，血缘人伦关系只是人的社会关系中的一种。实践是人类社会的基础，以最浓缩的形式包含着全部的社会关系，涉及诸多领域，除了血缘人伦关系之外还有社会物质生活领域、政治生活领域以及精神生活领域等。

（二）对道德主体性根源的误读

荀子认为，道德主体要实现道德修养的提升需要发挥道德主体"心之虑"的作用。荀子是从唯心主义的角度出发谈论道德教育思想，停留在唯心主义的先验论和精神论的层面，过分夸大"心"的作用。荀子未从唯物主义的角度去认识道德教育。实践是认识的来源，是认识发展的动力，是认识的目的，同样是检验认识真理性的唯一标准。虽然荀子道德教育思想的产生来源于战国末期的社会实践，是回应战国末期道德秩序崩塌的认识。但是，由于春秋战国时期社会生产与科学文化的落后，荀子未能认识到人之主体性的发挥要从实践的角度来理解。荀子曰："心生而有知。"②（《荀子·解蔽》）荀子认为，道德主体的人之

---

① 中共中央马克思恩格斯列宁斯大林著作编译局. 马克思恩格斯选集：第1卷［M］. 北京：人民出版社，2012：501.
② 王先谦. 荀子集解［M］. 北京：中华书局，2012.

心是与生俱来的，荀子未能看到"人之心"，即道德主体的意识是由物质决定的。从马克思主义视角观之，"意识在任何时候都只是被意识到了的存在，而人们的存在就是他们的现实生活过程"。① 在这里，人们的现实生活过程就是社会实践，物质实践创造了人的意识。荀子陷入了唯心主义的泥潭，未能看到"人之心"及道德主体的意识的根源来自社会实践，导致对主体性根源的误读。

（三）对等级观念和秩序的偏执

荀子处于奴隶社会向封建社会过渡的时期，无论是奴隶社会还是封建社会，两个历史时期都要求社会成员坚守统治者所规定的严格等级制度，迎合统治者阶级的利益。荀子道德教育思想的核心内容"礼"，就是用来调节和约束社会成员的道德规范。"礼者，贵贱有等，长幼有差，贫富轻重皆有称者也。"②（《荀子·富国》）"礼"要求社会成员按照"君君，臣臣，父父，子子"的伦理等级秩序进行分工，社会成员在各自的职位上各尽其责，不能越权。荀子的"礼"之本质为礼仪，即规章制度，更为确切地说是维护统治者利益的等级制度。荀子之"礼"来源于"使欲必不穷乎与物，物必不屈于欲"③（《荀子·礼论》）。"欲"会导致社会"贵贱有等，长幼有差"，陷入"争与乱"，用"礼"可以来限制"欲"。由此看出，荀子的"礼"之目的是维护封建统治者所规定的"贵贱有等，长幼有差"等级制度与道德秩序。从道德教育目标的角度，同样可以看出荀子对等级观念和秩序的偏执。在道德教育的目标上，"圣人"是荀子道德教育的高级目标，是"礼"的制定者、遵循者和践行者，是等级分明、井然有序的等级社会的最高道

---

① 中共中央马克思恩格斯列宁斯大林著作编译局. 马克思恩格斯选集：第1卷［M］. 北京：人民出版社；2012：72.
② 王先谦. 荀子集解［M］. 北京：中华书局，2012.
③ 王先谦. 荀子集解［M］. 北京：中华书局，2012.

德境界。

三、荀子道德教育思想的启示

"中国传统文化博大精深，学习和掌握其中的各种思想精华，对树立正确的世界观、人生观、价值观很有益处。"[①] 中华文化源远流长，中华民族在每个历史时期都有伟大的思想家凝结出伟大的思想，彰显出跨越时空的价值与意义。其中，产生于战国末期的荀子道德教育思想对完善当代道德教育目标、丰富当代道德教育内容、优化当代道德教育方法有着重大的历史意义。习近平总书记指出要"努力实现传统文化的创造性转化、创新性发展，使之与现实文化相融相通，共同服务以文化人的时代任务"[②]。我们应该批判地继承，抓住荀子道德教育思想的正确方向并进行现代化的转化，让荀子道德教育思想中丰富的内容和鲜明的特色，在百年未有之大变局的今天彰显出跨越时空的当代价值。深入挖掘荀子道德教育思想中的精髓，对于提高当代道德教育具有重要的启示和借鉴意义。

（一）对完善当代道德教育目标的启示

2019年10月27日，中共中央、国务院印发了《新时代公民道德建设实施纲要》，指出当代道德教育的目标是"不断提升公民道德素质，促进人的全面发展，培养和造就担当民族复兴大任的时代新人"。荀子道德教育思想当中的道德教育目标分为具有连续性、递进性的三个层次："士""君子""圣人"。这三个层次是可以通过个人品德不断提高而达到的。荀子所塑造的理想人格能够使人们的精神得到激励，不断地追求理想人格，从而达到高级道德教育目标——"圣人"。通过学习

---

① 习近平. 习近平谈治国理政 [M]. 北京：外文出版社，2014：405.
② 习近平. 习近平谈治国理政：第2卷 [M]. 北京：外文出版社，2017：313.

荀子的人的道德境界是辩证发展的观点，可以更好地将当代青年培养成堪当大任的"时代新人"。

1. 坚持道德教育根本目标的指导地位

荀子生活在礼崩乐坏的战国末期，社会风气每况愈下，社会道德秩序也逐渐沦丧。面对此现状，荀子迫切地希望社会成员能够坚持道德修养，重视理想人格的塑造，成为合礼合法的社会成员，并在此基础上构建出和谐的社会秩序。荀子道德教育目标的三个层次分别是"士""君子""圣人"，其根本目标是培养遵"礼"守"义"的社会成员，重构战国末期社会道德秩序。

当前，随着我国进入社会主义新时代，社会公德、职业道德、家庭美德、个人品德等方面都面临着新的道德挑战，如功利主义、拜金主义、实用主义等问题都在影响着社会的发展。马克思指出："作为确定的人，现实的人，你就有规定，就有使命，就有任务……这个任务是由于你的需要及其与现存世界的联系而产生的。"[①] 因此，我们必须明确当代道德教育的根本目标，为实现中华民族伟大复兴中国梦汇聚人才力量，应对新时代的道德挑战。《新时代公民道德建设实施纲要》指出当代道德教育的根本目标是"不断提升公民道德素质，促进人的全面发展，培养和造就担当民族复兴大任的时代新人"。在当代中国，我们要坚持"不断提升公民道德素质，促进人的全面发展，培养和造就担当民族复兴大任的时代新人"这一道德教育的根本目标的地位，不断地提升中华民族的软实力。要坚持当代道德教育的根本目标的地位，可以从以下几个方面入手：第一，制定明确的道德教育目标和指标。明确公民道德素质的内涵和标准，通过科学、合理的指标来评估公民道德素质的提升情况。第二，加强道德教育课程建设。将公民道德教育贯穿于各

---

① 中共中央马克思恩格斯列宁斯大林著作编译局. 马克思恩格斯全集：第三卷［M］. 北京：人民出版社；1960：328.

类课程之中，促进学生全面发展。同时，加强道德教育课程的开发和研究，不断更新教材内容和教学方法。第三，营造浓厚的道德教育氛围。社会上应该树立道德榜样，传递正能量，同时严厉打击各种违法违规行为，让大家认识到道德的重要性和必要性。第四，强化道德教育评价体系。制定全面、科学的道德评价体系，通过评价体系的建立和完善，形成对道德教育的常态化监督和评估。第五，加强道德教育普及。政府和社会应该加强道德教育的宣传力度，让更多人了解道德教育的重要性，增强道德意识和责任感。第六，推进道德教育与实践相结合。将道德教育融入实践中去，通过实践活动来增强学生的道德素质和实际能力，提高道德教育的实效性和针对性。

通过以上几个方面的努力，可以坚持"不断提升公民道德素质，促进人的全面发展，培养和造就担当民族复兴大任的时代新人"这个当代道德教育的根本目标的地位，让道德教育真正成为推动国家和社会发展的重要力量。

2. 促进道德教育目标的多层次发展

荀子针对社会成员主体存在的差异性，从而在道德教育具体目标上分成了三个层次。初级目标是将社会成员塑造为"士"，中级目标是将社会成员培养为"君子"，高级目标是将社会成员塑造成"圣人"。这三个层次不是静止的、孤立的。荀子道德教育目标的三层次是渐进性的、发展运动的、连续性的，人人皆可为"圣人"。

当代道德教育目标的多层次发展是指将道德教育目标分为不同层次，根据学生的年龄、发展阶段和需要，逐步提高道德教育的深度和广度。我们可以借鉴荀子将道德教育目标分成三个层次的方法，基于道德教育的规律以及道德教育对象的差异性，将当代道德教育目标划分成不同的层次。具体而言，我们可以将当代道德教育的目标分为四个层次。第一层次为"培养基本的道德素养"。在小学阶段，社会成员应该学习基本的道德素养，包括诚实守信、友善互助、尊重他人等。这些基本的道德素养是人际交往和社会生活的基础，可以帮助社会成员建立健康的人际关系和良好的社会行为习惯。第二层次为"培养道德责任感和决策能力"。在中学阶段，社会成员应该进一步培养道德责任感和决策能力。这包括学会关注他人的需要、了解社会的问题、独立思考和做出良好的决策等。这些能力可以帮助社会成员更好地理解和应用道德原则，发挥更积极的社会作用。

第三层次为"提高道德意识和全球视野"。在大学阶段，社会成员应该进一步提高道德意识和全球视野。这包括学习全球化的社会问题、了解不同文化之间的差异、理解道德决策的复杂性等。这些能力可以帮助社会成员更好地适应全球化的社会和复杂的社会环境，发挥更积极的领导力和社会作用。第四层次为"培养职业道德和社会责任感"。在职业教育和职业培训阶段，社会成员应该进一步培养职业道德和社会责任感。这包括学习职业道德规范、理解企业社会责任、了解全球化的职业市场等。这些能力可以帮助受教育者社会成员在职业生涯中做出道德决策和为社会做出贡献。

综上所述，当代道德教育目标的多层次发展需要根据社会成员的年龄和背景差异，逐步提高道德素养、培养道德责任感和决策能力、提高道德意识和全球视野、培养职业道德和社会责任感，逐步实现道德素养的全面提高。

3. 优化道德教育目标的层次性

针对社会成员主体存在的差异性，荀子不仅将道德教育目标分为具有连续性、可以体现过程性的三个层次，而且优化了道德教育目标每个层次的特点，使荀子道德教育方法的实践效果更好，更有利于社会成员进行道德实践，提升道德境界。例如，荀子明确地提出："好法而行，士也；笃志而体，君子也；齐明而不竭，圣人也。"(《荀子·修身》)①"士""君子""圣人"三个层次分别对应的道德品格是"好法而行""笃志而体""齐明而不竭"，对应的道德品格十分清晰，社会成员易于分辨与学习。

当前，我国道德教育的目标是培养和造就担当民族复兴大任的时代新人。在将道德教育目标分为具有连续性的几个层次后，我们也可以同样地提出道德教育每个层次的特点及要求，明确各个层次道德教育目标的具体内容，使之更易让社会成员开展道德实践，引导社会成员明大德、守公德、严私德。具体而言，可以从以下几个方面展开。首先，面向不同年龄段的社会成员，制定针对性的道德教育目标。不同年龄段的社会成员具有不同的认知水平、生活经验和行为规范，因此，需要针对不同年龄段的社会成员制定具有针对性的道德教育目标。比如，在小学阶段，可以重点培养社会成员的基本行为规范和人际交往能力；在中学阶段，则需要重点培养社会成员的责任感和自我控制能力；在大学阶段，则需要强调社会成员的社会责任感和全球视野。其次，从多维度的角度探究道德教育目标。道德教育目标不仅包括道德认知、道德情感和道德行为等方面，还包括个体、家庭、社会和全球等多个层面的需求。因此，在制定道德教育目标时，需要从多维度的角度出发，综合考虑个体、社会和全球的道德需求。再次，借鉴国际上的道德教育经验，提高道德教育的质量和效果。国际上已经有很多优秀的道德教育经验值得我们借鉴，如日本的"道德教育小学"，以及欧美国家的"品格教育"等。我们可以从中汲取经验，为我国的道德教育提供借鉴和参考，从而提高道德教育的质量和效果。最后，强调道德教育与现实生活的联系，提高道德教育的实践性。道德教育必须与现实生活相联系，才能更好地

---

① 王先谦. 荀子集解[M]. 北京：中华书局，2012：33.

发挥作用。在教育过程中，应该通过丰富的实践活动，让学生深入感受道德行为和道德规范的意义和价值。同时，教育者也应该注重将道德教育融入各种实际情境和案例中，让学生通过实际操作和实际案例来提升道德素养。

综上所述，优化当代道德教育目标的层次性需要面向不同年龄段的社会成员，制定针对性的道德教育目标；从多维度的角度探究道德教育目标；借鉴国际上的道德教育经验，提高道德教育的质量和效果；强调道德教育与现实生活的联系，提高道德教育的实践性。

（二）对丰富当代道德教育内容的启示

习近平总书记指出，"要认真汲取中华优秀传统文化的思想精华和道德精髓""深入挖掘和阐发中华优秀传统文化讲仁爱、重民本、守诚信、崇正义、尚和合、求大同的时代价值"。[1] 荀子道德教育内容以人性论为基础形成"礼"的教育、"义"的教育、"孝"的教育、"诚"的教育。荀子人性论是道德教育内容的哲学基础，阐述了"天之就"的人性不含有任何道德因子，关键在于后天的培养，折射出了道德教育之可能和道德教育之必要。当前，许多领域都出现了公民道德失范现象，应该充分挖掘荀子道德教育内容，为充实当代公民道德教育提供丰富的文化资源。

1. 树立"以礼为本，隆礼重法"的道德教育意识

荀子曰："礼者，法之大分，类之纲纪也。"[2]（《荀子·劝学》）"礼"具有教化性、感染性。强调国家、政府、社会以及各界组织在全社会营造出文明、和谐、公正、法治的文化氛围，并积极做宣传，用"动之以情，晓之以理"的方式感染教化民众。荀子曰："明礼义以化

---

[1] 习近平. 习近平谈治国理政［M］. 北京：外文出版社，2014：164.
[2] 王先谦. 荀子集解［M］. 北京：中华书局，2012：11.

之，起法正以治之，重刑罚以禁之。"①（《荀子·性恶》）"法"具有强制性、规范性。"礼"与"法"二者相辅相成，共同发挥作用。因此需要不断完善网络安全法，学术道德规范以及校园管理条例等，强调国家、政府、社会及各界组织应在全社会组织法制教育，帮助民众普及法制道德教育观念，树立法治道德教育思维。

"礼"的思想是荀子道德教育的核心。荀子生活在战国末期，战国末期礼崩乐坏，动荡不安，社会秩序被严重破坏。当时的背景下，荀子十分强调"礼"并将"礼"制度化、规范化，提出了一系列的建设性意见，对于构建当代社会主义和谐社会具有重要启示。

当前社会道德现状总体趋势向好，但也存在失"礼"失"法"的现象，表现在以下几个方面。首先，当前社会存在失"礼"现象。随着社会经济发展和文化多元化，社会中出现了一些社会成员不重视传统礼仪、无视公共道德的现象。例如，社会成员在公共场合大声喧哗、乱扔垃圾、不尊重老人、不遵守交通规则等，这些行为不仅影响公共秩序，也影响了人们的生活质量。随着网络时代的发展，网络虚拟空间的秩序受到了极大的挑战。社会成员在网络上也表现出失礼的行为，例如恶意攻击、谩骂、人身攻击等。网络喷子、键盘侠等在网络虚拟空间中违背道德，侵犯他人隐私权、肖像权、名誉权，使网络空间秩序陷入混乱。此外，校园道德秩序也不容乐观，校园主体通过肢体、语言、网络等手段对弱势成员进行欺凌等，致使校园环境陷入混乱。这种失礼现象的存在不仅破坏了社会的公共秩序，也损害了社会的公共信誉。其次，当前社会存在失"法"现象。一些社会成员对法律法规的认识不够深入，甚至对法律置若罔闻，如违法建房、盗窃、贩毒等，甚至出于个人私利、利益关系等原因，会故意违法乱纪。例如，一些人违反交通规

---

① 王先谦. 荀子集解 [M]. 北京：中华书局，2012：425.

则、占道经营、偷税漏税等，这些行为不仅严重损害了社会公共利益，也加剧了社会的不公和不稳定。最后，当前社会失"礼"失"法"现象相互交织。在当前社会中，一些社会成员不仅不重视传统礼仪和公共道德，而且还违反法律法规，形成了一些恶性的社会现象。例如，社会成员在公共场合吸烟、乱涂乱画、辱骂他人等，这些行为不仅失去了基本的公德，也违反了相关法律法规。失"礼"失"法"现象的背后，存在着一些深层次的问题。例如，道德观念淡薄、法律意识不强、人与人之间的关系越来越冷漠等。这些问题需要从根本上得到解决，才能够真正改变当下社会失"礼"失"法"的现状。

荀子道德教育思想，强调了礼的作用和地位，强调了礼与法的关系。这对于树立"以礼为本，隆礼重法"的道德教育意识，减少当代失"礼"失"法"现象具有重要的启示和意义。具体而言，它可以启示社会成员从以下几个方面入手，努力提高个人道德素养和社会道德水平，从而减少失"礼"失"法"现象的发生。第一，重视礼的教育。荀子认为，礼是人类社会生活的基础，也是道德教育的基础。在当代社会中，失"礼"现象较为普遍，需要重新重视礼的教育，让人们明白礼的重要性，并将礼融入日常生活中去。第二，重视法律的约束力。荀子认为，法律是对人类行为的规范和约束，它是保障社会秩序和公正的重要手段。在当代社会中，失"法"现象也很常见，需要加强法律的执行和约束力度，让人们明白法律的重要性，并遵守法律规定，不做出违法行为。第三，建立和谐社会。荀子提倡隆礼重法，强调礼与法的关系。礼是社会和谐的重要因素，如果人们能够遵守社会的礼仪和规范，社会就会更加和谐。因此，需要建立和谐的社会氛围，让人们明白礼与法的重要性，并将其融入生活中去。第四，培养正确的道德观念。

荀子认为，培养正确的道德观念是道德教育的重要任务。在当代社会中，许多人的道德观念偏差，需要加强正确的道德教育，让人们明白道德的重要性,并且将正确的道德观念融入日常生活中去。因此,针对当前失"礼"失"法"的现象,需要加强道德教育和法治教育,提高人们的法律意识和道德素质。同时,也需要加强对违法行为的打击力度,让犯罪者受到应有的法律制裁,增强社会的法治意识和法律信仰。只有在全社会的共同努力下,才能够建立起和谐、法治、文明的社会环境。

总之,荀子"以礼为本,隆礼重法"的道德教育思想对于提高当代失"礼"失"法"现象具有重要的启示和意义,它强调了礼的作用和地位,强调了礼与法的关系,可以指导我们从教育、法律、社会和道德等方面入手,提高人们的道德素养,建立和谐的社会秩序。

2. 树立"先义后利、义利兼顾"的道德教育意识

荀子曰:"体恭敬而心忠信,术礼义而情爱人,横行天下,虽困四夷,人莫不贵。"[1](《荀子·大略》)强调"义"代表道德伦理、礼义法则,是道德教育当中的核心标准。并在此基础上提出"义利两有",认为只有在追求义的前提下,个人才能真正地实现自身的价值和利益,教育社会成员"义"是我们追求的终极的道德之善。

当前社会道德现状总体趋势向好,但个人利益与集体利益、国家利益之间也存在着不同程度的冲突,这种冲突的表现形式也很多样化,要表现在以下几个方面。在资源分配方面,一些社会成员为了自己的利益,会争夺有限的资源,如土地、水资源等,而忽视其他人或者集体的需求,这会导致资源分配的不公平和浪费。在劳动关系方面,一些雇主为了谋取最大利益,可能会削减员工的福利待遇、加班时间,甚至不遵守劳动法规等,这会导致员工权益受损,同时也会影响企业和国家的发展。在环境保护方面,一些企业为了降低成本和提高利润,可能会违反

---

[1] 王先谦. 荀子集解[M]. 北京:中华书局,2012:493.

环保法规，排放污染物等，这会导致环境污染和生态破坏，给社会带来不可逆的损害。在公共利益方面，一些人可能会为了自己的利益而阻碍公共事务的开展，如不遵守交通规则、抢占公共资源等，这会影响公共利益的实现，损害社会的整体利益。这些冲突表明，个人利益与集体利益、国家利益之间存在着矛盾和冲突，如何更好地协调这种矛盾和冲突，是一个重要的社会问题。

荀子道德教育思想，强调了个人在行为中应该首先考虑的是道义上的义务和责任，而不是个人的私利。他认为，只有在追求义的前提下，个人才能真正地实现自身的价值和利益。这对于树立"先义后利、义利兼顾"的道德教育意识，平衡个人利益和集体、国家利益的关系，促进社会和谐稳定发展具有重要的启示和意义。具体而言，荀子道德教育思想提供了以下启示和意义。第一，以义为先，利为辅。荀子认为，人们应该以道德为先，而不是以个人利益为先。在处理个人利益与集体、国家利益冲突的情况时，我们应该首先考虑道德原则，而不是追求个人利益。只有在尊重道德原则的前提下，才能更好地实现个人和集体、国家的利益。在个人利益与集体利益、国家利益发生冲突时，我们应先考虑集体利益、国家利益，必要时可以牺牲个人利益。在当代有许多英雄模范人物发扬了荀子的义利观，如把生命奉献给脱贫攻坚事业的黄秀文、校长妈妈张桂梅、活雷锋王兰花、当代愚公黄大发、最美逆行者、凉山救火英雄等，英雄人物在个人利益与集体利益、国家利益发生冲突时，毅然牺牲了个人利益，将个人融入集体和国家利益。第二，秉持义利兼顾的原则。荀子强调道德与利益的统一，认为道德和利益不是对立的关系，而是相辅相成的关系。在处理个人利益与集体利益、国家利益冲突的情况时，我们应该秉持"义利兼顾"的原则，既要尊重道德原则，又要考虑个人利益和集体、国家利益的关系，使个人利益和集体、国家利益相互促进、相互支持。

总之，荀子的"先义后利、义利兼顾"道德教育思想在个人利益与集体、国家利益冲突的情况下，强调道德与利益的统一，提倡以道德为先，以义利兼顾的原则处理问题，同时重视道德教育，对于我们在现实生活中处理个人与集体、国家利益冲突问题时提供了重要的启示和借鉴。

3. 树立"从义从道、通权达变"的道德教育意识

荀子的孝道观以"义""道"为最高道德标准。儒家道德教育十分注重家庭伦理关系，研究父母和子女之间属于哪种关系是最好的状态。荀子强调"顺亲"与"谏亲"相统一，既要履行赡养父母的义务，又有提出批评建议的权利。在家庭道德教育方面，父子之间应以"义""道"为最高标准，面对"忠"与"孝"可能发生的冲突，做到通权达变。自古"忠""孝"两难全，面对"忠"与"孝"发生的冲突时，荀子以"义""道"为最高标准，鲜明地提出"从义不从父"的思想，对构建当代和谐的家庭道德教育具有重要启示。

在当代社会中，孝敬父母既包括"顺亲"也包括"谏亲"，即孝敬父母不仅是要顺着父母的意愿行事，还要在适当的时候向父母提出不同的观点和建议。然而，在实际教育中，仍然存在一些问题，包括以下几个方面。第一，缺乏平等沟通。很多家庭中，父母的地位高于子女，孩子难以与父母进行平等的沟通和交流，无法表达自己的真实想法和感受，也难以对父母提出建议和意见。第二，忽略父母的需求。在一些家庭中，孝敬父母被理解为只要顺着父母的意愿行事，忽略了父母的真实需求和意愿，这可能会导致孩子在孝敬的过程中失去自我，甚至造成心理上的不适。第三，对"谏亲"教育不足。在很多家庭中，孝敬父母的重点仍然放在"顺亲"方面，忽略了对"谏亲"教育的重视。这可能会导致孩子无法理解和掌握"谏亲"的正确方法和时机。第四，没有明确界限。在实际教育中，很难界定何时应该"顺亲"何时应该

"谏亲",这可能会导致孩子难以判断何时该顺从父母,何时该提出建议和意见。当代孝敬父母的教育中,"顺亲"和"谏亲"都存在一些问题,需要家长和教育者加强教育,引导孩子正确理解孝敬父母的含义,培养孩子平等沟通的能力,重视父母的需求和意愿,同时也要教育孩子掌握正确的"谏亲"方法和时机,明确界限,使孝敬父母成为一种互相尊重、沟通良好的家庭关系。

荀子的道德教育思想强调了"顺亲"与"谏亲"的相互融通的孝道,这对于树立"从义从道、通权达变"的道德教育意识具有启示和意义。首先,"从义从道"强调个人应该根据道义准则行事,追求道德上的正确与合理。在孝道方面,"顺亲"是指顺应父母的意愿和要求,而"谏亲"则是指在适当的情况下向父母提出建议和意见。荀子认为孝顺不仅仅是要顺从父母的意愿,更重要的是要根据道义准则去行事,因此"谏亲"在孝道中也具有一定的价值。同时,荀子也强调"中庸之道",即要把握好"顺亲"和"谏亲"的度,避免过度"顺亲"或过度"谏亲"的情况出现,从而达到孝道的最高境界。其次,"通权达变"则强调了在特定情况下,应当灵活运用道义准则,根据情境和具体情况作出适当的调整。在孝道方面,这意味着子女应该根据父母的实际情况和需求,灵活运用"顺亲"和"谏亲"的方式,以最合适的方式来表达自己的孝心和关爱。例如,当父母年老体弱或者疾病缠身时,子女应该更加重视"顺亲",更好地照顾和关爱父母;而在一些重要决策和选择上,子女可以适当地提出建议和意见,帮助父母做出更好的决策。

总之,荀子的"从义从道、通权达变"道德教育思想强调对孝道的传承和教育,对构建当代和谐的家庭道德教育具有重要启示。让孩子从小就懂得尊敬、关爱父母,并了解如何合理地运用"顺亲"和"谏亲"的方式,在家长和孩子之间建立沟通的桥梁,树立"顺亲"与

"谏亲"相统一的新型家庭道德教育观，避免过度顺从或反抗父母的情况出现，从而实现良好的家庭关系和社会和谐。

4. 树立"诚实守信，诚信至上"的道德教育意识

荀子曰："若夫忠信端悫，而不害伤，则无接而不然，是仁人之质也。忠信以为质，端悫以为统。"①（《荀子·臣道》）"诚"是为人处事的根本，是社会成员生活在社会秩序当中必须具备的品质，是仁人之质。荀子将诚信品质赋予"自然法"的意蕴，将"诚""信"教育规范化、制度化，对当代诚信建设具有深刻意义。

当代社会的诚信现状存在着复杂的情况，既有积极进步的方面，也有严峻挑战的方面。随着社会的发展和进步，越来越多的人认识到诚信的重要性，弘扬诚信精神成为一种社会共识。一些企业和组织也开始强化诚信管理，落实诚信责任，加强诚信文化建设。但是在一些领域，诚信问题仍然很突出。比如，在商业领域，一些企业仍然存在虚假宣传、欺诈行为，消费者的权益受到侵犯。在政治和行政管理领域，一些官员可能会利用权力寻租和徇私舞弊来谋取私利，这对社会的公正和公平造成了影响。当代社会也面临着诚信风险。在互联网和数字化时代，隐私泄露、网络诈骗等问题也成为诚信的重要风险。一些社会成员可能会利用网络匿名性进行诈骗或者散布虚假信息，这对网络安全和社会信任造成了威胁。总的来说，当代社会的诚信现状是复杂的。要解决当代诚信问题，需要全社会共同努力，加强诚信意识的培养，推动诚信文化建设，强化诚信管理和监管，打击诚信违法行为，建立信任的社会环境。

荀子的道德教育思想提出的"君子养心莫善于诚"，强调诚信教育在塑造君子人格中十分重要。这对于树立"诚实守信，诚信至上"道德教育意识，提高当代诚信建设具有重要的启示和意义，主要表现在以

---

① 王先谦. 荀子集解［M］. 北京：中华书局，2012：250.

下几方面。第一，强化诚信意识。荀子认为，诚信是道德中的重要基石，是人际交往和社会治理的基础。因此，在当代社会，我们也应该重视诚信，强化诚信意识，将诚信作为一种道德追求和生活方式。只有从内心认识到诚信的重要性，才能真正建立起诚信的社会基础。第二，落实诚信责任。荀子认为，诚信不仅是个人的道德追求，也是企业、组织和政府的责任。因此，在当代社会，我们也应该将诚信视为一个共同的责任，建立诚信责任制度，明确各方面的诚信责任，确保每个人、每个组织都能够落实诚信责任。第三，推动诚信文化建设。荀子认为，诚信是一种文化，需要通过社会文化建设来推动。因此，在当代社会，我们也应该重视诚信文化建设，积极推动诚信文化的传承和发展。通过教育、宣传、法律法规等多种途径，加强诚信文化建设，强化社会信任和社会凝聚力。第四，打击诚信违法行为。荀子认为，对于那些不守诚信、违法行为的人，应该予以打击和惩罚。因此，在当代社会，我们也应该建立完善的诚信监管机制，加强对于诚信违法行为的打击和惩罚，维护社会公正和公平，促进社会诚信的发展。

总之，荀子的"诚实守信，诚信至上"道德教育思想强调了诚信在社会发展中的重要性，倡导了以实际行动维护诚信，推崇诚信的道德价值，强调诚信的教育意义，为我们提供了关于诚信建设的重要思路和方法，为当代社会的诚信建设提供了重要的启示和意义。

(三) 对优化当代道德教育方法的启示

荀子在道德教育实践过程中形成了系统而全面的道德教育方法，对于优化当代道德教育方法具有重要的启示。

1. "身教示范"：发挥教育者的榜样作用

荀子十分重视教师作为教育者的榜样作用，"以身为正仪而贵自安者也"。①(《荀子·修身》)只有正己才能正人。荀子强调作为教师必须做到:"师术有四,而博习不与焉。严师面悌,可以为师;耆艾而信,可以为师;诵说而不陵不犯,可以为师;知微而论,可以为师。"②(《荀子·致士》)即教育者应该具备威信,要有丰富的阅历和崇高的信仰,并且能够根据教育的内在逻辑有条不紊地、循序渐进地讲解道德教育的知识。

习近平总书记强调:"教师是人类文明的传承者,承载着传播知识、传播思想、传播真理,塑造灵魂、塑造生命、塑造新人的时代重任。"③ 教育者是道德修养的传播者及解释者,是践行道德品格的主要力量。中华民族一直有着"身教示范"的优良传统,重视培养教育者的责任担当精神以及在道德教育当中重视榜样的力量。荀子的"身教示范"道德教育思想是指教育者应该通过自己的言行来示范道德行为,以此来影响和引导学生的道德观念和行为。这一思想对于当代教育者发挥榜样作用具有重要的启示和意义。具体而言,表现在以下方面。首先,"身教示范"强调了教育者的行为对于学生的影响力。现代社会中,教育者不仅仅是传授知识的角色,更是孩子成长过程中的榜样。教育者的行为、态度、价值观念等方面都会对学生产生深刻的影响。因此,教育者应该注重自己的言行举止,以此来激发学生的道德自觉和行为习惯。其次,"身教示范"强调了教育者自身的道德素质和修养。教育者不仅需要有扎实的学科知识和教学技能,还需要具备高尚的道德品质和行为修养。只有通过自己的言行来示范良好的道德行为,才能让学生在道德上受到真正的熏陶和影响。因此,教育者需要不断提升自己的

---

① 王先谦. 荀子集解 [M]. 北京:中华书局,2012:34.
② 王先谦. 荀子集解 [M]. 北京:中华书局,2012:258.
③ 习近平总书记在全国教育大会上强调坚持中国特色社会主义教育发展道路培养德智体美劳全面发展的社会主义建设者和接班人 [N]. 人民日报,2018-09-10 (1).

道德素质，以此来更好地发挥身教示范的作用。最后，"身教示范"强调了教育者与学生之间的互动关系。教育者应该与学生建立良好的互动关系，关心学生的成长和发展，以此来建立良好的师生关系。只有在良好的师生关系基础上，教育者才能更好地发挥身教示范的作用，影响和引导学生的道德观念和行为。

总之，"身教示范"道德教育思想对于当代教育者发挥榜样作用具有重要的启示和意义。教育者应该注重自己的言行举止，提升自己的道德素质，建立良好的师生关系，以此来发挥身教示范的作用，引导学生形成正确的道德观念和行为习惯。

2. "环境塑造"：优化教育环境

荀子认为，"故君子居必择乡，游必就士"。①（《荀子·劝学》）这句话突出强调了环境对社会成员的影响。环境不仅指学校环境与家庭环境，也指社会环境。学校环境、家庭环境与社会环境可以影响社会成员的道德规范、思维方式、风俗习惯以及社会成员的心理倾向。

当前，社会面临前所未有的挑战。在社会主义市场经济的影响下，拜金主义、享乐主义、极端个人主义、网络虚无主义、网络民粹主义、历史虚无主义等极端思潮日益泛滥，这些问题影响着整个社会的发展。同时，社会出现了信仰危机、道德滑坡、治安恶化及贪污腐败等一系列道德问题，社会主义核心价值观无法很好地践行，成为引领社会成员的力量。因此，在新的时代如何更好地践行社会主义核心价值观成为当前重要的时代课题。荀子的"环境塑造"道德教育思想为我们优化环境提供了很好的启示和意义。在当代社会，我们应该通过共同努力来创造良好的环境，为人们的全面发展和提高社会道德水平提供更好的保障。在学校环境中，应注重教育环境的营造和优化，根据学生的年龄、性

---

① 王先谦. 荀子集解［M］. 北京：中华书局，2012：348.

格、兴趣等因素，创造出适合学生的教育环境，同时注重教育环境对学生情感的引导和塑造，营造出积极向上的教育文化，为学生的全面发展提供更好的支持和帮助。在家庭环境当中，应注重家风、家训、家庭氛围对家庭成员的道德品格、道德行为塑造的影响。在社会环境中，一方面，要优化现实社会环境，另一方面，要规范网络空间，使网络虚拟环境秩序化、法制化，控制和克服网络文化、网络违法活动的不良影响，让社会大环境更好地塑造社会成员的个体态度、情感、价值观，使社会成员对良好的道德的行为有自己的评价能力。在互联网高度发展的今天，社会成员日益生活在网络三维世界中，通过小小的芯片便可观看全中国乃至整个世界的讯息、裂变及更新。因此，对社会环境的关注不仅仅局限于现实社会环境，更要关注网络虚拟环境。

总之，荀子的"环境塑造"道德教育思想对于当代优化教育环境的启示和意义非常重要。我们应该注重营造良好的教育环境，优化教育资源的配置，加强家庭和社会的参与，共同为社会成员的道德教育创造更加有利的条件。

3. "慎其独者"：提升受教育者的自我道德修养

荀子在道德教育方法方面，不仅强调要注重外在环境的教化，更重要的是要内修，提高教育者的自我教育能力。外因不可忽视，内因同样重要，在内因与外因、内外兼修的共同作用下，主体的良好的道德品质才可能形成。在受教育者提升自我道德修养的过程中，荀子提出学习要"慎其独者"，即自律。荀子所提出的"慎其独者"道德教育方法，强调受教育者要有高度的道德自觉和道德自律意识。换句话说，受教育者要提升自我道德修养，即使在无他律的条件下，也要严格遵守内心的道德规范。

荀子的"慎其独者"道德教育思想，强调一个人在独处时，应该保持高度的道德自律，从而提升自己的道德修养。这一思想对于提升受教育者的自我道德修养具有重要的启示和意义。首先,"慎其独者"提醒我们要注重个人的内心修养。一个人的道德修养不仅仅取决于外部的道德规范和社会要求,更关键的是要有内在的自我约束和自我要求。培养受教育者良好的道德品质,关键在于激发受教育者对良好道德的需求,培育受教育者对良好道德的内在动力,让受教育者主动去践行"慎其独者",提升道德品质。

因此,我们需要注重培养受教育者内在的道德素质和自我约束能力。其次,"慎其独者"提醒我们要注重个人的自我管理。一个人的独处时刻是他自我管理的最大考验,只有自我管理得当,才能做到"慎其独者"。因此,我们需要注重培养受教育者的自我管理能力,让他们能够在独处时自我约束,保持良好的道德品质和行为表现。最后,"慎其独者"也提醒我们要注重个人的自我反思。在独处时,人们可以更加深入地反思自己的思想和行为,从而发现自身的不足之处,进而加以改进和提升。因此,我们需要注重培养受教育者的自我反思能力,让他们能够在独处时深入反思自己的思想和行为,不断提高自己的道德素质和自我管理能力。

总之,荀子的"慎其独者"道德教育思想对于提升受教育者的自我道德修养具有重要的启示和意义。我们应该注重培养受教育者的内在道德素质和自我约束能力,加强受教育者的自我管理和自我反思能力,帮助他们在独处时做到"慎其独者",提高自己的道德素质和行为表现。

4. "躬行践履":发挥教育实践的作用

荀子曰:"道虽迩,不行不至;事虽小,不为不成。其为人也多暇日者,其出入不远矣。"①(《荀子·修身》)荀子强调道德的形成关键

---

① 王先谦. 荀子集解 [M]. 北京:中华书局,2012:348.

还在于实践,"学至于行之而止",就是强调对"礼"的躬行与践履。①社会成员的"道德之积"在于社会成员的"道德之为",只有通过反复实践在其心中形成"道德之善",才有可能达到预期的目标。道德实践是将道德认知、道德情感、道德意志最终联系起来的环节,道德实践促使受教育主体在道德认知的基础上,在情感与心灵之间产生共鸣的基础上发生行为方式的转变。

习近平总书记强调:"要把正确的道德认知、自觉的道德养成、积极的道德实践紧密结合起来,不断修身立德,打牢道德根基。"② 因此,当前要加强道德实践教育,让受教育者将所学的道德知识付诸实践。荀子的"躬行践履"道德教育思想对于教育实践有着重要的启示和意义,更好地引导社会成员成长和发展,让他们成为有责任感和担当精神的社会人才。推动社会成员道德实践的养成需要从多个层面入手,包括以下几点。

第一,强化道德教育。从小学开始,学校和家庭应该加强道德教育,让受教育者了解什么是正确的道德认知,如何养成自觉的道德行为,以及如何积极参与道德实践。第二,树立道德榜样。社会各行各业应该树立道德榜样,鼓励和表彰那些具有良好道德品质和道德实践的人,激励更多人积极参与道德实践。第三,建立良好的社会风气。全社会应该弘扬诚信、友善、尊重等良好的社会风气,让这些良好的道德观念渗透到社会生活的各个领域,引导人们做出正确的道德选择和行为。第四,促进社会互助和公益活动。鼓励和推动社会成员积极参与志愿服务、慈善活动等公益事业,让他们通过实践了解和体验道德实践的意义和价值,从而养成积极的道德行为。第五,加强道德评价和监督。社会

---

① 郑治文. 荀子论"学"[N]. 光明日报, 2022-09-24 (11).
② 习近平. 在纪念五四运动 100 周年大会上的讲话[M]. 北京:人民出版社, 2019:11.

应该建立完善的道德评价和监督机制,通过舆论监督、法律法规、行业规范等手段,惩治违法违规的行为,保障社会的公平、公正和安全。

总之,荀子的"躬行践履"道德教育思想对于教育实践有着重要的启示和意义。推动社会成员道德实践的养成需要全社会共同努力,需要从教育、文化、法律等多个方面入手,通过不断引导和鼓励,让更多的人养成积极的道德行为,共同建设一个更加文明、和谐的社会。

小结

战国末期,社会礼崩乐坏,道德秩序崩塌,具有现实使命感的荀子心系社会,一生都在思考如何重新构建社会道德秩序。与此同时,作为当时儒家道德教育学说的代表人物,面对儒家道德教育学说无法满足战国末期统治阶级需求的状况,荀子开始提出新的道德教育思想。恰逢处于百家争鸣的学术环境中,荀子继承、吸收和借鉴儒家、墨家、道家、法家道德教育思想,最终形成了自己的荀子道德教育思想。

荀子道德教育思想的体系是由荀子道德教育的依据、目标、内容、方法四个层面组成。在依据方面,荀子认为"人之性"是淳朴的,需要后天的道德教育来引导社会成员道德向善,这是其道德教育思想的理论依据。虽然"人之性"是淳朴的,但是荀子提出"人之欲"是恶的,因此需要道德教育对"人之欲"进行控制,所以,"人之欲"成为荀子道德教育之所以必要的依据。荀子提出人在社会中具有"能群"的意识,需要道德教育不断提升社会成员的道德水平,所以"人之群"成为荀子道德教育之所以重要的依据。最后,荀子道德教育回归到"人之心"的基础上,正是"人之心"所起到的思虑作用才能使社会成员道德修养的提升成为可能,所以是荀子道德教育之所以可能、可行的依据。在道德教育依据的基础上，荀子提出"士""君子""圣人"三个具有连续性、发展性的道德教育目标，以外在的教化之法与内在的修养之法开展"礼""义""孝""诚"的教育，旨在不断地提升社会成员的道德修养水平。

　　本章通过梳理荀子道德教育的产生、思想体系来科学评价荀子道德教育的历史贡献，探索荀子道德教育思想中的优秀成果，挖掘其思想精华对当代道德实践的启示。但与此同时，我们也要看到荀子道德教育受当时历史条件所影响的局限性。

　　荀子道德教育思想博大精深、体系完整，本章仅仅梳理了荀子道德教育思想的形成、体系及对当代道德实践的启示，研究还不全面，还有许多问题值得深入探讨。例如，如何批判地继承荀子道德教育思想？如何实现荀子道德教育思想的现代转化？这些问题值得在未来做进一步的研究。

第四章

先秦孔孟荀道德教育思想比较研究

孔子、孟子和荀子是先秦儒家的重要代表人物，他们虽然没有明确使用道德教育之名，也没有建构道德教育理论体系的自觉意识，但在其各自的道德教育实践中对道德教育目标、道德教育内容、道德教育方式等问题做了具有深远影响的阐发，形成了以人性论为基础的道德教育思想。他们的道德教育思想既有着鲜明的共性特征，亦有着各自的特色。通过比较孔孟荀道德教育思想的同与异，可为当代道德教育发展提供重要的思想资源。

第一节 先秦孔孟荀道德教育思想的共性

先秦时期，孔子、孟子和荀子的道德教育思想，在道德教育的价值性、道德教育目标的层次性、道德教育内容的聚焦性和道德教育方法的多维性等方面存在着诸多的共性特征。

一、道德教育的价值性

虽然孔子、孟子和荀子依据不同的人性论建构了各自的道德教育思想，但他们都充分肯定了道德教育的价值性，这不仅体现在他们对道德教育地位的推崇上，将道德教育置于整个教育活动的首要位置，也体现在他们对道德教育功能的认可上，强调道德教育对于个人修身和社会发展具有非常重要的作用。

　　孔子、孟子和荀子都非常重视道德教育，认为在整个教育活动中，道德教育居于首要地位。这种首要地位，一方面表现在道德教育的优先性上。孔子、孟子和荀子都认为，道德教育具有其他教育活动无可比拟的价值性，它是人之所以为人的重要原因所在，也是成为社会所需之人的关键因素，因此，要优先于其他教育活动。正因如此，孔子主张，"行有余力，则以学文"（《论语·学而》）；孟子继承了孔子德育为先的理念，强调人虽生而就有"善端"，但需要经过道德教育才能具备人之"四德"；荀子虽强调法度，但依旧将道德教育作为改造人性、使人"可以成为禹"的重要方式，并强调只有"伪起而生礼仪，礼仪生而制法度"（《荀子·性恶》）。另一方面表现在道德教育的贯穿性上。孔子、孟子和荀子在其道德教育实践中没有设置专门的道德教育学科，而是认为应将道德教育贯穿到其他学科知识的教育活动之中，同时也主张将道德教育贯穿到政治、经济以及家庭等其他活动之中，通过这些活动贯彻落实道德教育，扩大道德教育影响，提升道德教育效率。道德教育的优先性和贯穿性在一定意义上凸显了道德教育的首要地位。

　　孔子、孟子和荀子都认为道德教育具有内外两重作用。对内的作用体现在个人修养方面，即道德教育可以提升道德自觉，增强个人道德修养，塑造理想道德人格，具有修身"成人"、达致"内圣"之境的作用。尽管孔子、孟子和荀子的道德教育思想的理论基础——人性论观点不尽相同，甚至是彼此对立，但他们都肯定了人性存在着不完美性，而正是这种不完美性让道德教育有了存在的可能和必要，确定了道德教育需要有修身"成人"、达致"内圣"之境的作用。孔子将仁作为圣人至高境界，提出"为仁由己"（《论语·颜渊》）；孟子认为"舜，人也；我，亦也"（《孟子·离娄下》），通过道德教育，亦可以成为尧舜一样的圣人；荀子从修身积累角度，提出"故圣人也者，人之所积也"。这些观念经过发酵融合形成了儒家"自天子以至于庶人,壹是皆以修身为本"的道德教育观念。对外的作用体现在社会发展方面,即道德教育可以维护人伦秩序,促进社会稳定,纯化社会风气,有序社会生活,巩固政治统治,是治国治民不可缺少的因素。孔子认为刑罚不可能从根本上来解决社会治理中各种问题,唯有实行德教才是良策,明确提出"道之以政,齐之以刑,民免而无耻;道之以德,齐之以礼,有耻且格"。孟子在这一观点的基础上,进一步指出:"善政不如善教之除民也。善政,民畏之,善教,民爱之,善政得民财,善教得民心。"(《孟子·离娄下》)因而,孟子要求"设为庠序学校以教之"(《孟子·滕文公上》),使天下之民都能在道德教育的作用之下"人人亲其爱,长其长,而天下平"(《孟子·离娄上》)。荀子同孔子、孟子一样,也认为道德教育是厚风俗、安国家的根本方法,指明"儒者在本朝则美政,在下位则美俗"(《荀子·儒效》),否则"礼义不行,教化不成,仁者绌约,天下冥冥"(《荀子·尧问》)。无论是对个人修养,还是对于社会发展,道德教育都具有不可或缺的作用。

二、道德教育目标的层次性

目标是人们活动的依据和归宿。孔子、孟子和荀子都深刻地意识到道德教育目标之于道德教育活动的意义。因此,在其道德教育思想中,他们从自己的社会政治理想出发,提出了明确的道德教育目标——培养符合统治阶级需要的理想人格。他们都将"仁"作为理想人格的灵魂,如孔子追求"天下归仁",孟子强调"仁,人心也"(《孟子·告子上》),荀子指出"凡禹之所以为禹者,以其为仁义法正也"(《荀子·性恶》),与此同时,他们也清楚地知道每个人的情况是不同的,统治阶级需要的社会角色是多样的,所以,他们在设定道德教育目标时,为避免道德教育目标遥不可及或触手可及而失去本身的指向意义,特意凸显了道德教育目标的层次性，依据现实要求设置了多层的理想人格，如圣人、贤人、仁人、君子、大丈夫、士、小民等。综合概括起来，他们设置的理想人格大致都包含了三个层次，即圣人、君子和士人。

首先，将塑造圣人人格作为道德教育的最高目标。它代表着人性发展的极致，具有全功全德全智的完美品性，是世人所赞誉和推崇的典范。孔子将"博施于民而能济众"（《论语·雍也》）归结为"圣"；孟子将"仁且智"（《孟子·公孙丑上》）概括为圣人的特性，将圣人称为"人伦之至"、（《孟子·离娄上》）、"百世之师"（《孟子·尽心下》）；荀子认为"圣人者，道之极也"（《荀子·礼论》），而"备道全美"（《荀子·正论》）则是圣人的标识。这些关于圣人的界定和阐释，无不凸显了这一人格的极致性和完美性。当然，这种人格并非一般人能达到的境界，也并非一般人所追求的境界。在现实生活中，能达到这个境界的人少之又少。孔子、孟子和荀子并未因实现之人少，而否认这种人格存在的可能性，反而更加凸显了圣人人格的至上性，使其被世人所赞誉和推崇。

其次，将塑造君子人格是道德教育的中级目标。相对于圣人人格，君子更具现实性，实现的可能性更高，因此达到此境界人数较多。孔子、孟子和荀子虽对于君子具体内涵有各自的理解，但都承认君子人格的基本特征是君子具有仁义之德，孔子认为仁是君子的本质所在，故也将其称之为仁者，故而"君子去仁，恶乎成名？君子无终食之间违仁，造次必于是，颠沛必于是"（《论语·里仁》）。无论何种原因去掉"仁"，也就无所谓君子了；孟子指出"君子所性，仁义礼智根于心，其生色也睟然，见于面，盎于背，施于四体，四体不言而喻"（《孟子·尽心上》），仁义礼智是君子的本质品性，由内自然延伸至肢体行为之中；荀子以松柏类比君子，强调君子德性坚定，"君子隘穷而不失，劳倦而不苟，临患难而不忘细席之言，岁不寒无以知松柏，事不难无以知君子无日不在是"(《荀子·大略》)。

第三,将塑造士人人格作为道德教育的基本目标,也是志于道的一种理想人格。它强调的是有一定知识、才能人所需具备的品行,核心就是遵循仁义之道,无论是求道、问道、讲道、传道、行道,都是人们志于道的具体表现。孔子认为"行己有耻,使于四方,不辱君命,可谓士矣"(《论语·子路》)。无论做事有羞耻之心,还是出使外国能很好地完成国君使命,其实都是道的要求。孟子强调士人可以没有"恒产",但不能没有"恒心",也就是仁义道德,而"志于道"实际上就是"居仁由义"(《孟子·梁惠王上》),这正是士人区别于其他人的本质特性。荀子则指出,"所谓士者,虽不能尽道术,必有率也;虽不能遍美善,必有处也。"(《荀子·哀公》)士人虽然没有达到仁义的至高之境,却处处遵循仁义之道,这种执守不为富贵卑贱所左右。

三、道德教育内容的一致性

道德教育内容是道德教育的基本要素,也是道德教育目标的具体呈现。孔子、孟子和荀子将以"仁"为核心的道德教育目标具体化,形成"仁、礼、义"为主的道德教育内容。

孔子、孟子和荀子都将"仁"作为道德教育的核心内容。实际上,在孔子之前,"仁"就已作为一种德目存在,但未上升至道德教育的核心。先秦时期,孔子、孟子和荀子认定"仁"是人之所以为人的根本原因所在,也是处理人伦社会关系最为核心且最普遍适用的道德标准,因此,将其上升至道德教育内容体系的诸德目之上,赋予了"仁"以特殊的内涵。"爱人"正是"仁"的基本内容,也是"仁"的具体落实。孔子、孟子和荀子都多次提及"仁者爱人"的观点,强调在现实社会生活之中,仁爱德性按照人伦亲疏,由近及远逐渐展开,将"孝悌""亲亲"之爱推向整个社会,甚至自然万物,达到仁爱的极致,也就是"泛爱众",从而促使社会和谐而有序地运行。

孔子、孟子和荀子都将"礼"作为道德教育的重要内容。他们认为"礼"源于"仁",并以外显的形式贯穿于"仁"的各项德目,也服务于"仁"的实现,从而凸显了"礼"的伦理意蕴,使其成为人们规范言行举止,协调人与人、人与社会、人与自然等关系的基本准则。孔子明确指出"礼"的这一价值,并以"礼"与恭、慎、勇、直诸德的关系为例,点明"恭而无礼则劳;慎而无礼则葸;勇而无礼则乱;直而无礼则绞"(《论语·泰伯》)。孟子认为"礼之实"正是对"仁之实"与"义之实"的调节与修饰,故而要落实"仁"与"义",就需要在道德教育中讲"礼"。荀子也阐明了"礼"在不同的关系中呈现出不同的德,即"礼也者,贵者敬焉,老者孝焉,长者弟焉,幼者慈焉,贱者惠焉"(《荀子·大略》)。正因这一特性,孔子、孟子和荀子都将"礼"作为道德教育的基本内容。

孔子、孟子和荀子都将"义"作为道德教育的基本内容。他们认为"义"作为道德行为的基本准则,强调了道德行为的适宜性和正当性,而这些特性正是"仁"转化所需要的元素。因为经由"义"的演绎,仁爱之心才能准确地落实于合宜的行为之中。所以,当一个人以"义"行事,不仅可以让他的人际关系更加通达,也可以凸显他的无私精神,彰显社会的公正。孔子提出"义以为质""义以为上""义之与比"等观点,强调君子行事要以合宜为准则。孟子认为"居仁由义,大人之事备矣"(《孟子·尽心》)。其意是倡导人们,要将道义放在行事的第一位,毕竟"义"才是人生的正路,人生应当遵循的正道。荀子也讲:"惟义之为行。"(《荀子·不苟》)

四、道德教育方法的多维性

道德教育方法是实施道德教育的方式和手段,其选择与运用直接关乎道德教育效果。孔子、孟子和荀子在长期的道德教育实践中总结了一系列的道德教育方法。例如，孔子提出因材施教、学思结合等方法；孟子提出存心养性、反求诸己等方法；荀子提出化性起伪、积善成德等方法。这些方法的出发点虽有所不同，侧重点也不尽相同，但它们都一致地呈现出孔子、孟子和荀子在道德教育方法上的多维性。

首先，道德教育方法的内外结合。孔子、孟子和荀子看到道德教育不仅需要通过外在教化之法进行，也需要通过内在修养之法来提升道德教育效果，因此，他们在道德教育方法上虽各有所偏重，但都将内外之法融合于各自的道德教育实践。孔子提出因材施教、愤启悱发、循循善诱、言传身教等教化方法的同时，也提出通过学思结合、克己内省、改过迁善等方法进行自我修养。孟子虽从性善论出发，侧重于自我修养之法，提出了尽心知性、扩充四端、尚志养气、推己及人和反求诸己等方法，但亦知道"教亦多术矣"（《孟子·告子下》），提出教育之法"有如时雨化之者；有成德者；有达财者；有答问者；有私塾艾者"（《孟子·尽心上》）。与孟子的侧重点不同，荀子注重"以教化民"，提出了"注错习俗"的环境陶冶法、"仪正而影正"的身教示范法、"乐以导志"的情感教育法等方法，但同时也指出人们需要行动起来"化伪"和"积伪"，因而提出虚壹而静、慎其独者、积善成德与躬行践履等自我修养之法。

其次，道德教育方法的主客结合。孔子、孟子和荀子认为人们虽然在本性上有差异，但在后天道德实践中，人人都可以知仁行礼。他们强调"为仁由己"，故而将发挥主观能动性，把握好志、学、思、行等环节作为这一目标实现的首要路径。孔子提出学思结合的方法。孟子进一步凸显了心之"思"，并将其作为成就德性的根本之路，强调"心之官则思。思则得之，不思则不得也"（《孟子·告子上》）。荀子提出"君子博学而日参省乎己，则知明而行无过矣"（《荀子·劝学》）。这些方法都是要发挥主观能动性才能发挥作用。除此之外，孔子、孟子和荀子也充分肯定了外部环境对德性培养的客观影响，进而把环境的塑造和选择作为道德教育的重要方法。例如，孔子提倡"里仁为美。择不处仁，焉得知"（《论语·里仁》），选择居于仁德之地，从而浸染仁德之气。孟子从消极方面肯定了环境对德性的客观影响，指出"富岁子弟多赖，凶岁子弟多暴，非天之降才殊也，其所以陷溺其心者然也"。是外部一些环境因素使其丧失"本心"而"懒"与"暴"。荀子对环境的客观影响作用给予了明确的说明，"蓬生麻中，不扶而直；白沙在涅，与之俱黑"（《荀子·劝学》）。环境的积极影响与消极影响都是客观存在的，这是不能否认的，但人们可以调动主观能动性选择或改变它。综合来看，孔子、孟子和荀子在道德教育方法上既有依托主观能动性的方法，也有依靠客观环境的熏陶之法。

第二节 先秦孔孟荀道德教育思想的异质性

尽管先秦时期，孔子、孟子和荀子道德教育思想一脉相承，存在诸多共性特征，但在道德教育理论基础、道德教育目标、道德教育内容和道德教育方法等方面也存在着许多的异质特征。

一、道德教育理论基础的差异

理论基础是一种思想得以建立和发展的逻辑起点，也是支撑这种思想体系的理论基石。孔子、孟子和荀子虽然没有建构道德教育思想体系的自觉意识，但在事实上形成了各自较为系统的道德教育思想，而这一思想正是建立在他们对人性的深刻认识上。可以说，对于人性的认识，是先秦时期孔子、孟子和荀子道德教育思想建立和发展的主要理论基础。他们都通过对人性的解读来说明道德教育的必要性和可能性，但这种解读存在着各自不同的视角和观点。

孔子将人们从"天命论"的关注转移到人本身上来，提出了"性相近也，习相远也"（《论语·阳货》）的观点。他认为，人性具有双重性，即自然属性和社会属性，而性作为人的自然属性，并没有先天的善恶之分，甚至与动物也差不多，因此有"食色性也"的观点，这一点恰恰说明了人人皆有成就德性的可能性，但后天人们因受到不同家庭、社会环境和道德教育等因素的影响，可以养成相距甚远的品性，而这里的"远"不仅有高低之分，也可能有善恶之别。造成这种差别的原因关键在于"习"，也就是道德教育。要形成善的品性，上等的品性，就需要有正确的、恰当的道德教育，如果没有，则会反向发展。这一点论证了道德教育的必要性，也反映了孔子对于后天"习"的看中，表明了道德教育具有重要意义。

孟子在孔子人性论的基础上，提出了"人性本善"的观点。他认为，"人性之善也，犹水之就下也。人无有不善，水无有不下"（《孟子·告子上》）。人性的善就像是水往低处流一样，是人与生俱有的本性。而人之所以会有这一本性，是因为人先天就有善端，即恻隐之心、羞恶之心、恭敬之心和是非之心。这些善端虽是道德意识的体现，但并非道德品质本身，而是一种善的萌芽。它意味着人性本身就带有善的因素，只是要将这些善的因素转化为人的道德品质，需要在后天的道德教育中对这些善的因素加以扩充，使其克服自身存在的恶习、不良环境的浸染或物欲世界的诱惑等，方可成为具有良好道德品质的人，否则可能丧失这些善的因素。"凡有四端于我者，知皆扩而充之矣，若火之始燃，泉之始达。苟能充之，足以保四海；苟不充之，不足以事父母。"（《孟子·公孙丑》）这正是孟子提出道德教育的逻辑起点。

荀子与孔子和孟子不同，提出"人性本恶"的观点。他认为，"人之性恶，其善者伪也。"（《荀子·性恶》）人天生就有好利、妒忌、憎恨、贪婪等本性，任其发展下去，就会演变成争夺、残杀、祸乱等恶行，使自身和社会陷入困境。由于恶的本性是与生俱来的，无法彻底消除它们，故而荀子提出"化性起伪"。也就是通过道德教育等"化"术，对先天的恶进行干预、矫正，从而将人先天的恶转变为后天的善。在荀子看来，人的本性虽然是恶的，但可以通过道德教育等人为的方式来使人为善、行善，进而获得善的品质。这论证了荀子道德教育提出的必要性和可能性。

二、道德教育目标的差异

在道德教育目标上，孔子、孟子和荀子都是从各自的社会政治理想出发，致力于培养士、君子和圣人多层次的理想人格，但他们所注重培养的理想人格是不同的。孔子着力于"君子"人格的培养，孟子倾力于士"君子"人格的培养，而荀子聚力于"圣人"人格和"君子"人格的培养。

孔子虽然将圣人人格作为最高人格，认定其是一种具有完美品性的人格，对他人具有榜样示范的作用，但也认为这一人格是遥不可及的，只能无限趋近，不能达到甚至是超越这一人格境界，即便是尧舜那样的帝王也做不到，他自己同样也做不到。故而，孔子感叹"圣人，吾不得见之矣；得见君子者，斯可矣"（《论语·述而》）。因圣人人格可望而不可即，孔子将道德教育培养的重点放在了君子人格的培养上，一再教导和告诫其弟子"女为君子儒！无为小人儒！"（《论语·雍也》）在君子人格的培养中，孔子强调仁是君子人格的本质所在，着力于培养君子"仁""智""勇"三种品性，使其能够做到"仁者不忧，知者不惑，勇者不惧"（《论语·宪问》）。

孟子同样肯定了圣人人格的崇高性，但不同于孔子的是，他拉近了圣人与现实人的距离，认为"圣人与我同类者"（《孟子·告子上》）。"圣人之于民，亦同类也。"（《孟子·公孙丑上》）而非孔子所说的无人企及。事实上，孟子认为历史上存在着许多的圣人，如尧舜是"先圣"，商汤、文王是"后圣"，伯夷是"圣之清者"，伊尹是"圣之任者"，柳下惠是"圣之和者"，孔子是"圣之时者""集大成者"（《孟子·万章下》）。在现实生活中，人人皆有成为尧舜那样的圣人的可能，关键在于"为之而已矣"（《孟子·告子下》）。孟子清楚地知道能够"为之"的人少之又少，并没有深入探究塑造圣人人格的方法，而是将道德教育的主要内容放在了"士君子"人格的塑造上，强调要从心性上塑造"士君子"人格，培养其人伦观念、浩然正气、义利是非等观念。

荀子进一步拉近了圣人人格与现实人的距离，指出"禹者，非生而具者也，夫起于变故，成乎修为，待尽而后备着也"（《荀子·荣辱》）。圣人人格不是一种天生的人格，也不是一种虚幻人格，而是可以通过道德教育在现实生活中培养出来的人格。相比于孔子"不得见"的圣人而言，荀子设定的圣人人格更具现实性。他认为，"故圣人之所以同于众，其不异于众者，性也；所以异而过众者，伪也。"（《荀子·性恶》）在先天本性上，圣人和一般人是一样的，都存在着人之欲，具有恶的本性，而不同的是，圣人通过后天的努力学习、不断积善和践行礼法等途径，抑制恶的本性，化恶为善，做到"积善而全尽"（《荀子·儒效》），最终成为圣人。在荀子看来，每个人都有成为圣人的可能性，但要把这种可能性变成现实，关键看其是否肯学习、隆积。这也就意味着圣人是可以培养的，但需要有一个过程，即从士、君子再到圣人。在这一过程中，荀子将道德教育的重点放在了圣人人格和君子人格的培养上。

三、道德教育内容的差异

在道德教育中，孔子、孟子和荀子都是以"仁"为核心内容，并以其统涵仁、义、礼等诸方面的内容，但他们对于这些内容各有所偏重，孔子强调"仁"和"礼"，孟子多主张"仁"和"义"，而荀子看中"礼"和"义"。

孔子指出人不仅具有自然属性，同时也具有社会属性，总是会处在一定的社会伦理关系之中。为此，他从社会性的角度出发，以"仁"为核心，设计了仁、义、孝、礼、信、忠、恕等一系列的德目要求，完成了对"仁"的理论抽象。这些德目要求体现了孔子以德修性的主张，强调贵仁重礼的观点。在孔子看来，"仁"不仅本身是一种德，而且还是一切社会道德的总称，所以，人们实现了"仁"，也就获得了最大的德，能够促使人性向着善的方向发展。然而，"仁"的实现会受礼的制约，不可能绕礼而行，因此，孔子提出，强调"克己复礼以为仁"（《论语·颜渊》）。一方面，孔子将"仁"作为"礼"的根据，融入"礼"之中；另一方面，也以守"礼"与否作为判断"仁"实现与否的标准。如此，"仁"与"礼"贯穿于孔子的道德教育，成为孔子道德教育的主要内容。

孟子同孔子一样主张"贵仁"，但不同的是，他虽然由"四端"延伸出"四德"，即"仁、义、礼、智"，构建了其道德教育的内容体系，但礼只是作为其中一种教育内容，并未给予更多的关注，反而将更多的关注点投放在"仁"和"义"之上，明确指出，"舜明于庶物，察于人伦，由仁义行，非行仁义也"（《孟子·离娄下》）。孟子确定了"仁"和"义"的根本地位，明确了其是人们处理社会伦常关系的基本准则。尽管，"仁"和"义"有不同的内涵和表现形式，但二者却是统一的，《孟子·告子上》记载："仁，人心也；义，人路也。舍其路而弗由，放其心而不求知，哀哉！"行仁义之道是确定自己行为符合善的性质，寻回善的本心，实现自我觉醒的正确选择。因此，孟子将"仁义"作为道德教育的主要内容。

荀子认为先王之道是"仁"的最高体现，而"礼仪"是先王之道最恰当的体现，是人们采取最适当行为的标准。荀子在孔子、孟子的基础上，对"礼义"的内涵也进行了深化和拓展，明确"礼义"不仅是一种道德规范，还具有规则制度的意蕴，赋予"礼"以"法"的功能，指出"礼者，法之大分，类之纲纪也"（《荀子·劝学》）。荀子认为，"圣人化性而起伪，伪起而生礼义，礼义生而制法度。"（《荀子·性恶》）这样的"礼义"出自圣人的积思虑、习伪之故，是圣人提出改变人的本性，约束人的欲望，实现化恶为善，树立道德观念的中正之道。因此，荀子提出"礼者，人道之极也"（《荀子·礼论》），明确"礼义"是人生的头等大事，肯定"礼义"在人生各种道德关系中的作用，并将其作为道德教育的核心内容。

四、道德教育方法的差异

在道德教育方法上，孔子、孟子和荀子都注重内外结合、主客结合等多维视角，但在具体方法及要求上也存在差异，孔子偏重于引导之法，孟子强调反思内求之法，而荀子的道德教育方法多了一些强制性。

孔子在道德教育过程中注重后天通过外在力量调动道德教育对象的主观能动性，促使道德教育对象积极主动地学习和认真审慎地思考，在实现学思结合中，提升其道德修养。这种外在力量表现形式并非强制性灌输的，而是要进行启发和引导。当然这并不是一味地启发和引导，而是要"不愤不启，不悱不发。举一隅不以三隅反，则不复也"（《论语·述而》）。也就是要在道德教育对象想弄明白但得不到答案，心里明白却无法清楚表达出来时，再适时地开导和启发他，使其突破迷雾，实现顿悟，还能举一反三。若非如此，那就不用进行引导和启发。这一方法的实现有一个必要前提，就是要清楚地知道道德教育对象的现实特征和道德教育对象思考的情况。诚然,不同的道德教育对象有不同的特征,其思考的内容和明白的程度也有所不同,因此孔子提出因材施教等方法,都需要在了解道德教育对象的前提下进行的。

孟子在道德教育过程中侧重于存心养性、反求于己,强调以内在力量驱动来提升自我修养。在孟子看来,由于善的萌芽是人与生俱来的,不可能从外部植入,只能从自我内部进行反思扩充,形成德性,因此在道德教育过程中,他确定了由内而外的思以成德之路。《孟子·告子上》记载,"心之官则思。思则得之,不思则不得也"。"思"作为心特有的功能,对于将善端扩充为德性是至关紧要的,倘若无法充分发挥"思"的作用,那么善的萌芽无法得到充足的滋养扩充,很容易被外物所蒙蔽、诱惑而失去本心。也就是说,思之与否是善的萌芽成长与否的关键,也是德性形成与否的关键。既是如此,孟子指出,"爱人不亲,反其仁;治人不治,反其智;礼人不答,反其敬——行有不得者,皆反求诸己"。(《孟子·离娄上》)成就德性必须深入检视自己的行为端正与否,自觉反思自己的过失及其原因,才能让被蒙蔽、诱惑的本心得以呈现,让善的萌芽得以滋养、扩充,成就其德性。

荀子在道德教育过程中强调通过后天的化伪和积伪等方法,来提升道德教育对象的道德修养。在荀子看来,人的本性是恶的,无法像孟子那样从其内心获得善端,只能通过后天化伪和积伪之术,来改变道德教育对象的天性,实现化恶为善,成就其德性。因此,荀子一方面强调必须隆礼重法,不仅要求发挥师者传授礼法作用,还要求道德教育对象接受师者所传授的礼法内容,并且积极主动学习和研究礼法,从而以外在规范约束其欲望,抑制其恶的本性转变为恶行;另一方面强调要积善成德,要求道德教育对象持续努力,不断学习,积累善行,逐渐改变自己的本性,提升自身的道德修养。与孔子侧重引导、孟子侧重内求相比,荀子的道德教育方法多了一些强制性和积累性。

参考文献

一、中文文献

（一）专著

［1］中共中央马克思恩格斯列宁斯大林著作编译局．马克思恩格斯选集：第1卷［M］．北京：人民出版社，2012．

［2］毛泽东．毛泽东选集：第1-4卷［M］．北京：人民出版社，1991．

［3］习近平．习近平谈治国理政［M］．北京：外文出版社，2014．

［4］习近平．习近平谈治国理政：第2卷［M］．北京：外文出版社，2017．

［5］习近平．习近平谈治国理政：第3卷［M］．北京：外文出版社，2020．

［6］习近平．习近平谈治国理政：第4卷［M］．北京：外文出版社，2022．

［7］杨伯峻．论语译注［M］．北京：中华书局，1980．

［8］王肃．孔子家语［M］．沈阳：辽宁教育出版社，1997．

［9］南怀瑾．论语别裁［M］．上海：复旦大学出版社，1990．

［10］张岱年．伦理中国：中华六家道德学说精要［M］．北京：中国书籍出版社，2019．

［11］李丽娜. 从历史到未来：孔子德育思想理论研究［M］. 北京：中央编译出版社，2021.

［12］王正平. 中国传统道德论探微［M］. 上海：上海三联书店，2004.

［13］刘和忠. 孔子道德教育思想研究［M］. 北京：高等教育出版社，2003.

［14］陈谷嘉，朱汉民. 中国德育思想研究［M］. 杭州：浙江教育出版社，1998.

［15］江万秀，李春秋. 中国德育思想史［M］. 长沙：湖南教育出版社，1992.

［16］王伟萍. 中国古代哲学家的德育思想［M］. 北京：光明日报出版社，2022.

［17］司马迁. 史记［M］. 北京：中华书局，1959.

［18］钱穆. 孔子传［M］. 北京：生活·读书·新知三联书店，2002.

［19］礼记［M］. 北京：现代出版社，2013.

［20］朱熹. 四书章句集注［M］. 上海：上海古籍出版社，2006.

［21］许慎. 说文解字注［M］. 上海：上海古籍出版社，1981.

［22］黄钊. 中国古代德育思想史［M］. 武汉：武汉大学出版社，2006.

［23］孟天运. 先秦社会思想研究［M］. 北京：人民出版社，2012.

［24］冯文全. 道德教育原理［M］. 北京：北京师范大学出版社，2013.

［25］陈万柏，张耀灿. 思想政治教育学原理［M］. 北京：高等教育出版社，2007.

［26］李萍，林滨. 比较德育［M］. 北京：中国人民大学出版社，2009.

[27] 鲁洁. 道德教育的当代论域 [M]. 北京：人民出版社, 2005.

[28] 罗佐才. 孔子教育思想体系研究 [M]. 长沙：湖南教育出版社, 1989.

[29] 梁启超. 先秦政治思想史 [M]. 上海：上海古籍出版社, 2014.

[30] 林滨, 贺希荣, 罗明星, 等. 全球化视野中的伦理批判与道德教育的重构 [M]. 北京：人民出版社, 2007.

[31] 唐凯麟, 曹刚. 儒家思想的现代价值评估 [M]. 上海：华东师范大学出版社, 2000.

[32] 罗国杰. 传统伦理与现代社会 [M]. 北京：中国人民大学出版社, 2012.

[33] 王恩来. 人性的寻回——孔子思想研究 [M]. 北京：中华书局, 2016.

[34] 冯友兰. 中国哲学简史 [M]. 天津：天津社会科学院出版社, 2005.

[35] 张怀承, 邓铭瑛. 中国传统道德文化的现代转型与创新研究 [M]. 长沙：湖南师范大学出版社, 2013.

[36] 赵维森. 孔子的精神世界 [M]. 北京：中国社会科学出版社, 2014.

[37] 刘丙元. 当代道德教育的价值危机与真实回归 [M]. 北京：北京师范大学出版社, 2012.

[38] 成中英. 新觉醒时代：论中国文化之再创造 [M]. 北京：中央编译出版社, 2014.

[39] 邹小华. 后物欲时代的精神困境与道德教育 [M]. 南昌：江西人民出版社, 2012.

[40] 叶飞. 现代性视域下的儒家德育 [M]. 北京：北京师范大学出版社, 2011.

[41] 李泽泉. 中国特色社会主义道德建设思想 [M]. 北京：人民

出版社，2010.

[42] 檀传宝，王啸．中外德育思想流派［M］．北京：人民教育出版社，2015.

[43] 李如密．儒家教育理论及其现代价值［M］．北京：中华书局，2011.

[44] 全国教育史研究会．孔子教育思想研究［M］．北京：人民教育出版社，1985.

[45] 李泽厚．论语今读［M］．天津：天津社会科学院出版社，2008.

[46] 习近平关于注重家庭家教家风建设论述摘编［M］．北京：中央文献出版社，2021.

[47] 孟子．孟子［M］．杨伯峻，杨逢彬，译注．长沙：岳麓书社，2019.

[48] 杨伯峻．孟子译注［M］．北京：中华书局，2018.

[49] 四书五经［M］．北京：中华书局，2009.

[50] 朱熹．四书集注［M］．长沙：岳麓书社，1987.

[51] 朱汉民．中国传统文化导论［M］．长沙：湖南大学出版社，2010.

[52] 张岱年．中国伦理思想研究［M］．北京：中国人民大学出版社，2011.

[53] 戴圣．礼记［M］．西安：西安交通大学出版社，2013.

[54] 三字经·百家姓·千字文·弟子规·千家诗［M］．李逸安，张立敏，译注．北京：中华书局，2011.

[55] 杨国荣．孟子的哲学思想［M］．上海：华东师范大学出版社，2021.

[56] 白奚．稷下学研究——中国古代的思想自由与百家争鸣［M］．北京：生活·读书·新知三联书店，1998.

[57] 何怀宏．良心论——传统良知的社会转化［M］．上海：上海

三联书店, 1994.

[58] 檀传宝. 学校道德教育原理 [M]. 北京：教育科学出版社, 2000.

[59] 朱祖延. 引用语大辞典 [M]. 武汉：武汉出版社, 2010.

[60] 许慎. 说文解字 [M]. 杭州：浙江古籍出版社, 2016.

[61] 韦政通. 中国思想史（上）[M]. 长春：吉林出版集团有限责任公司, 2009.

[62] 张良才, 修建军. 原始儒学与齐鲁教育 [M]. 武汉：湖北教育出版社, 2003.

[63] 蔡仁厚. 孔孟荀哲学 [M]. 台湾：学生书局, 1984.

[64] 刘蔚华, 赵宗正. 中国儒家学术思想史 [M]. 济南：山东教育出版社, 1996.

[65] 余仕麟. 伦理学概论 [M]. 北京：民族出版社, 2004.

[66] 李商隐诗集 [M]. 朱鹤龄笺注, 田松青点校. 上海：上海古籍出版社, 2015.

[67] 郭沫若著作编辑出版委员会. 郭沫若全集：第1卷 [M]. 北京：人民出版社, 1982.

[68] 方明. 陶行知全集：第1卷 [M]. 成都：四川教育出版社, 2005.

[69] 季海菊. 高校生态德育论 [M]. 南京：东南大学出版社, 2011.

[70] 余英时. 士与中国文化 [M]. 上海：上海人民出版社, 2003.

[71] 杜时忠. 德育研究 [M]. 福州：福建教育出版社, 2019.

[72] 毛礼锐, 沈灌群. 中国教育通史：第1卷 [M]. 济南：山东教育出版社, 2005.

[73] 傅佩荣. 傅佩荣说孔孟论人生 [M]. 西安：陕西人民出版社, 2007.

[74] 廖名春. 孟子的智慧 [M]. 延边：延边大学出版社, 1992.

[75] 徐克谦. 孟子［M］. 上海：上海古籍出版社，2001.

[76] 韩钟文. 先秦儒家教育哲学思想研究［M］. 济南：齐鲁书社，2003.

[77] 李斌. 儒学与人生［M］. 银川：宁夏人民出版社，2010.

[78] 董介人. 儒家文化四论［M］. 北京：九州出版社，2012.

[79] 冯天瑜. 中国文化史纲［M］. 北京：北京语言学院出版社，1994.

[80] 李宽松，罗香萍. 中国传统文化概论［M］. 广州：中山大学出版社，2018.

[81] 王国维. 古史新证——王国维最后的讲义［M］. 北京：清华大学出版社，1994.

[82] 何晓明. 亚圣思辨录——《孟子》与中国文化［M］. 开封：河南大学出版社，1995.

[83] 余志鸿. 中国传播思想史（上）［M］. 上海：上海交通大学出版社，2005.

[84] 徐复观. 中国艺术精神［M］. 北京：商务印书馆，2010.

[85] 沈顺福. 儒家道德哲学研究［M］. 济南：山东大学出版社，2005.

[86] 罗国杰. 中国伦理学百科全书［M］. 长春：吉林人民出版社，1993.

[87] 冯友兰. 中国哲学史［M］. 北京：商务印书馆，2011.

[88] 钱穆. 世界局势与中国文化［M］. 北京：九州出版社，2011.

[89] 陈来. 儒学美德论［M］. 北京：生活·读书·新知三联书店，2019.

[90] 臧克和，顾文武，舒忠. 孟子研究论丛（第1辑）［M］. 北京：华龄出版社，2013.

[91] 教育部课题组. 深入学习习近平关于教育的重要论述［M］.

北京：人民出版社，2019.

[92] 习近平. 在纪念五四运动 100 周年大会上的讲话 [M]. 北京：人民出版社，2019.

[93] 朱汉民. 中国传统文化导论 [M]. 长沙：湖南大学出版社，2010.

[94] 王志平. 中国传统道德论探微 [M]. 上海：上海三联书店，2004.

[95] 张岱年. 中国伦理思想研究 [M]. 上海：上海人民出版社，1989.

[96] 王先谦. 荀子集解 [M]. 北京：中华书局，2012.

[97] 司马迁. 史记 [M]. 长沙：岳麓书社，2012.

[98] 刘向. 战国策. [M]. 上海：上海古籍出版社，1998.

[99] 章学诚.《文史通义》[M]. 北京：中华书局，2004.

[100] 荀子 [M]. 张觉，校注. 长沙：岳麓书社，2006.

[101] 唐淑云. 治国名儒——荀子 [M]. 北京：中国华侨出版社，1996.

[102] 吕文郁. 春秋战国文化志 [M]. 上海：上海人民出版社，1998.

[103] 陈登元. 荀子哲学 [M]. 上海：商务印书馆，1928.

[104] 梁漱溟. 中国文化要义 [M]. 上海：上海古籍出版社，1987.

[105] 韦政通. 荀子与古代哲学 [M]. 台北：台湾商务印书馆，1996.

[106] 蒙培元. 情感与理性 [M]. 北京：中国社会科学出版社，2002.

[107] 陆建华. 荀子礼学研究 [M]. 合肥：安徽大学出版社，2004.

[108] 黄钊．儒家德育学说论纲［M］．武汉：武汉大学出版社，2006．

[109] 牟宗三．名家与荀子［M］．长春：吉林出版集团有限责任公司，2010．

[110] 彭岁枫．礼仪、礼法与君子——荀子"群居和一"理想社会的构建［M］．长沙：湖南大学出版社，2017．

[111] 罗哲海．轴心时期的儒家伦理［M］．陈永明，译．郑州：大象出版社，2009．

[112] 狄柏瑞．儒家的困境［M］．黄水婴，译．北京：北京大学出版社，2009．

[113] 本杰明·史华兹．古代中国的思想世界［M］．程钢，译．南京：江苏人民出版社，2004．

[114] 郝大维，安乐哲．通过孔子而思［M］．何金俐，译．北京：北京大学出版社，2005．

[115] 赫伯特·芬格莱特．孔子：即凡而圣［M］．彭国翔，张华，译．南京：江苏人民出版社，2002．

[116] 崔根德．韩国儒学思想研究［M］．邢丽菊，译．北京：学苑出版社，1998．

[117] H. G. CREEL．孔子与中国之道——现代欧美人士看孔子［M］．高专诚，译．太原：山西人民出版社，1992．

[118] 黑格尔．法哲学原理［M］．北京：商务印书馆，1961．

[119] 亚里士多德．尼各马可伦理学［M］．苗力田，译．北京：中国社会科学出版社，1999．

[120] 雅斯贝尔斯．历史的起源与目标［M］．魏楚雄，俞新天，译．北京：华夏出版社，1989．

[121] 恩斯特·卡西尔．人论［M］．甘阳，译．上海：上海译文出版社，2004．

[122] 小原国芳. 小原国芳教育论著选 [M]. 刘剑桥, 由其民, 吴光咸, 译. 北京: 人民教育出版社, 1993.

[123] B. A. 苏霍姆林斯基. 给教师的建议 [M]. 杜殿坤, 译. 北京: 教育科学出版社, 1984.

[124] 约翰·洛克. 教育漫话 [M]. 傅任敢, 译. 北京: 教育科学出版社, 2014.

[125] 康德. 法的形而上学原理 [M]. 沈叔平, 译. 北京: 商务印书馆, 2011.

[126] 江文思, 安乐哲. 孟子心性之学 [M]. 梁溪, 译. 北京: 社会科学文献出版社, 2005.

[127] 成中英. 儒家与新儒家哲学的新向度 [M]. 阮航, 译. 北京: 中国人民大学出版社, 2017.

(二) 期刊

[128] 姜丽, 周接兵. 朱熹对孔子道德教育思想的理学诠释——以《论语集注》为中心 [J]. 思想政治教育研究, 2017, 33 (5).

[129] 邱江平. 孔子道德教育思想体系与思想品德课程建设 [J]. 中学政治教学参考, 2015 (29).

[130] 唐海艳. 孔子道德教育思想的研究 [J]. 教育探索, 2014 (5).

[131] 沈道海. 孔子的道德教育思想及其启示 [J]. 教育探索, 2008 (12).

[132] 袁张帆. 孔子道德教育思想与当代高校德育 [J]. 福建论坛 (社科教育版), 2007 (6).

[133] 张素玲. 孔子与苏格拉底道德教育思想之比较研究 [J]. 河南大学学报 (社会科学版), 2006 (1).

[134] 汝秀梅. 孔子道德教育思想探析 [J]. 黑龙江高教研究, 2006 (5).

[135] 刘颖. 孔子道德教育思想及其启示 [J]. 中国教育学刊,

2003（4）.

[136] 方传安. 孔子与毛泽东道德教育思想研究 [J]. 毛泽东思想研究, 2000（6）.

[137] 刘洁琼, 巩宝平. 试析孔子道德教育思想的实践理路 [J]. 唐都学刊, 2018, 34（6）.

[138] 陈炳水. 论孔子的道德教育思想及其对现实道德教育的启示 [J]. 宁波大学学报（教育科学版）, 2004（1）.

[139] 隋牧蓉, 卢黎歌. 论道德教育在个体道德自觉形成中的建构、塑造与统合功能 [J]. 探索, 2022（2）.

[140] 陈景磐. 论孔子的道德教育思想 [J]. 北京师范大学学报, 1980（4）.

[141] 吕绍纲. 金景芳先生与孔子研究 [J]. 孔子研究, 1991（3）.

[142] 沈光银, 尹弘飚. 从"离身"到"具身"：道德教育的应然转向 [J]. 全球教育展望, 2022, 51（2）.

[143] 王维国. 新时代公民道德建设与治理的创新发展 [J]. 思想教育研究, 2022（1）.

[144] 马晓颖. 新时代公民道德建设的内在逻辑 [J]. 人民论坛, 2020（29）.

[145] 马忠, 黄建军.《论语》中的对话式道德教育方法研究 [J]. 中国大学教学, 2013（4）.

[146] 段炼炼, 毕宪顺. 道德失范的矫正路径分析——基于古代德育机制的考察 [J]. 烟台大学学报（哲学社会科学版）, 2015, 28（6）.

[147] 贾东超. 探究孔子德育思想的核心——"仁" [J]. 兰台世界, 2011（28）.

[148] 李萍, 钟明华. 公民教育——传统德育的历史性转型 [J]. 教育研究, 2002（10）.

[149] 班华. 德育理念与德育改革——新世纪德育人性化走向 [J]. 南京师大学报（社会科学版），2002（4）.

[150] 习近平在中共中央政治局第十三次集体学习时强调 把培育和弘扬社会主义核心价值观作为凝魂聚气强基固本的基础工程 [J]. 党建，2014（3）.

[151] 毛礼锐. 论儒家的道德教育思想 [J]. 北京师范大学学报，1980（3）.

[152] 杜维明. 关于传统文化创造性转化的几点思考 [J]. 中央社会主义学院学报，2019（4）.

[153] 黄钊. 孟子的思想道德教育学说探析 [J]. 湖北大学学报，2004（2）.

[154] 沈道海. 孟子道德教育思想的现代借鉴价值 [J]. 理论导刊，2010（4）.

[155] 陈兴安. 孟子德育思想及其现代启示 [J]. 湖南师范大学教育科学学报，2006（1）.

[156] 张国强. 论孟子的道德教育观 [J]. 职大学报，2007（1）.

[157] 陈来. 孟子论性善与性命 [J]. 现代哲学，2017（6）.

[158] 张广生. 天下文明的重建：孟子儒学的仁义政教论 [J]. 社会科学，2022（11）.

[159] 杨姿芳. 孟子德育思想的整体架构 [J]. 现代哲学，2008（1）.

[160] 阎乃胜. 论荀子道德教育观对孔孟思想的继承 [J]. 南通大学学报，2009，25（1）.

[161] 彭文超. 心与人的完成：三重坐标中的孟子道德教育哲学 [J]. 江海学刊，2019（4）.

[162] 韩璞庚，吴嵩倩. 哲学的理论境界与现实观照——论哲学的教育维度 [J]. 学习与探索，2016（10）.

[163] 马跃如，王文胜. 孟子教育思想及其内在逻辑 [J]. 现代大

学教育，2010（1）.

[164] 祝士明，曲铁华，袁媛. 儒家生态道德教育思想及其现代价值 [J]. 道德与文明，2010（1）.

[165] 张秉楠. 稷下学宫与百家争鸣 [J]. 历史研究，1990（5）.

[166] 冯文全，冯碧瑛. 论孟子对孔子德育思想的传承与弘扬 [J]. 教育研究，2013，34（1）.

[167] 叶飞. 论孟子的"扩充四端"及其道德教育之理路 [J]. 南京社会科学，2017（3）.

[168] 张奇伟. 孟子义利观新解 [J]. 北京师范大学学报（社会科学版），1995（4）.

[169] 孙英浩，单丹丹. 孟子性善论与教化理论的融合对道德教育的启示 [J]. 思想政治教育研究，2019（1）.

[170] 田宝祥. 试论孟子、荀子与稷下学宫的思想联系 [J]. 东华理工大学学报，2021，40（4）.

[171] 沈道海. 孟子的道德教育思想探析 [J]. 教育探索，2010（1）.

[172] 孙悦. 孟子的德性践履思想及其对当代道德教育的启示 [J]. 理论与改革，2008（3）.

[173] 蒋晨菲. 孟子与柏拉图教育观比较及启示——兼评心性主体论思想政治教育观 [J]. 当代教育理论与实践，2014，6（8）.

[174] 陈永杰. 义务论还是功利论？——从道德两难考察孟子道德哲学的性质 [J]. 河北学刊，2016，36（3）.

[175] 杨千朴. 孟子的德育思想和德育方法 [J]. 扬州大学学报，2002（2）.

[176] 刘冠生. 荀子的礼治思想 [J]. 管子学刊，2002（2）.

[177] 邵凌云，邵凌霞. 分析荀子的德育思想及其当代价值 [J]. 前沿，2014（3）.

[178] 崔华前. 论荀子对中国传统道德教育思想的贡献 [J]. 学习

论坛, 2005 (5).

[179] 李经元. 荀子的人学思想 [J]. 管子学刊, 1988 (2).

[180] 詹瑜. 孟荀人性观及其德育意义 [J]. 道德与文明, 2010 (6).

[181] 刘永艳, 孔繁芳. 荀子道德社会化思想及其当代价值 [J]. 贵州社会科学, 2005 (2).

[182] 蒋颖荣. 荀子的"礼乐"教化思想与现代道德传播 [J]. 哲学动态, 2010 (5).

[183] 王楷. 不学不成：工夫论视角下的荀子知识观 [J]. 社会科学, 2017 (09).

[184] 周德昌. 荀子的德育理论和方法 [J]. 华南师范大学学报（社会科学版), 1990 (3).

[185] 蒋颖荣. 荀子的"礼乐"教化思想与现代道德传播 [J]. 哲学动态, 2010 (5).

[186] 陈升.《荀子》与"教化" [J]. 中国青年政治学院学报, 2008 (2).

[187] 许业所, 崔华前. 荀子思想中蕴涵的德育方法及其现代价值 [J]. 内蒙古师范大学学报（教育科学版), 2005 (12).

[188] 施凯文, 梁涛. 荀子思想新论纲 [J]. 清华大学学报（哲学社会科学版), 2021, 36 (6).

[189] 卞修全, 朱腾. 荀子礼治思想的重新审视 [J]. 哲学研究, 2005 (8).

[190] 石洪波. 论荀子的性情观 [J]. 管子学刊, 2006 (2).

[191] 颜世安. 肯定情欲：荀子人性观在儒家思想史上的意义 [J]. 南京大学学报（哲学·人文科学·社会科学), 2015, 52 (1).

[192] 丁四新. 天人·性伪·心知——荀子哲学思想的核心线索 [J]. 中国哲学史, 1997 (3).

[193] 李海英, 路德斌. 从孟子"寡欲"说到荀子"养欲"

说——儒家新义利观之形成及其意义［J］.东岳论丛，2008（6）.

［194］张奇伟，吴宝红."性恶"之人何以为善——基于荀子孝观念的考察［J］.中国哲学史，2019（6）.

［195］张锡勤.试论儒家的"教化"思想［J］.齐鲁学刊，1998（2）.

［196］鄢爱红.试论荀子乐教与成人之道［J］.孔子研究，1999（4）.

［197］陈林."化性起伪"何以可能——荀子工夫论探析［J］.道德与文明，2012（2）.

［198］卫建国.探寻"积"的伦理学意蕴——荀子论道德之"积"［J］.伦理学研究，2012（5）.

［199］习近平论中国传统文化——十八大以来重要论述选编［J］.党建，2014（3）.

［200］鲁洁.道德教育的根本作为引导生活的建构［J］.教育研究，2010，31（6）.

［201］金鸽.荀子诚信思想及对我国当代诚信建设的启示［J］.福建省社会主义学院学报，2013（5）.

［202］林桂榛.论荀子性朴论的思想体系及其意义［J］.现代哲学，2012（6）.

［203］高积顺.试论荀子礼法思想的独特性格［J］.管子学刊，1994（4）.

［204］詹世友.教化：荀子伦理思想的本旨［J］.南昌大学学报（人文社会科学版），2005（2）

［205］张连伟.《管子》与《荀子》思想之比较［J］.管子学刊，2001（4）.

［206］曾振宇."性质美"：荀子人性论辩诬［J］.中国文化研究，2015（1）.

［207］杜明德.荀子的礼分思想与礼的阶级化［J］.中国文化研究，2006（1）.

[208] 郭晓东. 荀子思想的社会学阐释 [J]. 复旦学报（社会科学版），2000（6）.

[209] 李桂民. 荀子法思想的内涵辨析与理论来源 [J]. 孔子研究，2010（2）.

（三）论文

[210] 孟园园. 孔子道德教育思想研究 [D]. 沈阳：辽宁大学，2020.

[211] 张倩倩.《孔子家语》的德育思想及其对大学生道德教育的启示 [D]. 海口：海南大学，2018.

[212] 赵丹. 孔子道德教育思想探究 [D]. 长春：吉林大学，2017.

[213] 杨芳. 孔子道德教育思想对大学生道德教育的启示 [D]. 广州：暨南大学，2014.

[214] 戴春巍. 孔子中庸思想与亚里士多德中道思想的比较研究 [D]. 延边：延边大学，2012.

[215] 唐令芳. 论先秦儒家道德教育思想及其对当代道德教育的启示 [D]. 兰州：西北师范大学，2012.

[216] 张力红. 孔子道德教育思想研究 [D]. 石家庄：河北师范大学，2010.

[217] 段立岩. 孔子道德教育思想及其当代价值研究 [D]. 西安：西安工程大学，2020.

[218] 习近平. 习近平在全国教育大会上发表重要讲话 [N]. 人民日报，2018-09-10（2）.

[219] 习近平在中共中央政治局第三十九次集体学习时强调 把中国文明历史研究引向深入推动增强历史自觉坚定文化自信 [N]. 光明日报，2022-5-29（1）.

[220] 习近平. 在纪念孔子诞辰2565周年国际学术研讨会暨国际

儒学联合会第五届会员大会开幕会上的讲话［N］．人民日报，2014-09-25（2）．

［221］习近平总书记在全国教育大会上强调坚持中国特色社会主义教育发展道路培养德智体美劳全面发展的社会主义建设者和接班人［N］．人民日报，2018-09-10（1）．

［222］郑治文．荀子论"学"［N］．光明日报，2022-09-24（11）．

［223］习近平在中国人民大学考察时强调-坚持党的领导传承红色基因扎根中国大地　走出一条建设中国特色世界一流大学新路　王沪宁陪同考察［EB/OL］．新华网．2022-04-25．

二、英文文献

［1］KNELLER, G. F. Foundations of education［M］. New York：John Wiley and Sons Inc, 1967.

［2］Philip Ho Hwang. A critical study of Mencius' philosophy of human nature, with special reference to Kant and Confucius［M］. Ann Arbor：UMI, 1979.

［3］Francis Charles Gramlich. Mencius's moral philosophy［M］. Ann Arbor：UMI, 1981.

［4］CHOO. Telling Others to Do What You Believe Is Morally Wrong：The Case of Confucius and Zai Wo［J］. Asian Philosophy, 2019, 29（2）.

［5］XIE Y, GE C. Confucius' Thoughts on Moral Education in China［J］. Cross-Cultural Communication, 2013, 9（4）.

［6］XU Z, THEORIES L, UNIVERSITY X. A Study of Confucius' Dialogue-based Moral Education Model［J］. Educational Research, 2003（8）.

［7］LI LL, WANG LH. Exploration and Analysis on Confucian Anthropological Thoughts of Pre-Qin Dynasty——In the Perspective of Education [J]. Educational Research, 2009, 30 (11).

[8] CHUN-CHIEH HUANG. Mencius' Educational Philosophy and Its Contemporary Relevance [J]. Educational Philosophy and Theory, 2014 (13).

[9] BENJAMIN I, HUFF. Eudaimonism in the Mencius: Fulfilling the Heart [J]. Dao: A Joural of Comparative Philosophy, 2015, 14 (3).

[10] TAN. Mencius' extension of moral feelings: implications for cosmopolitan education [J]. Ethics and Education, 2019, 14 (1).

[11] LU XIUFEN. Xunzi: Moral education and transformation [J]. Asian Philosophy, 2020, 30 (4).

[12] LEWIS C J. Ritual Education and Moral Development: A Comparison of Xunzi and Vygotsky [J]. Dao: A Joural of Comparative Philosophy, 2018, 17 (1).

后　记

　　先秦儒家道德教育思想是先秦时期以孔子、孟子、荀子为代表的儒家学者在道德教育过程中对受教育者有目的地施以道德影响的思想体系。它是中华民族的重要思想，也是当代道德教育的根脉所在，其蕴含的道德教育理念、道德教育内容和道德教育方法等，不仅在中华民族传统道德教育中发挥了重要作用，同时对于解决当代道德教育问题，推动当代道德教育发展，亦具有重要价值。

　　习近平总书记在庆祝中国共产党成立100周年大会上创造性地提出"把马克思主义基本原理同中国具体实际相结合、中华优秀传统文化相结合"，在党的二十大报告中又进一步系统阐述了"两个结合"。在此背景下，深入研究中华优秀传统文化的重要组成部分——先秦儒家道德教育思想，把握其思想精髓，使之与时代相契合，能够为当代道德教育发展提供珍贵的历史借鉴，并进一步为当前社会建设面临的重大问题提供精神动力和智力支持，正是本书的出发点与归宿。

　　诚然，先秦儒家道德教育思想具有时代的烙印，存在一定的局限性，但瑕不掩瑜。本书从批判发展的视角出发，全面审视先秦儒家道德教育思想的形成背景、理论基础、主要内容、时代价值等，从中挖掘先秦儒家道德教育思想的优秀元素，进行"创造性转化、创新性发展"，实现先秦儒家道德教育思想跨时空的发展，丰富道德教育思想研究的学术资源，也为当代道德教育发展提供有益参考和借鉴。

深圳大学李永华教授、刘志山教授和张革华教授确定了全书的结构，由李燕燕老师负责全书的统稿工作。本书是集体智慧的结晶，各部分写作的分工具体如下：第一章，李永华、蔡炜琳；第二章，刘志山、黄杉；第三章，张革华、王慧敏；第四章，李燕燕。在此，编者对各位作者的辛勤付出表示感谢！

本书是广东省教育科研项目（高校教育专项）"先秦儒家道德教育思想研究"（2022GXJK312），深圳市人文社会科学重点研究基地"深圳大学道德文化研究中心"的成果。

因作者学术水平所限，书中难免有不妥之处，敬请广大读者和同行专家批评指正！

编者

2023 年 7 月